D1722432

Trube-Becker · Gewalt gegen das Kind

Kriminalistik — Wissenschaft & Praxis

Band 14

Gewalt gegen das Kind

Vernachlässigung, Mißhandlung,
sexueller Mißbrauch
und Tötung von Kindern

Von

Elisabeth Trube-Becker

Kriminalistik Verlag
Heidelberg 1982

Elisabeth Trube-Becker, geb. in Düsseldorf, Studium der Medizin in Freiburg, Marburg u. Düsseldorf, Promotion zum Dr. med., Oberärztin, Ausbildung an der Akademie für öffentliches Gesundheitswesen in Düsseldorf, Amtsarztprüfung, Habilitation, Dozent für gerichtliche und soziale Medizin, Dozent an der Akademie für öffentliches Gesundheitswesen in Düsseldorf, Professor und Wissenschaftsrat am Institut für Rechtsmedizin der Universität Düsseldorf.

CIP-Kurztitelaufnahme der Deutschen Bibliothek

Trube-Becker, Elisabeth:
Gewalt gegen das Kind : Vernachlässigung, Mißhandlung, sexueller Mißbrauch u. Tötung von Kindern / von Elisabeth Trube-Becker. — Heidelberg : Kriminalistik-Verlag, 1982.
(Kriminalistik — Wissenschaft & [und] Praxis; Bd. 14)
ISBN 3-7832-1681-8

© 1982 Kriminalistik Verlag GmbH, Heidelberg
Satz: Lichtsatz M. Glaese, 6944 Hemsbach
Druck: Gulde-Druck, Tübingen

ISBN 3-7832-1681-8

Vorwort

Kindesmißhandlung, ein weltweites und vielschichtiges Problem

Gewalt gegen das Kind in der Form von Mißhandlungen, körperlichen Vernachlässigungen und sexuellem Mißbrauch stellt ein weltweites Problem dar, und zwar problematisch vor allem deshalb, weil diese Gewalteinwirkungen nicht nur körperliche Spuren wie Narben, Mißgestaltungen, cerebral bedingte Ausfallerscheinungen, Debilität, Lähmungen, epileptiforme Anfälle, Entwicklungs- und Wachstumsstörungen hinterlassen oder den Tod zur Folge haben können, sondern weil sie in der Regel auch zu tiefgreifenden irreversiblen seelischen und charakterlichen Veränderungen, Verhaltensstörungen, Versagen in der Schule und Erziehungsschwierigkeiten mit allen ihren negativen Folgen für die spätere Daseinsgestaltung und soziologische Einordnung des Opfers in menschliche Gemeinschaft jeglicher Form führen. So können beispielsweise vorzeitiges Lösen von der Familie in einer Entwicklungsphase, in der elterliche Fürsorge und Hilfe ganz besonders vonnöten sind, Alkoholismus, Drogensucht, Prostitution, kriminelles Verhalten, Kontaktstörungen, Vereinsamung bis zum Suizid begründet sein durch körperliche und seelische Gewalt in frühkindlichen Entwicklungsstadien.

Das Vertrauen zur Umwelt und damit das Gemeinschaftsempfinden ist bei allen mißhandelten Kindern ohnedies tiefreichend gestört. Kinder, die jahrelang Mißhandlungen verschiedenster Art ausgesetzt waren, werden häufiger als andere, aus dem gleichen Milieu stammende, kriminell, und dies meist in Form von Aggressionen gegenüber der Umwelt. Gerade in sklavischer Furcht erzogene Menschen erweisen sich, sobald sie sich entfalten können, häufig als brutale, sadistische Naturen. Wegen dieser, das gesamte soziologische Gefüge und damit uns alle betreffenden Folgen, ist es trotz der Flut von Veröffentlichungen in den letzten 10 Jahren gerade zum Thema der körperlichen Mißhandlungen gerechtfertigt, noch einmal auf die faktisch feststellbaren Arten der Gewalt gegen das Kind, deren Folgen und die möglichen und zumutbaren prophylaktischen Maßnahmen hinzuweisen.

Im Vordergrund sollen dabei rechtsmedizinische Gesichtspunkte stehen, ausgehend von symptomatischen Fällen, die in den letzten Jahren im Institut für Rechtsmedizin der Universität Düsseldorf begutachtet wurden oder in denen wegen des tödlichen Ausgangs der Gewalteinwirkungen eine Obduktion erforderlich war. Dabei sollen das Kind als Opfer der Gewalteinwirkungen, die rechtsmedizinisch erhobenen Befunde und ihre Folgen behandelt werden. Täter und Täterpersönlichkeit werden nur insofern besprochen, als zur verständlichen Darstellung des Einzelfalles vonnöten ist, und dies insbesondere im Hinblick auf die Opfer-Täter-Beziehung. Die Psychopathologie eines jeden Täters darzulegen, ist allerdings bei der so gesehenen Thematik aus rechtsmedizinischer Sicht nicht möglich.

Zur besonderen Aktivität in der Prophylaxe, Überwachung, Verhinderung und Hilfe im Einzelfall sind in erster Linie die Ärzteschaft, die Sozialarbeiter, die Mitarbeiter in Jugendämtern und den Gesundheitsbehörden, aber auch Lehrer, Kindergärtnerinnen, Nachbarn sowie sonst mit der Betreuung von Kindern Befaßte aufgerufen.

Düsseldorf, im Januar 1982   *Elisabeth Trube-Becker*

Inhaltsverzeichnis

VIII

Erster Teil
Einführung und allgemeiner Überblick

I   Geschichte der Kindheit, ein Alptraum

1. Jahrhundertelang sind Kinder herangewachsen, die geschlagen wurden und die wieder ihre Kinder schlagen

Gewalt gegen das Kind stellt ein weltweites Problem dar. Es handelt sich dabei keineswegs um ein Deklikt unserer Zeit, auch nicht um ein spezielles Problem der sog. westlichen Welt. Tötung und Vernachlässigung sowie sexueller Mißbrauch von Kindern hat es seit Menschengedenken in aller Welt gegeben und wird sie weiter geben, solange sich nicht die Einstellung zum Kind und zum Mitmenschen überhaupt ändert und manchen mißlichen Umständen sowie ursächlichen sozialen Gegebenheiten abgeholfen wird.

Langer (1973) sieht in der herzlosen Behandlung von Kindern — Kindermord, Weggabe, Vernachlässigung, barbarische Wickelpraktiken, absichtliches Verhungernlassen, Prügel, Isolierung, Verstümmelungen usw. — ,,einen Aspekt der Grausamkeit der menschlichen Natur, der tief verwurzelten Mißachtung

1

der Rechte und Gefühle Anderer". Die Kinder seien Opfer von Kräften, über die sie selber nicht verfügen, in denen sich bewußte oder auch unbewußte Motive ihrer Eltern ausdrücken würden und seien deshalb auf alle nur erdenklichen Weisen gequält worden.

Bei der Mißhandlung und Tötung von Kindern könne es sich aber auch um eine Methode, den Bevölkerungszuwachs zu verhüten, gehandelt haben. Zu allen Zeiten seien mehr Kinder geboren worden, als Wohn- und Arbeitsplätze vorhanden gewesen wären oder von der Gesellschaft hätten geschaffen werden können. Darin liege auch ein Hauptgrund für die weit verbreitete Praxis des Kindermords, der hauptsächlich Mädchen zum Opfer gefallen seien, die ja eines Tages selbst Kinder gebären könnten.

De Mause (1974) hält die Geschichte der Kindheit für einen Alptraum, aus dem wir gerade erst erwachen. Es habe den Anschein, als sei die Entwicklung des Kindes in früheren Zeiten nicht von Interesse gewesen. Literaturhistoriker hätten Bücher mit dem Leben verwechselt und häufig ein fiktives Bild von der Kindheit konstruiert so, ,,als ob man das, was sich in der amerikanischen Familie des 19. Jahrhunderts wirklich abspielte, dadurch erfahren könnte, daß man Tom Sawyer liest".

Jahrhundertelang, bis in die heutige Zeit, sind übermäßige Züchtigungen und Mißhandlungen von Kindern dadurch gerechtfertigt worden, daß strenge körperliche Bestrafung für erforderlich angesehen wurde, um Disziplin aufrecht zu erhalten, erzieherische Werte zu vermitteln, Göttern wohlgefällig zu sein oder böse Geister zu vertreiben.

Miller u. *Swanson* (1958), Sozialhistoriker, sehen in dem Verhalten von Müttern, die ihre noch in der Wiege liegenden Kinder regelmäßig mit Stöcken schlugen, nichts Verwerfliches, wenn sie kommentieren: ,,Wenn ihre Bestrafung streng war, so war sie doch auch gerecht und angemessen und wurde mit Freundlichkeit durchgeführt." Eine Mutter schrieb über ihren ersten ,,Kampf" mit ihrem vier Monate alten Säugling: ,,Ich peitschte ihn, bis er schwarz und blau war, und bis ich ihn einfach nicht mehr schlagen konnte. Und er gab niemals auch nur im geringsten nach" (*de Mause*, S. 68), um nur zwei Beispiele zu zitieren, die zeigen, daß auch in vergangenen Zeiten das Prügeln und Züchtigen von Säuglingen üblich war.

Das Schreien eines Säuglings bedeutete in christlicher Zeit, daß es eine Sünde begehe. Man war sogar der Meinung, daß ,,Wechselbälge" an ihrem ,,erbärmlichen Heulen" zu erkennen seien. *Luther* ist der gleichen Ansicht und meint, ,,sie nähmen oft die Kinder von Frauen, die im Wochenbett lägen und legen sich selbst an deren Platz und seien im Trinken, Essen und Schreien schlimmer als 10 Kinder" (*de Mause* 1974, S. 25).

Säuglinge wurden fest angebunden, um sich nicht gänzlich in gottlose Geschöpfe zu verwandeln oder mit Bandagen so umwickelt, daß sie sich nicht

2

rühren konnten, damit sie nicht verwachsen oder mißbildet werden könnten (*de Mause*, S. 26). Das Wickeln war so kompliziert, daß es oft zwei Stunden dauerte, bis ein Kind angezogen war. Dann aber war es ruhiger als die anderen; gewickelte Kinder waren extrem passiv. Die Herztätigkeit verlangsamt sich, sie schreien weniger und schlafen weitaus mehr. Dadurch waren sie für die Erwachsenen bequemer. — In diesem Wickeln sieht *de Mause* — und das zu Recht — eine Form der Mißhandlung.

Gewickelte Säuglinge wurden auch als Wurfball von Fenster zu Fenster benutzt. Es kam immer wieder vor, daß sie bei diesem ,,Spiel'' fallengelassen und dadurch getötet wurden.

Um Kinder zu erschrecken, haben sich Erwachsene im Verlauf der Geschichte bis in die heutige Zeit eine Unzahl von gespensterähnlichen Figuren ausgedacht: Hexen und Teufelsgestalten, Werwolf, Blaubart, Knecht Rupprecht, der Schornsteinfeger mußten dazu herhalten. Nach der Reformation wurde Gott selbst zum ,,Schwarzen Mann'', mit dem man die Kinder ängstigte (*de Mause*, S. 27).

Zur Verhütung von Überbevölkerung getötet

Das aktive Töten von Säuglingen und Kindern war nicht nur bei den Griechen und Römern, wahrscheinlich auch schon früher an der Tagesordnung. Auch in christlicher Zeit wurden Kinder zur Verhütung von Überbevölkerung getötet. Kindesmord und Todeswünsche gegenüber Kindern sollen nach *Reingold* (1976) viel häufiger gewesen sein als allgemein angenommen wird.

Nach psychologischen Erkenntnissen seien kindsmörderische Impulse auch bei den heutigen Müttern sehr verbreitet, ,,Phantasien, die sich auf das Erstechen, die Verstümmelung, den Mißbrauch, die Enthauptung und die Strangulierung von Kindern beziehen, ist bei in psychoanalytischer Behandlung befindlichen Müttern nichts Ungewöhnliches''.

Der Drang, den Säugling zu verstümmeln, zu verbrennen, erfrieren zu lassen, zu ertränken, zu schütteln und heftig herumzuschleudern, wurde in der Vergangenheit fortwährend ausagiert. Die Hunnen machten ihren neugeborenen Kindern Schnitte in die Wangen. In Italien und anderen Ländern brannten die Eltern ihren Neugeborenen mit einem heißen Eisen in den Nacken oder ließen Wachs einer brennenden Kerze auf sie tropfen. Durch Hochwerfen oder heftiges Schaukeln der Kinder kam es zu Knochenbrüchen und zu Frakturen der Rippen.

Über Jahrhunderte hinweg wurden Kinder verstümmelt, um das Mitleid von Erwachsenen zu erregen und beim Betteln reichere Beute machen zu können, eine Praxis, die auch heutzutage noch in vielen Ländern der Welt geübt wird.

3

Zu allen Zeiten waren Kinder Opfer von rituellen und kosmetischen Verstümmelungshandlungen. Die bevorzugten Körperteile waren dabei die Geschlechtsorgane. Knaben wurden kastriert und beschnitten. Bei Mädchen war die Klitorisbeschneidung üblich, auch heute noch praktiziert und angeprangert. Deformationen des Schädels und der Füße aus „Schönheitsgründen" waren weit verbreitet.

Züchtigung durch Lehrer und Eltern

Die Züchtigung von Kindern ist seit alters her ein Vorrecht von Lehrern und Eltern gewesen. Zu allen Zeiten gehörten zu den Instrumenten, mit denen geschlagen wurde, wie auch heute noch, Peitschen verschiedener Art, Schaufeln, Eisen- und Holzstangen, Rutenbündel, Knüppel, Stöcke, Forken und vor allem Rohrstöcke.

Die alten Philosophen haben ihre Schüler unbarmherzig geschlagen. Der Stock wurde auch von römischen Lehrern zur Bestrafung benutzt. Seitdem ist er über Jahrhunderte hinweg aus der Hand des züchtigenden Lehrers oder Vaters nicht mehr wegzudenken.

In der Schule sind Kinder zu allen Zeiten in unvorstellbarer Weise geprügelt worden. „Eine Vorstellung von der Häufigkeit des Schlagens gewinnt man, wenn man hört, daß ein deutscher Schullehrer ausrechnete, daß er 911 527 Stockschläge, 124 000 Peitschenhiebe, 136 715 Schläge mit der Hand und 1 115 800 Ohrfeigen verteilt hatte. Die in den Quellen geschilderten Schläge waren im allgemeinen schwer, führten zu Blutergüssen und Blutungen, begannen früh und bildeten einen regelmäßigen Bestandteil des Lebens von Kindern." (*de Mause*, S. 67).

Selbst Humanisten und Lehrer mit dem Ruf großer Güte — wie *Petrarka, Ascham, Comenius* und *Pestalozzi* — billigten das Schlagen von Kindern. *Beethoven* soll seine Schüler nicht nur gelegentlich geschlagen und mit einer Stricknadel gestochen haben. Thomas *Morus* benutzte Pfauenfedern, um seine Töchter damit zu züchtigen. Auch Kinder königlicher Abkunft entgingen nicht dem Geschlagenwerden. „Der Vater von Ludwig XIII. soll bei Tisch neben sich eine Peitsche gehabt haben, und bereits im Alter von 17 Monaten wußte der Dauphin sehr gut, daß es besser war, nicht zu schreien, wenn mit der Peitsche gedroht wurde. Vom 25. Lebensmonat an wurde er regelmäßig jeden Morgen ausgepeitscht, oft auf die nackte Haut. Häufig hatte er deswegen Alpträume, und noch als König wachte er später nachts in Schrecken und Angst vor der morgendlichen Auspeitschung auf. Am Tag seiner Krönung, als er acht Jahre alt war, wurde er gepeitscht, und er meinte: „Ich würde auf soviel Huldigung und Ehre gern verzichten, wenn man mich stattdessen weniger peitschen würde." (*de Mause*, S. 68)

Die gesamte Geschichte hindurch finden sich Berichte über Exzesse bei der Bestrafung von Kindern, obwohl es auch meist hochgestellte Persönlichkeiten wie Heinrich VI., der selbst geprügelt wurde, gegeben hat, die sich gegen eine Züchtigung von Kindern ausgesprochen haben. Auch *Plato* soll schon den Lehrern den Rat gegeben haben, Kinder nicht mit Zwang, sondern spielerisch zu erziehen.

Sklaverei war eine besondere Form der Mißhandlung. Der Vater hatte u. a. das Recht, sein Kind in die Sklaverei zu verkaufen. Aus den kleinen Mädchen wurden später Prostituierte, während die Jungen Schwerarbeit verrichten mußten.

Höhepunkt im 19. Jahrhundert

Einen Höhepunkt sollen Mißhandlung und Tötung von Kindern im 19. Jahrhundert erreicht haben. Die Industrialisierung führte nicht nur zur wachsenden Kindersterblichkeit, sondern Kinder wurden zu harter Fabrikarbeit gezwungen. Sie mußten, oft erst im Alter von fünf Jahren — meist aus Armenhäusern — 16 Stunden ohne Unterbrechung arbeiten, manchmal sogar mit eisernen Fußfesseln, damit sie nicht weglaufen konnten. Man ließ sie hungern, schlug oder mißhandelte sie in sonstiger Weise. Viele Kinder starben an Krankheiten, die durch die harte Tätigkeit verursacht waren oder sie begingen Selbstmord.

Eine Reform der Kinderarbeit führte dazu, nicht mehr Kinder aus dem Armenhaus zur Arbeit zu zwingen. Mit Zustimmung der Eltern konnten die Kinder in einer Fabrik arbeiten, dann aber 12 Stunden am Tag. Nicht selten wurden die unterernährten Kinder von Aufsehern mit Rohrstöcken und Lederriemen gepeitscht. Manchmal hielt man sogar ihren Kopf in einen Bottich mit kaltem Wasser, damit sie wach blieben.

Abgemagerte Kleinkinder wurden gezwungen, in Schornsteine und enge Kamine zu klettern, um den Ruß abzukratzen. Sie arbeiteten am Tag und in der Nacht, wobei hartherzige Meister ihren Arbeitseifer anzufachen versuchten, indem sie unter den Kindern einen Büschel Stroh anzündeten. Die Kinder waren der Willkür der jeweiligen Meister oder Aufseher ausgesetzt.

So wuchsen jahrhundertelang Kinder heran, die geschlagen wurden und die wiederum ihre Kinder schlugen. Wenn man sich alle Fakten und Berichte über Leben und Leiden von Kindern vergangener Zeiten, die von *de Mause* u. Mitarbeitern (1977) sowie von *Radbill* (1978) zusammengestellt wurden, vor Augen führt, kann man sich nur wundern, daß überhaupt noch Kinder am Leben geblieben sind und sich zu ,,normalen'' Menschen entwickelt haben.

Dennoch meint *de Mause*, daß Behandlung und Mißhandlung von Kindern in der vergangenen Zeit nicht dafür sprächen, daß die Eltern ihre Kinder nicht geliebt hätten. Das hätten sie durchaus getan. Er meint, daß auch diejenigen, die heutzutage ihre Kinder schlagen, keine Sadisten seien. Sie würden ihre Kinder hin und wieder lieben und seien manchmal sogar fähig, zärtliche Gefühle zu äußern, besonders dann, wenn die Kinder nichts fordern würden. Dasselbe gilt auch für die Eltern vergangener Zeiten. Was den Eltern in der Vergangenheit gefehlt habe, sei nicht die Liebe zu den Kindern, sondern die emotionale Reife, die nötig sei, um das Kind als eine eigenständige Person anzuerkennen.

Es hat Jahrhunderte gedauert, ehe man erkannte, daß auch ein Säugling oder Kleinkind nicht ein Gegenstand ist, mit dem Eltern oder Erzieher machen können, was sie wollen, sondern ein eigenständiger Mensch. Seit *Freud* hat unsere Sicht der Kindheit eine neue Dimension gewonnen. Die Kindheit ist seither ein Thema für Psychologen, Soziologen und Anthropologen.

Trotzdem werden auch heutzutage nach wie vor in aller Welt Kinder getötet, zur Prostitution gezwungen, verstümmelt und so zu Bettlern gemacht oder sie verhungern. Während diese Zeilen geschrieben wurden, erschütterte eine ungeklärte Serie von Kindermorden in Atlanta USA, das die höchste Rate an Kindertötungen aller amerikanischen Großstädte aufweisen soll, die im Juli 1979 begann und von der vor allen Dingen schwarze Kinder im Alter zwischen sieben und 15 Jahren betroffen waren, die ausnahmslos aus den Armenvierteln der Stadt stammten, nicht nur die Bewohner Atlantas oder der USA, sondern der ganzen Welt. (Rheinische Post v. 17. III. 1981)

2. Trotz des ,,Jahrhunderts des Kindes" besteht das Kinderelend fort.

Um die Jahrhundertwende, einer Periode wachsenden wirtschaftlichen Wohlstandes, begann sich eine Besserung der Stellung des Kindes abzuzeichnen. Aus dieser Zeit kann man auch die schwedische Pädagogin Ellen *Key* verstehen, die in ihrem Buch: ,,Das Jahrhundert des Kindes" eine neue Kindererziehung propagiert und das heraufziehende 20. Jahrhundert frei von Kinderarbeit, frei für eine kindgerechte Entfaltung der neuen Generation bezeichnete. Ellen *Key* und die italienische Ärztin und Pädagogin Maria *Montessori* proklamierten das ,,spielerische Erwachsenwerden" als eine wichtige Existenzform der Kindheit. Ein halbes Jahrhundert später verabschiedeten die Vereinten Nationen eine Charta des Kindes. Diese Erklärung der Rechte des Kindes wurde am 20. September 1949 in der Vollversammlung der UNO einstimmig angenommen.

Im Grundsatz 10, der leider oft übersehen wird, heißt es: ,,Ein Kind wird erzogen in einem Geist des Verstehens, der Duldsamkeit, der Freundschaft zwischen den Völkern, des Friedens, weltumspannender Brüderlichkeit und in der Vorstellung, daß seine Kraft und Fähigkeiten dem Dienst an seinen Mitmenschen zu widmen sind." Inzwischen sind mehr als drei Jahrzehnte vergangen. Das sog. „Jahrhundert des Kindes" ist zu Ende.

Trotzdem sterben mehr als 15 Millionen Kinder in den Entwicklungsländern an Unterernährung und Krankheit, noch bevor sie das fünfte Lebensjahr erreicht haben.

Trotzdem führt bei 250 000 Kindern jährlich akuter Vitamin A-Mangel zu völliger Blindheit.

Trotzdem sind weitere 90 Millionen Kinder so schlecht ernährt, daß mit bleibenden körperlichen und seelischen Schäden zu rechnen ist.

Trotzdem hungern in den Entwicklungsländern Millionen Kinder nach Brot. In der sog. westlichen Welt hungern auch heute noch Millionen Kinder nach menschlicher Zuwendung. Zwar profitieren am Wohlstand auch Kinder, aber Wohlstand ist nicht alles. Mitten unter uns werden nach wie vor Kinder mißhandelt, vernachlässigt, unterdrückt und allein gelassen.

Grausamkeit in Zahlen

In der Bundesrepublik Deutschland werden jährlich über 30 000 Kinder körperlich und seelisch mißhandelt. Nach anderen Schätzungen sollen es sogar 80 000 sein. Über 600 – 1000 Kinder werden Jahr für Jahr von ihren eigenen Eltern getötet. Für Österreich wird eine Gesamtzahl von Kindesmißhandlungen von 50 000 pro Jahr angegeben (*Hauptmann* 1975, *Tulzer* 1979). *Biermann* (1969) schätzt den Anteil der tödlichen Mißhandlungen sogar auf 1000, der unter Einbeziehung der mittelbaren Folgen, die ärztlicherseits nicht als Mißhandlungs- und Vernachlässigungsfolge angesehen und für die natürliche Todesursachen bescheinigt werden, noch weitaus höher liegt.

Diese Feststellung gilt für alle Länder der Welt, denn welcher Arzt würde schon bei einem cerebral geschädigten Kind, das erst Jahre nach der Gewalteinwirkung stirbt, den Zusammenhang des Todes mit einer Mißhandlung auf dem Totenschein vermerken? Oder welcher Arzt käme auf den Gedanken, daß Pneumonie oder Infekte Folgen von Unterkühlungen oder sonstiger Vernachlässigungen sein könnten?

In bezug auf die vielen mittelbaren Folgen sind der Möglichkeit, Zusammenhänge zu klären, unüberbrückbare Grenzen gesetzt, und schon deshalb sind alle Zahlenangaben über tödliche Folgen von Mißhandlungen und Vernachlässigungen illusorisch und im Grunde nicht brauchbar, wenn es sich dabei nicht nur um die unmittelbaren Folgen handelt.

Auch die Selbstmordversuche von Kindern und Jugendlichen sind angestiegen und werden auf jährlich 18 000 geschätzt. Über 1000 Kinder sterben jedes Jahr auf unseren Straßen. Über 60 000 werden teils schwer verletzt, so daß sie bleibende Schäden erleiden.

7

Jeden Tag sollen in England zwei Kinder totgeprügelt werden. Diese Tatsache geht aus einem Jahresbericht der ,,Gesellschaft zur Verhinderung von Grausamkeit gegen Kinder" hervor, der in London veröffentlicht worden ist. Eine weitaus größere Zahl von Kindern soll außerdem noch schwere Verletzungen als Folge elterlicher Brutalität erleiden. Einige Kinder waren schwer verstümmelt, andere hatten Brandwunden von Zigaretten oder waren mit Leitungskabeln geprügelt worden oder ,,halb wahnsinnig vor Hunger" (Kriminalistik 1975, S. 235).

Aus einer Broschüre von Amnesty International (Stand Oktober 1979) zur Kinderverfolgung ergeben sich Mitteilungen aus vielen Teilen der Welt dazu, in welcher Weise Kinder verfolgt und mißhandelt werden. Psychischer Druck auf Kinder um ihres Glaubens willen oder aus reiner Willkür, das Auseinanderreißen von Familien, Deportation der Eltern, Zwangsadoption der Kinder, Kinder als Ersatzopfer für ihre Eltern oder in Sippenhaft mit ihnen zusammen im Gefängnis gehören dazu. Nicht selten werden Kinder gezwungen, die Folterungen an ihren Eltern mitanzusehen. Sie werden selbst gefoltert, getreten, in Einzelhaft gesteckt und getötet. Kinder, die in Gefängnissen geboren werden, verschwinden spurlos. Eine Mutter beschreibt nach ihrer Ausreise aus Chile die Behandlung ihrer dreijährigen Tochter im Gefängnis: ,,Sie zogen meine kleine Tochter aus und schlugen sie mit der Lederpeitsche. Sie steckten sie in ein Faß voll eisigen Wassers und tauchten ihren Kopf unter, bis sie fast ertrank. Sie drohten, sie zu vergewaltigen und peitschten sie erneut. Das wurde an vier Tagen viermal pro Tag wiederholt." (Kirchenzeitung für das Erzbistum Köln Nr. 43, 26. Oktober 1979)

Kempe (1971) schätzt die Häufigkeit von Mißhandlungen mit schweren Folgeerscheinungen in den USA auf etwa sechs Kinder pro 1000 Geburten, d. h. auf etwa 30 – 50 000 pro Jahr. Auch 25% aller Knochenbrüche in den ersten zwei Lebensjahren werden als Folge von Fremdverschulden angesehen. *Fontana* (1976) ist sogar der Ansicht, daß Kindesmißhandlung und Vernachlässigung inzwischen in den USA um 15 bis 20% zugenommen haben. Wahrscheinlich liegt die Begründung für diese Zuwachsrate darin, daß man diesem Delikt nunmehr in aller Welt mehr Aufmerksamkeit entgegenbringt, andererseits aber nehmen gerade die Gewalttaten in der Familie zu (*Lystad 1975)*.

Gewalt erzeugt wiederum Gewalt

Bottom (1979) stellt fest, daß Gewalt in der Familie — wie überall — wiederum Gewalt erzeugt. Sie werde gelernt und übermittelt, ein Circulus vitiosus. 56 v. H. aller Ehepartner sollen sich prügeln. Am häufigsten seien Mißhandlungen der Kinder durch die eigenen Eltern. In 84 bis 97 v. H. der Familien würden Kinder körperlich gezüchtigt. Etwa die Hälfte aller Tötungen spiele sich in der Familie ab. Am häufigsten würde die Ehefrau Opfer ihres Ehemanns, wahrscheinlich keine Errungenschaft der Neuzeit. Aber wen hat noch bis zu Beginn dieses Jahrhunderts interessiert, was hinter den verschlossenen Türen oder in der Intimsphäre der Familie geschah?

Erst die Erkenntnis, daß ein Kind kein kleiner Erwachsener und Prügeln nicht die geeignete Methode ist, den jungen Menschen zu Duldsamkeit, Freundschaft, Brüderlichkeit und Verständnis zum Mitmenschen zu erziehen, hat allmählich zu einer anderen Einstellung zum Kind und zu den körperlichen und psychischen Folgen der Gewalttaten gegenüber dem Kinde geführt.

3. Literatur aus neuer Zeit

Die erste rechtsmedizinische Arbeit zur Kindesmißhandlung stammt von *Tardieu* (1860). Sie ist praktisch unbeachtet geblieben, auch eine weitere Arbeit über Tötung von Kindern (1868) ist kaum erwähnt worden, wahrscheinlich, weil damals noch Tötungen von Kindern in aller Welt an der Tagesordnung waren.

Weitere Mitteilungen über Mißhandlung und Vernachlässigung von Kindern stammen im 20. Jahrhundert in erster Linie von Kriminalisten, Kriminologen, Sozialarbeitern, Rechtsmedizinern, später auch von Juristen: *Keferstein* (1911), *v. Höpler* (1915), *Mattern* (1928), *Ziemke* (1913, 1929), *Mulert* (1930), *Leppmann* (1935), *Hetzer* (1936), *Waldeck* (1938), *Kruse* (1940), *Kaboth* (1941), *Manz* (1941), *Krüger-Thiemer* (1944), *Rolleder* (1943), um nur einen Teil der Autoren aus dem älteren Schrifttum zu erwähnen.

Nach dem 2. Weltkrieg ist die Literatur zum Thema Kindesmißhandlung und Vernachlässigung ins Unermeßliche angestiegen. *Caffey* (1957), *Schleyer* (1958), *Nix* (1958), *Bonn* (1963), *Trube-Becker* (1963, 1964, 1966, 1973, 1975, 1979), *Finger* (1963), *Nau* (1964), *Niedermeyer* (1964), *Ullrich* (1964), *Gil* (1966), *Falk* und *Maresch* (1967), *Janssen* (1967), *Nau* (1967), *Kainz* (1967), *Matthes* (1967, 1968), *Staak, Wagner* und *Wille* (1967), *Fink* (1968), *Nau* und *Cabanis* (1966), *Doek* (1970), *Lechleiter* (1971), *Holczabek* (1973), *Eisenmenger* u. a. (1973), *Rochel* und *Gostomzyk* (1973), *Patscheider* (1975), *Jung* (1977), *Emery* (1978), *Brinkmann* et al. (1979), *Giesen* (1979), *Zenz* (1979), *Cairns* et al. (1980).

Auch von seiten der Kindesärzte werden nunmehr zahlreiche Beobachtungen veröffentlicht und schließlich das sog. ,,Battered child syndrome'' beschrieben: *Kempe* et al. (1962), *Kuipers* et al. (1964), *Ziering* (1964), *Cameron* et al. (1966), *Köttgen* (1966), *Helfer* et al. (1968), *Raphling* (1966), *Weber* (1968), *Biermann* (1969), *Ebbin* (1969), *Doek* (1970), *Gil* (1970), *Lemburg* (1971), *Vesin* et al. (1971), *Adelson* (1973), *Levine* (1973), *David* (1974), *Fraser* (1974), *Greenblatt* (1975), *Lynch* (1975), *Sauer* et al. (1975), *Fontana* (1976), *Ferrier*

(1976), *Landriau* (1976), *Müller* (1976), *Rupprecht* und *Berger* (1976), *Hartung* (1977), *Mingers* (1977), *Ryan* et al. (1977), *Apley* (1978), *Petri* (1978), *Kienitz* und *Meier* (1979), *Truckenbrodt* (1979), um nur einen Teil der Autoren der Arbeiten aus klinischem Bereich zu nennen.

Häufig handelt es sich dabei um Mitteilungen von sehr eindrucksvollen Einzelfällen, so von *Severy* (1967), *Solli* (1973), in dem ein zweijähriges Mädchen von seiner Mutter zu Tode mißhandelt wurde. In dem von *Birkle* (1975) beschriebenen Fall hat ein Stiefvater das fünfjährige Kind über längere Zeit auf sadistische Art und Weise gequält und mißhandelt, es täglich mit einem Gürtel geschlagen, während das Kind unbekleidet mit über den Kopf erhobenen Händen mit dem Gesicht zu Wand stehen mußte. Beide Eltern lösten sich bei den Mißhandlungen ab, schlugen und warfen es gegen eine Wand. *Ramms* (1974) berichtet über einen Trommelfellriß bei einem Kleinkind, das vom Stiefvater zu Tode mißhandelt wurde. In einem von *Patscheider* (1975) beschriebenen Fall hat der Vater seine vierjährige Tochter aus Eifersucht nach Einwirkungen stumpfer Gewalt aufgehängt. Eine Pflegemutter hat das Kind mit heißem Wasser aus der Brause (75 bis 88 °C) fünf Minuten lang übergossen und anschließend mit Zahnpasta und Tinte ,,behandelt''.

Auf das Ertränken in der Badewanne als Form der Kindesmißhandlung, nicht leicht abzugrenzen vom Unfall, weisen *Nixon* und *Pearn* (1977) hin. *Irizawa* et al. (1979) berichten über drei Fälle tödlicher Mißhandlungen bei Kleinkindern, *Gosnold* et al. (1980) über eine Rückenmarkverletzung als Mißhandlungsfolge. Bei einer 16jährigen hat erst die Vorgeschichte ergeben, daß die Hüftgelenksversteifung als Folge einer Mißhandlung im Alter von zwei Jahren entstanden ist (*Mac Farlane* 1979).

II Strafrechtliche Aspekte

1. Die nüchternen Vorschriften des StGB

Die Mißhandlung Pflegebefohlener wird strafrechtlich nach § 223 b StGB geahndet. Danach wird unter Strafe gestellt derjenige, der Kinder, Jugendliche oder Gebrechliche, die seiner Fürsorge oder Obhut unterstellt sind, quält oder **roh** mißhandelt oder vernachlässigt.

Unter Mißhandeln wird das ,,Erregen erheblicher Schmerzen und Leiden'' verstanden. Die Mißhandlung ist ,,roh'', wenn sie einer ,,gefühllosen Gesinnung'' entspricht. Eine solche wird angenommen, wenn der Täter bei der Mißhandlung das Gefühl für das Leiden des Mißhandelten verloren hat, das sich in der gleichen Lage bei jedem anständig und rechtlich denkenden Menschen mit gesundem Empfinden eingestellt haben würde. Diese gefühllose Gesinnung braucht keine dauernde Charaktereigenschaft des Täters zu sein. Sie kann auch vorliegen, wenn der Täter gereizt und dadurch hingerissen worden ist.

,,Quälen" ist das Verursachen länger fortdauernder oder sich wiederholender erheblicher körperlicher oder seelischer Schmerzen und Leiden. Dazu gehört auch das Einsperren eines Kindes in einen dunklen Keller, ebenso wie die über das übliche Maß hinausgehende körperliche Züchtigung. Zur Erfüllung der Tatbestandsmerkmale ,,Quälen" und ,,Mißhandeln" im Sinne des § 223 b StGB genügt es nicht schon, daß Art und Maß der Züchtigung den Umfang einer angemessenen Bestrafung im Rahmen des elterlichen Züchtigungsrechts überschreiten.

Das dritte Tatbestandsmerkmal des § 223 b StGB ist die **böswillige** Vernachlässigung der Aufsichtspflicht. Böswillig handelt, wer trotz klarer Erkenntnis seiner Pflicht den Fürsorgeberechtigten aus verwerflichen Gründen — Haß, Bosheit, Lust am fremden Leid u. a. — an der Gesundheit schädigt. Böswillig ist nicht schon die Pflichtverletzung aus Schwäche, Gleichgültigkeit, Gefühlskälte, Sorge um die Erhaltung der eigenen Existenz. Andererseits genügt aber zur Bestrafung der bedingte Vorsatz.

Die Strafverfolgungsbehörde ist im Falle des § 223 b StGB nicht auf einen Strafantrag angewiesen.

Hat die Person, deren Obhut ein Pflegebefohlener unterstellt ist, diesen so schwer mißhandelt, daß es als Folge der Mißhandlungen oder der Vernachlässigung zum Tode gekommen ist, so hat sich der Täter auch nach den Paragraphen des Strafgesetzbuches, welche die Tötungsdelikte behandeln, zu verantworten. § 226 StGB — Körperverletzung mit Todesfolge; § 212 StGB — Totschlag; § 211 StGB — Mord.

2. Schwierigkeiten bei Ermittlung des subjektiven Tatbestandes

In der Regel ist es nicht schwierig, Schädigungen eines Kindes im Sinne des objektiven Tatbestandes nach § 223 b StGB festzustellen. Die Schwierigkeiten entstehen bei der Ermittlung des subjektiven Tatbestandes. Dem nicht geständigen Täter muß die bewußte oder gewollte Mißhandlung oder Verletzung der Obhutspflicht nachgewiesen werden.

Die Rechtmäßigkeit der Körperverletzung bei einer **Züchtigung** gibt dem Täter die Möglichkeit, sich auf mangelndes Bewußtsein seines Unrechts zu berufen. Deshalb spielt die Täterpersönlichkeit bei der Urteilsfindung eine bedeutsame Rolle. Zudem kann der Richter aus der Art der Verteidigung des Angeklagten Schlüsse auf den strafrechtlichen Vorsatz ziehen. Die Ausführungen des Sachverständigen werden vom Gericht frei gewürdigt. Darin liegt eine der Begründungen dafür, daß bei vielen Kindesmißhandlungen die Strafen so geringfügig ausfallen oder die Verfahren sogar — für den juristischen Laien unverständlich — eingestellt werden.

Die Züchtigung eines Kindes ist in jedem Fall eine Körperverletzung. Die Rechtswidrigkeit dieser Körperverletzung ist aber ausgeschlossen, wenn dem Täter ein Züchtigungsrecht zusteht, z. B. Eltern oder sonstigen Erziehungsberechtigten. Berechtigt ist freilich nur die **angemessene** Züchtigung. Bestimmend für die Angemessenheit ist im wesentlichen das ,,allgemeine Sittengesetz". Dieses nicht kodifizierbare Recht läßt eine quälerische, gesundheitsschädigende, das Anstands-, Ehr- oder Sittlichkeitsgefühl verletzende Behandlung nicht zu. Im übrigen endet das Züchtigungsrecht, wo es mit dem Zweck der Erziehung nicht mehr vereinbar ist. Um die Lokalisation dieser Grenze bemühen sich nicht nur unzählige wissenschaftliche Theorien, sie ist auch sonst typisch relativ und abhängig von der Daseinsempfindung des jeweils Berechtigten und eine Ausgeburt seines Temperaments.

3. Kaum Grenzen für elterliche Gewalt

Deshalb ist der autoritären Gewalt der Eltern kaum eine Grenze gesetzt und gibt ebenfalls eine Erklärung für die relativ milde Bestrafung der Täter bei der Mißhandlung und Vernachlässigung von Kindern, wie auch die von uns begutachteten Fälle zeigen. Unfaßbar aber ist, den Eltern bei der **Mißhandlung** von Säuglingen und Kleinstkindern das ,,Züchtigungsrecht" als Rechtfertigungsgrund zuzubilligen.

Kindesmißhandlung ist in jedem Falle ein Mißbrauch der autoritären Gewalt der Eltern oder sonst Erziehungsberechtigter. Autorität ist zwar in gewissem Maße erforderlich; denn die Eingliederung des wachsenden Menschen in die Gemeinschaft setzt voraus, daß sie angeordnet, geleitet oder überwacht wird von Persönlichkeiten mit maßgeblichem Einfluß innerhalb ihres Wirkungsbereiches; die Mißhandlung aber gehört nicht dazu.

Der Mißbrauch der elterlichen Gewalt wird begünstigt und die Entdeckung erschwert durch die abgeschlossene Atmosphäre des Elternhauses oder des vergleichbaren Erziehungsbereiches, ohne die aber die Entfaltung der körperlichen, seelischen und charakterlichen Kräfte des Kindes nicht denkbar ist. Obwohl die Strafverfolgungsbehörde im Falle des § 223 b StGB nicht auf einen Strafantrag angewiesen ist, werden Fälle von Kindesmißhandlungen — erst recht in Form der Vernachlässigung — auch heute noch relativ selten zur Anzeige gebracht.

Die **Dunkelziffer** ist bei diesem Delikt naturgemäß besonders groß, nicht nur weil sich die Tat in der Intimsphäre der Familie abspielt und die Aufdeckung solcher strafbarer Handlungen stets besondere Schwierigkeiten bereitet. Auch die Kindesmißhandlung, und dazu gehört insbesondere die übermäßige Züchtigung eines älteren Kindes sowie die Züchtigung eines Kleinkindes überhaupt, spielt sich im Regelfalle hinter verschlossenen Türen ab in Gegenwart eines begrenzten Personenkreises, gewöhnlich nur Täter und Opfer. Falls überhaupt Zeugen vorhanden sind, handelt es sich um solche, die in naher Verbindung zu dem Täter stehen oder von ihm abhängig sind, um den Ehegatten oder die Geschwister des Opfers, nahe Verwandte, Nachbarn oder Freunde, die unter Umständen Schwierigkeiten mit der betreffenden Familie oder den Behörden befürchten.

Nach wie vor zielt die Einstellung vieler behördlicher Institutionen, aber auch der Öffentlichkeit darauf, nicht in den Intimbereich der Familie einzugreifen. Meldungen wird häufig nicht oder nur zögernd nachgegangen (*Nix* 1958, *Schleyer* 1958, *Ullrich* 1964, *Trube-Becker* 1964). Andererseits kommt es unverständlicherweise trotz nachgewiesener Mißhandlungsspuren und obwohl Zeugen von wiederholten Mißhandlungen berichten, zur Einstellung der Verfahren. Darüber hinaus besteht trotz fast täglich in der Presse erscheinender Berichte immer noch eine große, oft unbegreifliche ,,Ahnungs- und Interesselosigkeit'' der Umwelt (*Nix* 1958) dem Verhalten der Eltern ihren Kindern gegenüber, das als Privatangelegenheit angesehen wird.

Nach allgemeiner Ansicht kommen maximal 5 v. H. aller Fälle von Kindesmißhandlung zur Anklage (*Trube-Becker* 1964), nach neueren Schätzungen werden sogar nur 0,5% (*Hauptmann* 1975, *Tulzer* 1979) strafrechtlich verfolgt. Nach Mitteilungen aus jüngster Zeit sollen in der Bundesrepublik Deutschland 100 000 Kinder jährlich mißhandelt (,,Das sichere Haus'', 1981), davon 20 000 bis 30 000 krankenhausreif geprügelt werden. Den Ermittlungsbehörden werden davon nur etwa 1 500 Mißhandlungen bekannt. Die Verurteiltenzahlen sind wesentlich geringer: Nach österreichischer Kriminalstatistik werden etwa 200 Personen pro Jahr, in der Bundesrepublik Deutschland jährlich etwa 300 Personen wegen Kindesmißhandlung verurteilt (*Becker* 1971, *Seelemann* 1971).

Der Zusammenbruch traditionell-familiärer Strukturen, Zunahme der Scheidungen, Zersplitterung der Bevölkerung und soziale Anonymität führen nicht selten dazu, daß Kinder auch in der heutigen Zeit unerwünscht sind und von den Eltern abgelehnt oder mißhandelt werden. Dieser Ansicht ist jedenfalls *Guyer* (1979), obwohl in früheren Zeiten viel häufiger Kinder unerwünscht waren und schon deshalb von ihren Eltern getötet wurden.

III Kindesmißhandlung, ein vernachlässigtes ärztliches Problem

1. Auch bei schwersten Verletzungen nicht an Mißhandlung gedacht

Nicht nur das Verhalten der Familienangehörigen, der übrigen Verwandten und Nachbarn, die aus Angst vor Unannehmlichkeiten, die auch bei anderen

Delikten Zeugen davon abhält, sich den Ermittlungsbehörden zur Verfügung zu stellen, selten Anzeige erstatten, sondern auch die Unsicherheit der Ärzte führt dazu, daß multiple Verletzungsspuren nicht als Mißhandlungs- und Vernachlässigungsfolgen erkannt werden. Ärzte verkennen nicht nur die Befunde und werten sie nicht als Folgen von Gewalteinwirkungen, sondern sie berufen sich auf die ärztliche Schweigepflicht, nichtwissend, daß die ,,befugte'' Offenbarung erlaubt ist (*Nau* 1967, *Trube-Becker* 1967, 1972), oder sie glauben den von den Eltern angegebenen Schutzbehauptungen. Zu Recht hält *Hartung* (1977) die Kindesmißhandlung daher für ein vernachlässigtes ärztliches Problem. Dem kann in vollem Umfange zugestimmt werden.

Trotz aller Veröffentlichungen und Hinweise in Literatur und Laienpresse zur Kindesmißhandlung werden Statistiken über Unfälle im Kindesalter, zu denen auch multitraumatisierte Kleinstkinder und Säuglinge gehören, mitgeteilt, ohne daß überhaupt an die Möglichkeit von Mißhandlungsfolgen gedacht wird. So hat *Hecker* (1971) 559 kindliche Patienten mit intraabdominellen Organverletzungen nach stumpfen Bauchtraumen untersucht, eine Zunahme bei Kleinkindern feststellen können, die Möglichkeit von Mißhandlungen als Ursache aber nicht mit einbezogen. Das gleiche gilt für viele Arbeiten aus der kinderchirurgischen oder chirurgischen Praxis aus aller Welt (*Oberniedermayr* (1963), *Stolowsky* (1965), *Danko* et al. (1972), *Daum* (1976), die über Folgen von Bauch und Hirntraumen sowie Hitzeeinwirkungen, über Kopf- und Brustkorbverletzungen (*Sztaba* 1976), Brusttraumen mit Rippenserienfrakturen (*Smyth* 1979) im Kindes- und Säuglingsalter berichten und statistische Auswertungen vorbringen, ohne nur im entferntesten an die Möglichkeit von Mißhandlungsfolgen zu denken (!), um nur einige der zahlreichen Veröffentlichungen zu nennen.

In einer Arbeit von *Kovac* et al. (1978) wird über die Ursachen tödlicher Verletzungen im Kindesalter in der CSSR bei 250 Kindern im Alter bis zu 15 Jahren berichtet. Als Ursache für die tödlichen Verletzungen steht der Verkehrsunfall an 1. Stelle. Obwohl in 21 der Fälle von ,,Ermordnung'' oder ,,Totschlagen'' die Rede ist, lassen sich aus den Ausführungen Hinweise auf Mißhandlungen mit Todesfolge nicht erkennen, ebensowenig wie bei 625 Nachuntersuchungen traumatisierter Kinder im Alter bis zu 15 Jahren eines Pariser Hospitals.

Kos und *Minardi* (1981) haben noch in jüngster Zeit stumpfe Bauchtraumen bei 141 Kindern im Alter von 0 bis zu 14 Jahren analysiert. Bei den älteren Kindern kann zwar der Unfall im Straßenverkehr, im Haus oder beim Spielen als Ursache der Folgen nicht ausgeschlossen werden, in welcher Weise aber Säuglinge und Kleinstkinder polytraumatisiert worden sind, läßt sich aus den Ausführungen nicht erkennen.

Es sind Fälle bekannt, in denen Kinder während einiger Monate mehrfach mit Spuren der Mißhandlung in eine Klinik oder ein Krankenhaus eingewiesen worden sind, ohne daß die Befunde als Folge von Mißhandlungen oder sogar des sexuallen Mißbrauchs gewertet wurden. Dazu gehört auch ein Teil der von uns beobachteten Fälle. Nach Abklingen akuter Krankheitserscheinungen wird das Kind wieder nach Hause entlassen, um wenig später im gleichen Zustand erneut in Krankenhausbehandlung eingewiesen zu werden und schließlich an einer schweren Gehirnschädigung zu sterben, wie in den Fällen (Tab. I Fälle 20, 21, 37, 55) oder als Folge traumatischer Netzhautablösung (Tab. IV Fälle 8, 27), oder an Hornhauttrübungen zu erblinden (Fall 36 Tab. IV).

Wenn auch der Arzt in erster Linie helfend und heilend ärztlich tätig sein soll, so läßt sich nicht übersehen, daß die zahlreichen Statistiken und Mitteilungen über Unfallursachen und über Unfallfolgen im Säuglings- und Kleinkindesalter ein ganz falsches Bild ergeben, schon weil den Schutzbehauptungen der Eltern über den Sturz des Säuglings von der Wickelkommode, aus dem Bett oder auf den Boden geglaubt und damit die eigentliche Ursache der Verletzungsspuren nicht erkannt wird. Dem verletzten Kind wird nicht geholfen, und die Statistiken entsprechen nicht den Tatsachen.

Trotz allem wird auch aus klinischem Bereich immer häufiger auf die Möglichkeit von körperlichen Mißhandlungen als Ursache für die Verletzungsfolgen hingewiesen. *Rees* et al. (1975) beschreiben einen Ventrikelseptumdefekt als Folge von Schlägen auf den Thorax durch den Stiefvater bei einem fünfjährigen Kind. Während von *Schydlo* und *Gleiss* (1971) Schädelbrüche im 1. und 2. Lebensjahr noch vorwiegend als Folge eines Sturzes aus geringer Höhe, hauptsächlich von Wickeltischen, angesehen, aber auch Mißhandlungen als Ursache diskutiert werden, finden *Kotlarek* et al. (1978) typische Kalottenfrakturen im Säuglingsalter als Folgen von Hinstürzen bei ersten Stehversuchen und ähnlichen Ereignissen.

Von *Chodkiewicz* et al. (1979), die 625 traumatisierte Kinder nachuntersucht haben, werden auch aus klinischer Sicht Mißhandlungen als Ursache von Frakturen, Brust- und Bauchverletzungen, von Schädel- und Hirnverletzungen in Erwägung gezogen, ebenso von *Piedelièvre* et al. (1979). *Sills* et al. (1977, *Chroscielewski* (1976), *Sauer* et al. (1975).

Vock et al. (1980) teilen isolierte Gastrointestinalverletzungen als Folge körperlicher Mißhandlung mit. *Liebhardt* et al. (1978) sind erstaunt über die geringe Anzahl tödlicher Kindesmißhandlungen im Sektionsgut des Münchner Instituts und versuchen eine Erklärung für diese Tatsache zu finden.

Zum hier besprochenen Thema ,,Kindesmißhandlung, ein vernachlässigtes Problem'' siehe auch das Kapitel ,,Mißhandlungsfolgen'' (S. 45).

2. Hoffnung, daß Kindesmißhandlung kein vernachlässigtes ärztliches Problem bleiben wird?

Das Anwachsen auch der klinischen Literatur in den letzten Jahren läßt hoffen, daß die Kindesmißhandlung mit ihren Folgen nicht ein vernachlässigtes ärztliches Problem bleiben wird. Allgemeinarzt, Chirurg, Pädiater und andere Fachärzte sind aufgerufen, schon bei geringfügigen Anzeichen auf Mißhandlung das Kind besonders gründlich zu untersuchen und Entscheidungen zu treffen, die das Kind vor weiteren Gewalteinwirkungen schützen können.

Hiersche und *Hiller* 1980 sind der Meinung, daß, weil beim mißhandelten Kind körperliche Folgen sexuellen Vergehens nicht immer deutlich zu erkennen seien, der Gynäkologe bei oberflächlicher Beurteilung der kleinen Patientin „den schrecklichen Gesamtkomplex des Battred-Child-Syndroms" übersehen würde. 50% der Kinder, die mit einer Vulvovaginitis, mit blutenden oder narbig abgeheilten Hymenalrissen zur Untersuchung gebracht werden, seien jünger als 12 Jahre. Bei der gynäkologischen Untersuchung solle auch auf andere Zeichen der Mißhandlung, von Nahrungs- und Flüssigkeitsentzug, Medikamentenmißbrauch und psychische Mißhandlungsfolgen geachtet werden.

Samenzellen sind nur kurze Zeit nach der Tat im Zervikal- und Vaginalabstrich nachweisbar, und deshalb müsse möglichst frühzeitig ärztlich untersucht werden (*Volk* und *Hilgarth* 1979). Im übrigen sei das Fehlen von Spuren der Gewalteinwirkung im Bereiche der Genitalorgane nicht geeignet, gegen eine Vergewaltigung zu sprechen. Es sollte daher nicht nur der Genitalbereich, sondern der ganze Körper sorgfältig untersucht und die Befunde dokumentiert werden.

Das Interesse daran, die Ursachen für die Verletzungsfolgen im Säuglings-und Kindesalter zu klären, scheint demnach auf allen Gebieten der Medizin erheblich zugenommen zu haben.

Positive Einstellung zur Prügelstrafe

Nicht zuletzt verhindert auch die in unserem Kulturkreis noch positive Einstellung zur Prügelstrafe die Entdeckung von Mißhandlungsfolgen.

Eine diesbezügliche Umfrage in der Bundesrepublik Deutschland hat ergeben, daß 45 v. H. der befragten Eltern einer Prügelstrafe zustimmen, und 85 v. H. der befragten Kinder bestätigen, Schläge erhalten zu haben. In Österreich hielten bei einer ähnlichen Erhebung 96 v. H. der Befragten eine körperliche Züchtigung für unschädlich (*Tulzer* 1979).

Für die Abgrenzung einer Mißhandlung von einer erlaubten Erziehungsmaßnahme, die schwierig sein kann, hat *Asperger* (1967) schon auf dem Deutschen Kinderärztekongreß 1966 in Berlin formuliert: „Mißhandlung ist jede in erzieherischer Absicht erfolgte Einwirkung auf das Kind, die nach ihrem Grund, ihrer Stärke und ihrer Häufigkeit eine bedeutende Schädigung hervorruft." Daraus ergibt sich die unabdingbare Folgerung, das sog. Züchtigungsrecht der Eltern abzuschaffen, das für einen Säugling oder ein Kleinkind ohnehin nicht berechtigt ist.

„Hauen" zerstört das Vertrauen. Prügel rufen beim Kind Ablehnung oder Haß hervor, führen zu Einschüchterung und zu Störungen in der seelischen und körperlichen Entwicklung. Um so erstaunlicher ist es, daß in manchen Ländern der Bundesrepublik die körperliche Züchtigung von Schülern als „Gewohnheitsrecht" immer noch toleriert wird, obwohl es schon im Jahre 1719 eine Elterninitiative gegen prügelnde Lehrer gegeben haben soll (WZ 24. 7. 1979).

Die Unterscheidung von Gewalt gegen Sachen und Gewalt gegen Personen scharf verurteilend, lobt „Bild" das Urteil: „Freispruch für den ohrfeigenden Lehrer", weil Gewalt gegen Kinder weder Gewalt gegen Sachen noch gegen Personen ist, sondern Gewohnheitsrecht (Kinderschutz aktuell 1979, S. 13).

IV Opfer und Täter — Motive/Anlässe

1. Opferkreis

In der Regel sind Kleinstkinder und Kinder im Vorschulalter Opfer von Miß-handlungen. Am häufigsten sind nach übereinstimmenden Angaben der Autoren (*Schleyer*, 1958; *Trube-Becker*, 1964; *Köttgen* 1966; *Janssen*, 1967; *Kempe* et al, 1967; *Fink*, 1968; *Adelson*, 1972, u. a.) Kinder in den ersten 3 Lebensjahren betroffen.

Am stärksten sind die Kinder gefährdet, die keinen normalen Platz in der Familie haben oder aus zerrütteten Ehen stammen. Entgegen allgemein verbreiteter Ansichten werden gerade eheliche Kinder relativ häufig mißhandelt.

In der Tatsache, daß Opfer häufig Kleinstkinder sind, liegt **eine** Ursache dafür, daß bei Gewalttaten gegen das Kind die Dunkelziffer besonders groß ist. Das Kleinstkind hat keine Möglichkeit zur Aussage oder Anzeige. Das etwas größere Kind hat Angst oder befürchtet weitere Leiden. Es befindet sich in einem Abhängigkeitsverhältnis vom Täter, das die Auflehnung gegen den Täter und die Erstattung einer Anzeige verhindert. Es ist sogar bereit — entsprechend beeinflußt — vor Gericht falsche Aussagen zu machen und so noch zu einem Freispruch beizutragen.

Häufig ist das mißhandelte Kind ein Kind einer größeren Geschwisterreihe (*Kaboth*, 1942; *Trube-Becker*, 1966), d. h. daß von mehreren Kindern nur eines mißhandelt wird, während die anderen mehr oder weniger ausreichend betreut werden.

17

In diesem Zusammenhang sei auf die Fälle 13 u. 37 Tab. IV verwiesen. Das Opfer einer Geschwisterreihe wird nicht selten auch von den übrigen Kindern der Familie ferngehalten oder sogar von den Geschwistern mitverprügelt und nicht akzeptiert. Es wird oft so lange abgesondert und eingesperrt, bis seine Wunden verheilt sind vor allem dann, wenn Fürsorgerin oder Arzt erscheinen. Durch Zuhalten des Mundes und Androhen weiterer Strafen wird es am Schreien gehindert, Wasserrauschen und Radiomusik übertönen seine Klagen, so daß auch Nachbarn und Hausbewohner nichts von der Existenz des Kindes und dessen Leiden erfahren. Es werden aber auch alle Kinder einer Familie mißhandelt oder vernachlässigt wie u. a. die Fälle 4, 18, 36, 52 Tab. IV unserer Zusammenstellung zeigen.

Entgegen den bereits zitierten Angaben aus der Literatur, den Berichten von *Gostomzyk* u. *Rochel* (1973) und unserer Untersuchungsergebnisse finden *Mätzsch* et al. (1980) bei der Auswertung von 345 Ermittlungsakten der Kriminalpolizei Hamburg eine fast gleichmäßige Altersverteilung bei den kindlichen Opfern von Mißhandlungen. Eine Erklärung für die verschiedenartigen Ergebnisse mag in der Auswahl des Kollektivs zu finden sein.

Häufig erinnert das Kind an unliebsame Erfahrungen. Ein Kind, das nicht erwünscht war, wird selten durch seine Gegenwart angenehm. Folglich fallen Umstände, die zur Abneigung dem Kinde gegenüber führen, schon in den Anfang der Ehe. Schlechte Behandlung der Frau durch ihren Mann vor ihrer Niederkunft; das Kind war Anlaß für die Eheschließung, oder die Mutter erlitt bei der Geburt des Kindes eine dauernde Schädigung. Auch schon vor der Geburt des Kindes kann es zu Haß und Abneigung gegen das Kind kommen. Das außereheliche Kind gibt häufig Anlaß zu Ärger gegenüber dem Erzeuger. Die Stiefmutter sieht in den Kindern aus der ersten Ehe ihres Mannes eine lebendige Erinnerung an seine erste Frau, zu reicher Kindersegen vermehrt die Kosten des Haushaltes. Besonders gefährdet sind nach *Paul* (1967) behinderte Kinder oder solche mit Verhaltensstörungen, wobei nicht immer die primäre Genese zu klären ist.

Entgegen der weitverbreiteten Anschauung, daß vorwiegend nichteheliche und Stiefkinder mißhandelt werden, haben die Untersuchungen der letzten Jahre ergeben, daß Mißhandlungen bei ehelichen Kindern weit häufiger vorkommen.

2. Täterkreis

Relativ häufig ist die Frau die Täterin (Bonn 1963, *Trube-Becker* 1964, *Fink* 1968). Sie ist stärker an das Haus gebunden und nicht selten überbeansprucht, vor allem dann, wenn sie zusätzlich noch einer Erwerbstätigkeit nachgehen muß. Schwangerschaften, die Betreuung von Säuglingen, die ihr allein obliegt, das Alleinsein mit den Kindern, während der Mann der Arbeit nachgeht oder einen Stammtisch aufsucht, mögen zur Gereiztheit und Unzufriedenheit der Mutter und damit zur Abreaktion ihres Ärgers auf den Ehemann an den Kindern beitragen. Ein geringfügiger Anlaß wie Schreien, Bocken, Einnässen, Nichtessenwollen u. a. kann dann die Tat auslösen.

Aus diesen Umständen ließe sich die Tatsache erklären, daß Frauen, die einer befriedigenden und sie erfüllenden Berufstätigkeit nachgehen, ihre Kinder nicht mißhandeln oder sogar töten, sondern ihre Freizeit mit ihren Kindern verbringen, vor allem dann, wenn für einen Teil der Hausarbeit Hilfen zur Verfügung stehen.

Nix (1958) findet in den von ihm bearbeiteten 57 Strafverfahren 38 Männer und 36 Frauen als Täter. Nach den Untersuchungen von *Ullrich* (1964), *Mende* u. *Kirsch* (1968), *Janssen* (1967), *Mätzsch* et al. (1980) überwiegt bei den Tätern das männliche Geschlecht. Auch *Nau* (1964) hat eine stärkere Aktivität oder Grausamkeit der Frau dem Kinde gegenüber in ihrem Untersuchungsgut nicht feststellen können. Nach ihrer Ansicht bilden beim Manne Trunksucht (33 v. H.), länger dauernde Arbeitslosigkeit (50 v. H.) Momente, welche die Kindesmißhandlung begünstigen und auslösen können. Relativ häufig seien pädagogische Unkenntnis bei minderbegabten Tätern (20 v. H.) und Täterinnen (8,5 v. H.) als Ursache der Kindesmißhandlung anzutreffen.

Alkohol

In den letzten Jahren hat der Alkoholismus eines oder beider Elternteile als verursachender Faktor für die Kindesmißhandlung erheblich zugenommen, auch aus unseren Fällen ersichtlich und von *Behling* (1979) an 51 einschlägigen Fällen dargelegt. In 35 seiner Fälle = 69 v. H. waren beide Eltern mehr oder weniger starke Trinker, 32 der mißhandelten Kinder hatten außerdem einen Großelternteil, der Alkoholiker war.

Zudem vererben sich ungünstige Eigenschaften der Eltern auf die Kinder. Jeder Ehepartner sieht zunächst in dem Kinde nur die schlechten Eigenschaften des anderen. Die Fähigkeit zur objektiven Beurteilung dessen, daß das Kind nicht schuld an seinem Erbgut ist, fehlt den meisten Eltern. Üble Eigenschaften der Kinder fallen besonders schwer ins Gewicht, wenn die übrigen Verhältnisse entsprechend ungünstig sind. In keinem Falle jedoch berechtigen die genannten Schwierigkeiten, das Kind im Übermaß zu züchtigen oder sogar wiederholt zu mißhandeln.

Obwohl Mißhandlungen in allen sozialen Schichten vorkommen, werden sie in Familien ungünstiger sozialer Verhältnisse leichter aufgedeckt und dann auch zur Anzeige gebracht.

V   Mißhandlungsformen

1.   Unerschöpfliche Phantasie beim Ersinnen von Grausamkeiten

Die Mißhandlungsformen sind so vielgestaltig wie die Phantasie des Mißhandlers sie hervorbringen kann. Wahllos wird mit allen nur erreichbaren Gegenständen: Riemen, Peitschen, Stöcken, Kohlenschaufeln, Kochlöffeln, Feuerhaken u. a. auf das Kind eingeschlagen. Es wird gebissen und mit heißem Wasser überbrüht. Unerschöpflich ist die Phantasie beim Ersinnen von Grausamkeiten, um dem gequälten Kind Schmerzen zuzufügen. Stundenlanges Stehenlassen, Auf- und Abmarschieren während der Nacht und während die übrigen Personen schlafen, Setzen auf den heißen Ofen, stundenlanges Haltenlassen von schweren Gegenständen, Aufhängen an den Armen, Hungernlassen, Halten von brennenden Streichhölzern, bis die Finger anbrennen, Auslöschen von Zigaretten auf der Haut des Kindes, so daß Narben zurückbleiben. Frierenlassen — erfrorene Gliedmaßen sind bei mißhandelten Kindern sehr häufig —, Tauchen in eiskaltes Wasser bis zum Tod durch Erschöpfung oder Ertrinken oder an den Folgekrankheiten wie Infekten, Pneumonie, Liegenlassen in Kot und Urin, Hungernlassen gehören zu den Formen körperlicher Mißhandlung und Vernachlässigung.

Eine Mißhandlungsart stellt das sog. ,,Schütteltrauma" des Säuglings, an das viel häufiger gedacht werden müßte, dar, auf das auch von *Schneider* et al. (1979) anläßlich eines Falles hingewiesen wird: Bei einem acht Monate alt gewordenen Säugling wurden bei der Obduktion Zerreißungen parasaggitaler Brückenvenen aufgedeckt, ohne daß äußerlich erkennbare Spuren einer Gewalteinwirkung festzustellen gewesen wären. Von der Kindesmutter wurde eingeräumt, das Kind seitlich am Brustkorb ergriffen und heftig geschüttelt zu haben. Es kommt dann zu einer Winkelakzeleration des Kopfes um eine transversale Achse und durch das Zurückbleiben des Gehirns infolge seiner Trägheit zu Gefäßzerreißungen.

Auch der Zwilling des verstorbenen Kindes erlitt ähnliche Blutungen und eine sich über ein akutes Hygrom anschließende generalisierte Hirnatrophie derart, wie man sie sonst nur im Greisenalter erwartet. Als Folge eines Schütteltraumas kann es auch zu Wirbelsäulenfrakturen und damit zum Tode des Kindes kommen, ohne daß äußerlich erkennbare Spuren nachweisbar wären (Tab. I Fall 56).

Gelegentlich muß an Selbstbeschädigungen durch das Kind gedacht werden. Nach *Anderson* und *Hudson* (1976) sind bei mißhandelten Kindern selbst beigebrachte Bißmarken nachgewiesen worden (Biß in den Unterarm zur Dämpfung von Schmerzen); außerdem reagierten mißhandelte Kinder sich selbst gegenüber aggressiv (*Green*, 1978).

Zu den Schutzbehauptungen der Täter, die darauf bedacht sind, die Spuren der Gewalteinwirkungen und ihr Zustandekommen für harmlos zu erklären, gehören das Hinstürzen bei ersten Stehversuchen, der Sturz von der Treppe, vom Stuhl und aus dem Bett, das Herunterreißen einer mit heißem Tee gefüllten Kanne vom Tisch, das Anstoßen des Kopfes an einen Schrank, häufiges Hinfallen sowie die Neigung zu Hautblutungen und Frakturen. Wenn es nach manchem Tätern geht, reißen sich Kleinkinder eigenhändig die Haare aus oder schlagen sich selbst. Erbrechen und Nichtessenwollen müssen als Erklärung für schlechten Ernährungszustand herhalten.

Der Tatanlaß, der vorgebracht wird, steht in keinem Verhältnis zu dem brutalen Vorgehen der Mißhandler. Es wird behauptet, das Kind sei unreinlich, stur, eigensinnig, habe eingenäßt und sich trotz Ermahnungen nicht rechtzeitig gemeldet. Schon beim Säugling wird die Unsauberkeit zum Anlaß für Mißhandlungen und Züchtigungen. U.a. werden Langsamkeit, Faulheit, Naschen, Lügen, Schreien, Erbrechen als Motiv zur Tat angegeben.

Ein Teil der mißhandelten Kinder mag tatsächlich Trotzreaktionen, Schreien, Einnässen, Eigensinn, die zu echten Erziehungsschwierigkeiten führen können, zeigen. Dabei ist jedoch zu beachten, daß diese Eigenheiten häufig erst die Folgen der Züchtigungen, verfehlter Erziehungsmethoden, zu hoher Anforderungen (,,Er wollte einen Star aus mir machen.") oder von Liebesentzug sind.

2. Seelische Mißhandlungen

Abgesehen von körperlichen kommen auch seelische Mißhandlungen vor. Dazu gehören Einsperren in einen dunklen Keller, Töten eines geliebten Tieres, Alleinlassen in der Wohnung, Beschimpfungen, Anbinden an ein Möbelstück, während das Kind allein in der Wohnung gelassen wird, das Miterleben elterlicher Auseinandersetzungen, die Trunksucht des Vaters oder sogar der Mutter, Liebesentzug, Zurückgesetztwerden gegenüber den Geschwistern, Isolation durch Krankheit eines Elternteils, insbesondere der Mutter, oder eigener Behinderungen, Fehlen von Zeit und der Gesprächsbereitschaft der Eltern für das Kind.

Auf besondere moderne Arten seelischer Mißhandlung, die auf den ersten Anschein gar nicht als solche erkannt werden, sei besonders hingewiesen: stundeslanges Autofahrenmüssen an den Wochenenden — eingepfercht auf engstem Raum —, Wohnenmüssen in unzulänglichen engen Wohnräumen, in denen die Erwachsenen zudem noch fortgesetzt rauchen. Um selbst Ruhe zu haben, verweisen Eltern ihre Kinder oft auf das Fernsehen oder schicken sie allzu früh und allzu häufig in Kinovorstellungen. Für das Kind, das Bewegung in frischer Luft benötigt, sind diese Errungenschaften der Neuzeit nicht selten von bedrückender Auswirkung.

Fernsehen: bis zum 14. Geburtstag 4% der Lebenszeit

Auf das Fernsehen als mögliche — wie es ein Fernsehredakteur im Hinblick auf eine Erweiterung des Fernsehens ausgedrückt hat (siehe unten) — ,,Massenfolter'' sei besonders eingegangen:

Die kindliche Wahrnehmung orientiert sich an anderen Prioritäten und Bezugspunkten als beim Erwachsenen, Kinder sehen und hören beim Fernsehen nicht nur, sie erleben mit ihrer Phantasie. Es werden Identifikationen auf- und abgebaut, Probebehandlungen durchgespielt. Zum laufenden Film werden eigene Handlungen simultan erfunden. Die Fernsehhandlung wird in ein ganzes Netz von Assoziationen, Projektionen, Vorstellungen und Gefühlen eingewoben. Der Nachtschlaf kann beeinflußt werden.

Kinder erleben das Programm zunächst als unüberschaubaren Bildertext. Das Bild wechselt für die kindliche Aufnahmefähigkeit viel zu schnell. Da aber der erwachsene Fernsehzuschauer eine Einstellung von mehr als 35 Sekunden Dauer als langweilig empfindet, darf keine Szene länger als 35 Sekunden dauern. Diese Einstellung ist aber alles andere als kindergerecht.

Wenn außerdem bedacht wird, daß Kinder oft schon im Alter von zwei oder drei Jahren zu Fernsehkonsumenten werden und das Fernsehen bis zum 13. Lebensjahr zu einer ihrer intensivsten Beschäftigungen machen, dann mag allein schon das Fernsehquantum (die dafür aufgebrachte Zeit beläuft sich für das Durchschnittskind bis zum Alter von 13 Jahren auf rd. 4665 Stunden oder 4 v. H. seiner Lebenszeit) beunruhigen. Die Tatsache aber, daß es heute — im Sinne des Wortes — ,,ein Kinderspiel'' ist, Fernsehfilme selbst aufzunehmen und in Videokassetten zu konservieren und sie also auch zu fernsehfreien Zeiten ablaufen zu lassen, kann diese Beunruhigung nur noch vergrößern. Daß Kinder in der Schule Konzentrationsschwierigkeiten haben, mag niemanden mehr verwundern; nur hochintelligente Kinder — aber wer gehört schon zu denen? — können das kritiklose Fernsehen von dieser Dauer ohne Schäden verkraften.

Aber nicht nur die Konzentrationsfähigkeit der Kinder wird gestört. Kinder finden Gewalt schön, besonders ,,wenn es kracht''; die ,,Leute'' sind ja nicht wirklich tot, schon beim nächsten Film tauchen sie höchstlebendig wieder auf. Dadurch erwecken Filme den Eindruck, als handele es sich beim Tod nicht um ein endgültiges Ereignis.

Da Kinder durch äußere Einflüsse ganz besonders zu motivieren sind, ahmen sie auch aggressive Handlungen nach, schon um sich von inneren Spannungen zu befreien.

22

Nach Untersuchungen von *Barraclough* et al. (1977) bestehen zwischen Berichten in Tageszeitungen und im Fernsehen einerseits und Suizidhandlungen andererseits beim Menschen im Alter von unter 45 Jahren statistisch-relevante Beziehungen, um so mehr beim Kind. Schon *Schwarz* (1946) meint: ,,Es gehört auch schließlich zur allgemeinen Selbstmordprophylaxe: keine Pressemeldung über Selbstmord. Induktion und Imitation spielen eine große Rolle.'' Massenmedien, Zeitschriften, Film und Fernsehen können bei labilen oder bei sehr jungen Menschen Anlaß zu einer Tat geben. Über Einzelfälle, in denen Fernsehsendungen die Tat eines Kindes beeinflußt oder ausgelöst haben, wird immer wieder berichtet (*FÄH* 1977; *Trube-Becker* 1979). Erst vor kurzem hat der Film über die Selbsttötung eines Schülers wegen Schulschwierigkeiten und aus Liebeskummer eine Serie von Nachahmungen gefunden, in denen sich Schüler in ganz ähnlicher Art und Weise vor einen fahrenden Zug geworfen haben, wie es im Fernsehfilm ausführlich geschildert worden ist.

Fernsehsendungen können inbesondere bei Kindern zu körperlichen Störungen führen. Gerade bei Kindern mit Neigung zu Krampfanfällen kann eine aufregende Fernsehsendung epileptische oder epileptiforme Anfälle auslösen. Lifesendungen stellen, wenn schon für den Erwachsenen so erst recht für das Kind erhebliche Kreislaufbelastungen dar. Schon das Anschalten des Fernsehgerätes führt zu einer Herzfrequenzbeschleunigung oder auch zur Verlangsamung (*Hüllemann* et al. 1973). Berichtet wird über ein Atemnotsyndrom bei einem sechsjährigen Mädchen (*Uldall* 1969), über Unruhe (*Rösler* 1963), Ungezogenheit und Appetitlosigkeit (*Friedemann* 1964) während und nach Fernsehsendungen. *Metzger* (1964) hält ernsthaft schädigende Wirkungen des Fernsehens zwar nur bei solchen Kindern für möglich, deren häusliches Klima und das Verhältnis zu den Eltern mehr oder weniger gestört ist, nach *Hallermann* (1969) aber ist in der heutigen Zeit die Beeinflussung der Jugendlichen und Kinder durch Massenmedien zweifelsfrei für ihr Verhalten und ihre Einstellung zur Gesellschaft ausschlaggebend.

Genehmigung zum Töten

Dabei ist die Frage, ob Massenmedien und Fernsehfilme bei Jugendlichen Gewalttätigkeit und Kriminalität erzeugen, immer wieder diskutiert, aber nicht einheitlich beantwortet worden. In diesem Zusammenhang ist die Äußerung eines Richters aus Stockton (Californien) bemerkenswert, der sich veranlaßt sah, in einem Urteil Film und Fernsehen anzuprangern, als er einen Schüler des Mordes schuldig befand. Der Richter erklärte, er sei überzeugt, daß der 14 Jahre alte Täter verärgert auf einen 80 Jahre alten Mann eingeschlagen habe, als sich herausstellte, daß dieser Mann nur wenige Cents in der Tasche gehabt habe. ,,Die Filmindustrie und das Fernsehen produzieren eine solche Verherrlichung der Gewalttätigkeit, daß viele Kinder glauben, das sei in Ordnung. Sie nehmen es als Genehmigung zum Töten ..." (WZ 21. Mai 1981).

Grundsätzlich ist zwar gegen das Fernsehen kindergerechter Sendungen oder der Tagesnachrichten mit Maßen und je nach Alter des Kindes nichts einzuwenden, das Fernsehen darf aber nicht das Gespräch mit den Eltern und das ,,Familienleben" ersetzen. Untersuchungen haben ergeben, daß Mütter froh sind, Kinder am Nachmittag gebannt vor dem Fernseher sitzen zu sehen, so daß sie nicht bei der Hausarbeit stören. Der Vater gilt, sobald er von der Arbeit nach Hause kommt, als allein zur Bedienung des Fernsehgerätes legitimiertes Familienmitglied (*Bartel* 1979). Für die Kinder heißt es dann: ,,Hinsetzen — Fernsehen — Mundhalten".

Unter solchen Umständen dürfen Eltern sich nicht wundern, wenn ihre Kinder eines Tages verhaltensgestört sind, eine Folge der seelischen Mißhandlung durch Fernsehen.

Sozialer Giftschrank Fernsehen

Den Feststellungen des Literaturredakteurs beim Südwestfunk *Lodemann* auf dem Kongreß des Deutschen Schriftstellerverbandes zum Thema ,,Fernsehen im März 1980" in München kann nur zugestimmt werden, wenn er sagt:

,,Nötig ist, den Fernsehapparat als das zu erklären, was er in Wirklichkeit ist, als sozialen Giftschrank. So wie wir zu Hause die Gifte mit Selbstverständlichkeit wegschließen, wie wir sie zumindest für unsere Kinder unzugänglich machen und sie für uns selbst nur hernehmen, wenn unserem Kopf anders scheinbar nicht zu helfen ist, so muß mit der gleichen Selbstverständlichkeit auch diese Droge raus aus allen Räumen, in denen gelebt werden soll ...". Und weiter: ,,Wer ausgerechnet in einem Moment, wo durch Umfragen klar wird, daß die Konsumenten ja gar nicht mehr Programm wollen, ja ausgerechnet in diesem Moment der Sättigung und des Überdrusses, von dem die Forschung uns erklärt, daß dieses etwas mit Selbsterhaltungstrieben zu tun habe und vielleicht auch mit Selbstachtung, wenn in diesem Augenblick, in dem die Analphabetisierung schon durch bloß drei Programme volle Erfolge auch von den Universitäten meldet, wo die Studenten selbst in literarischen Seminaren nichts gelesen haben oder nur ungern was lesen und formulieren mögen und über Urteilsfindung die ,Spitze' oder ,Scheiße' nur mühsam hinauskommen, wer ausgerechnet in die Anfangsstadien einer nationalen Legasthenie statt endlich weniger nur noch mehr, ja ein Vielfaches an Fernsehen durchpaukt und das dann noch mit Stolz und Gnadengebärden seinen Bürgern verkündet, der hat allerdings die seelischen Qualitäten eines Massenfolterers. Kinder finden in seinem Bewußtsein nicht statt."

24

Diese Äußerungen sagen alles, was zu diesem Thema festzustellen wäre. Ohne im einzelnen auf die Vielfalt der seelischen Mißhandlungen eingehen zu können, sei der Hinweis auf eine Form, die sich in erster Linie aus Sorgentelefongesprächen ergibt, gestattet: Es handelt sich um die Betrübnis der Kinder darüber, daß ein Gespräch mit ihren Eltern nicht möglich ist. ,,Erst geben sich die Erwachsenen große Mühe, die Kinder zum Sprechen zu bringen, und dann reden sie nicht mehr mit uns." Oder: ,,Die Eltern reden nicht mit uns." ,,Mit den Eltern kann man nicht reden" (*Egidi u. Voss* 1981) und ähnliche Äußerungen zeigen auf ein echtes Problem von Kindern hin, das sich durchaus als seelische Mißhandlung darstellen kann.

Bei dieser Gelegenheit noch ein Hinweis: Wenn es schon nicht gelingt, Kriegsspielzeug aus den Verkaufsläden zu verbannen, so sollten die Erwachsenen nicht noch aus reinem Gewinnstreben sog. Kinderinjektionsspritzen als Spielzeug — eine erfolgsversprechende Vorbereitung auf späteren Drogenkonsum [auch hier wird aus Spiel Ernst] — anbieten (Ratinger Tageblatt Juni 1981).

3. Mißhandlungsfolgen

Die Folgen der Mißhandlungen können körperlicher wie psychischer Art sein. Die körperlich erkennbaren Spuren — Battered-Child-Syndrom — entsprechen den Mißhandlungsformen. Die Befunde, die das Kind bietet, sind in der Regel so eindrucksvoll, daß unbegreiflich ist, warum sie übersehen oder nicht als Mißhandlungsspuren erkannt werden. Weichteilverletzungen, ausgedehnte Blutungen mit und ohne Zusammenhangstrennungen der Haut, Striemen, Platzwunden, Bißspuren, Abdrücke der Mißhandlungsgegenstände in der Haut, Frakturen des Schädels, der Rippen und der Gliedmaßen, Würgemale, Brandblasen, Verbrühungsfolgen, Frostbeulen und sonstige Symptome von Erfrierungen werden gefunden, die als typische Mißhandlungsspuren gewertet werden müssen.

Die Verletzungsfolgen, die das Kind erleidet, können geringgradig oder stärker ausgeprägt sein. Häufig finden wir Blutungen verschiedenen Alters, weil sich Mißhandlungen stets über einen längeren Zeitraum erstrecken. Das Kind ist oft zusätzlich noch verschmutzt, körperlich und geistig unterentwickelt sowie unterernährt. Es leidet an Anaemie und hat die für Vernachlässigung typischen Ekzeme.

Multiple, immer wiederkehrende Frakturen und Blutungen müssen den Verdacht auf Mißhandlungen erregen. Auch die Tatsache, daß während eines Klinik- oder Heimaufenthaltes keine weiteren Spuren auftreten, spricht dafür, daß sie durch Mißhandlungen erzeugt worden sind und daß es sich dabei nicht, wie oftmals behauptet, um Folgen von Krankheiten, wie abnorme Knochenbrüchigkeit oder Blutungsneigung, handelt.

Trotz allem werden diese für Mißhandlungen typischen Symtome auch vom Arzt häufig verkannt. Ungenügende Unterrichtung der Ärzte mag Schuld daran sein. Es darf aber auch nicht übersehen werden, daß der Arzt die Möglichkeit einer Straftat durch die eigenen Eltern an ihrem Kind häufig nicht in seine diagnostischen Erwägungen einbezieht. Für ihn scheint es überhaupt nicht akzeptabel, daß Eltern ihr Kind durch Mißhandeln in einen lebensbedrohlichen Zustand versetzen können, besonders dann, wenn das Kind aus deren Initiative zu ihm in Behandlung gebracht wird. Auch sind die Befunde manchmal unspezifisch oder derart, daß sie auch als Folgen von anderen Ereignissen, die als Schutzbehauptungen vorgebracht werden, oder infolge körperlicher Besonderheiten zustande gekommen sein könnten.

So kann eine hochgradige Abmagerung auch auf eine Ernährungsstörung zurückzuführen sein, können Blutungsneigungen gelegentlich Haematome und Anaemien verursachen, oder eine pathologische Knochenbrüchigkeit einmal zu multiplen Frakturen führen. Trotzdem muß man gerade im Kleinkindesalter Mißhandlungen als Ursache traumatischer Skelettläsionen häufiger in Erwägung ziehen als die klinische Diagnose vermuten läßt (*Seelemann* 1971, *Manzke* et al. 1967, *Farlane* 1979). Häufig finden sich zusätzlich noch ausgeprägte Weichteilschwellungen, Verdickungen der Knochen und lokale Berührungsempfindlichkeit.

Typisch für Mißhandlungen ist der Nachweis mehrerer Läsionen unterschiedlicher Heilungsstadien. Immer wieder wird gefordert, daß die Befunde klar erhoben und durch fotografische und Röntgenaufnahmen fixiert werden. *Köttgen* (1967) fordert eine präzise Definition der Symptome. Jeder Arzt müsse verpflichtet werden, Befunde deutlich zu beschreiben und festzuhalten, damit die Symptome des Battered-Child-Syndroms klar und eindeutig erkannt werden können. Von *Manzke* und *Rohwedder* (1967) wird bei Verdacht auf Mißhandlung sogar die Anfertigung eines kompletten Röntgenstatus des Sekeletts verlangt.

Wir sind der Ansicht, daß nicht nur bei fraglichen Folgen von Gewalteinwirkungen erfahrene Fachkräfte, insbesondere Rechtsmediziner, zugezogen werden sollten, damit die Befunde, die das Kind bietet, beschrieben und fotografiert und so für weitere Ermittlungen brauchbar festgehalten werden sollten.

Dennoch darf nicht übersehen werden, daß auch bei geringfügigen äußerlich erkennbaren Spuren Zerreißungen innerer Organe als Folge von Faustschlägen oder Fußtritten in Bauch- oder Brustbereichen vorliegen und infolge Verblutens oder einer Peritonitis den Tod des Kindes herbeiführen können (Tab. I, Fälle 19, 26, 27, 30, 32, 33, 45, 47). Bis auf eine hochgradige akute Anaemie ist an diesen Kindern kaum eine Mißhandlungsspur festzustellen und deshalb wird die Ursache leicht übersehen. Oft lassen sich die Folgen von Gewalteinwirkungen und die Todesursache nur durch eine Obduktion klären; diese ist daher — gerade im Kleinkindesalter — unbedingt erforderlich.

Nicht selten wird die Mißhandlung mit ihren Folgen erst bei der Obduktion des Opfers offenbar.

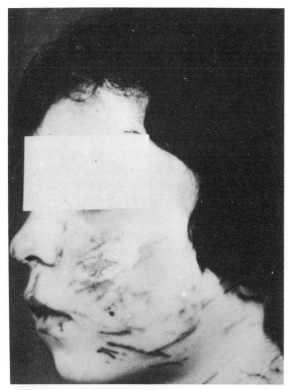

Abb. 1: Die Striemen im Gesicht der Sechsjährigen (1a, links) sind als Mißhandlung sofort erkennbar; nicht so deutlich die Blutung bei dem 18 Monate alten Mädchen neben dem Nabel (1b, links unten). Die Obduktion ergab einen Darmabriß, herrührend von einem Fußtritt (!), (1c, rechts unten).

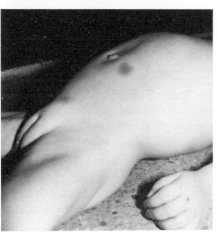

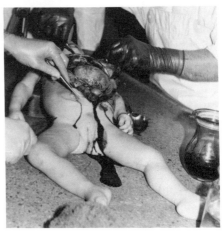

4. Der Tod als Folge der Mißhandlungen

Folge der Mißhandlung und Vernachlässigung kann auch der Tod des Kindes sein. Zu den Todesursachen gehören relativ häufig Blutungen in eine Körperhöhle aus zerrissenen Gefäßen oder aus zertrümmerten inneren Organen. In besonderem Maße ist die Schädelhöhle betroffen. Es kommt vor allem zum subduralen Hämatom mit und ohne Frakturen und Fissuren oder sogar zur Zertrümmerung der verschiedenen Schädelknochen. In der Regel sind Blutungen in die Schädelhöhle mit Erbrechen, Konvulsionen und Bewußtseinstrübungen, sog. Hirndruckerscheinungen, verbunden, welche die Eltern veranlassen, doch noch den Arzt zu konsultieren.

Die meisten subduralen Hämatome unklarer Genese beruhen auf Mikrotraumen durch häufig wiederholte Schläge auf den Kopf oder sonstige unmäßige Züchtigungen. Auch unklare zerebrale Erscheinungen können in einer Polytraumatisierung des Kopfes und den nachfolgenden Hirnrindenblutungen eine Erklärung finden.

Bedingt durch die Elastizität des kindlichen Gewebes, kommt es bei Einwirkungen stumpfer Gewalt wie Fausthiebe und Fußtritte auf den Bauch und auf den Brustkorb häufig zu kaum erkennbaren äußeren Spuren, obwohl innere Organe zerrissen oder zertrümmert sein können, und das Kind an einer Verblutung gestorben ist. Deshalb muß bei der Untersuchung mißhandelter Kinder jeder auch noch so geringfügigen Spur Bedeutung beigemessen werden, bis ihre harmlose Entstehung nachgewiesen ist.

Ganz besonders gilt in diesem Zusammenhang die Forderung an den Arzt, den Totenschein nicht ohne Untersuchung der Leiche auszustellen. In unklaren Fällen sollte er stets auf Leichenöffnung drängen, in die auch die feingewebliche Untersuchung einbezogen werden sollte (*Manz* 1941).

Erst durch die Obduktion kann das Ausmaß der Blutungen ggf. mit Taschen- und Höhlenbildungen in Haut und Muskulatur nachgewiesen werden. Zerreißungen innerer Organe und größerer Gefäße sprechen stets für eine erhebliche Gewalteinwirkung, die das Kind zu Lebzeiten getroffen haben muß.

Es kann aber auch im Verlaufe von ständig sich wiederholenden Einwirkungen stumpfer Gewalt auf den Körper eines Kindes, einem ,,Behämmern'', zu einer Fettembolie oder zur Schocksymptomatik und dadurch zum Tode kommen, ohne daß größere Gefäß- oder Gewebszerreißungen erkennbar gewesen sind.

Abgesehen davon sind die Todesursachen so vielgestaltig wie die Mittel und Möglichkeiten, ein Kind zu mißhandeln. Lungenentzündung als Folge einer Unterkühlung, Erfrierungen, Verbrennungen und Verbrühen nach Hitzeeinwirkungen, Ertrinken, Strangulationen, Verhungern, um nur einige Todesursachen zu nennen, kommen vor.

5. Seelische Folgen von Mißhandlungen

Seelische Folgen von Mißhandlungen jeglicher Art sind in erster Linie Verhaltensauffälligkeiten. Dazu gehören nach *Mende* und *Kirsch* (1964)

1. Kontaktstörungen,
2. Gehemmtheit und Scheu als Folge der permanenten Angst vor Strafe und dadurch auch im Sozialverhalten verunsicherte Kinder,
3. Motorische Unruhe als Folge der innerseelischen Spannung,
4. Einnässen, Einkoten, Eßstörungen als typische Regressionssymptome, denen die unbewußte Tendenz innewohnt, die Zuwendung und Barmherzigkeit der Erwachsenen zu erwirken,
5. Erhöhtes Geltungsstreben, Lügenhaftigkeit und Diebstahlneigung, meist als neurotische psychoreaktive Symptome, die als Auswirkungen des verletzten Urvertrauens in die Beschützerfunktion der Erwachsenen aufzufassen sind.

Vorzeitiges Lösen von der Familie, in einer Entwicklungsphase, in der elterliche Fürsorge und Hilfe ganz besonders vonnöten sind, Alkoholismus, Drogensucht, Prostitution, kriminelles Verhalten, Kontaktstörungen, Vereinsamung bis zum Suizid, können begründet sein durch körperliche und seelische Gewalt in frühkindlichen Entwicklungsstadien. (Vgl. auch oben „Mißhandlungsformen" [Seelische Mißhandlungen] V/2 S. 35 ff.)

Es kann auch zu körperlichen Symptomen kommen wie Hautekzem, Juckreiz, Nervosität, übertriebene Angstzustände, ja zu Asthma bronchiale, tetanischen Anfällen, Parästhesien und Magen-Darmstörungen, die nach dem ersten Anschein nicht als Folgen körperlicher Mißhandlung erkannt werden, aber psychosomatische Erkrankungen darstellen, ebenso wie eine Enuresis, Ticks, Nägelkauen, Nabelkoliken und vieles mehr.

Zweiter Teil

Die tödlichen und nichttödlichen Mißhandlungen, die vorsätzliche Tötung und die durch psychotische Eltern, der erweiterte Suicid

Einführung

Eigene Beobachtungen erstrecken sich auf 58 Fälle von Kindesmißhandlungen mit Todesfolge und 80 Täter bzw. Tatverdächtige (Tab. I) sowie auf 62 Mißhandlungen ohne Todesfolge, in denen uns die Kinder zur Untersuchung entweder anläßlich der Tötung eines Geschwisterkindes oder von Kliniken und Polizei zur Beurteilung gebracht worden sind (Tab. IV). Hinzu kommen noch acht Fälle, in denen der Verdacht auf eine tödliche Mißhandlung zwar gerechtfertigt, aber aus veschiedenen Gründen nicht mit der erforderlichen Sicherheit nachzuweisen war (Tab. II), sowie drei Fälle, in denen auf eine sog. natürliche Todesursche hat erkannt werden müssen, die Kinder jeweils aber zusätzlich Blutungen, Narben und sogar Genitalverletzungen zeigten (Tab. III).

Die Tabellen wurden als Anhang an den Schluß der Arbeit genommen, um an dieser Stelle den Zusammenhang nicht zu stören. Es sind in der Tat Protokolle der Grausamkeit. Wir möchten wünschen, daß sich die Leser dieser Zeilen mit ihnen befassen, zeigen sie doch das ganze Elend, dem Kinder ausgesetzt sein können, aber auch wie grausam vor allem Eltern ihre Kinder behandeln können. Eine Erklärung der Abkürzungen und Zeichen ist diesen Tabellen vorangestellt worden.

I Die tödlichen Mißhandlungen

1. Besprechung einiger Fälle

Übereinstimmend handelt es sich bei den in Tabelle I zusammengestellten 58 Opfern um Säuglinge oder Kleinkinder, von denen 39 ehelich und 19 nichtehelich geboren waren. Und übereinstimmend zeigen die Opfer, und danach wurde schließlich die Auswahl getroffen, über fast allen Körperpartien ausgedehnte Hämatome verschiedenen Alters, teils striemenförmig, teils flächig und zusätzlich häufig noch Narben. Bei 12 der zu Tode mißhandelten Kinder haben neben Hämatomen und Striemen, Bißspuren und Bißringe, bei vier Kindern Würgemale und bei zweien frische Platzwunden nachgewiesen werden können. Abgesehen von Schädelfrakturen hatten drei Kinder Frakturen der Rippen oder der Extremitäten.

Zusätzlich zu den Zeichen äußerer Gewalteinwirkung, wie sie typisch für Mißhandlungen, die sich über einen längeren Zeitraum erstrecken, sind, befanden sich 20 Kinder = 33 v. H. in einem auffallend schlechten Ernährungs- und Pflegezustand. Diese Feststellung gilt in besonderem Maße für das Kind Fall 6 Tab. I. Es handelt sich um ein Zwillingskind im Alter von drei Jahren, das hochgradig abgemagert, völlig verschmutzt, mit Sekretkrusten bedeckt und atrophisch war. Sein Körper war übersät mit alten und frischen Unterblutungen, Bißspuren und Würgemalen (Abb.: 2a, 2b).

Bemerkenswert ist in diesem Fall, daß die 30jährige Kindesmutter bereits einmal wegen Mißhandlung und Beißen eines nichtehelichen Kindes — inzwischen in einem Heim untergebracht — zu drei Monaten Freiheitsentzug bestraft worden war. Bei dem Kind war nach der Geburt ebenso wie bei seiner Zwillingsschwester eine mehrmonatige Krankenhausbehandlung erforderlich. Es mußte im Alter von mehreren Monaten wegen einer Wirbelsäulenverbiegung in klinisch-orthopädische Behandlung. Wieder in der Obhut der Mutter, ließ sie es völlig verschmutzt und unversorgt im feuchten Bett liegen, wo es vor sich hindämmerte. Auch die übrige Wohnung war verkommen.

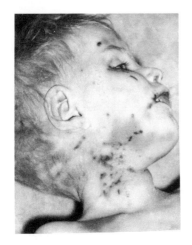

Abb. 2: Der 3 Jahre alte Junge hatte zahlreiche Hämatome, Hirnblutung (2a) und war völlig verschmutzt (2b).

Bei der Kindesmutter handelt es sich um eine Psychopatin, der die Voraussetzungen des § 21 StGB zugebilligt wurden. Der Vater, ein Arbeiter, der täglich 10 Stunden seiner Arbeit nachging, will von dem Zustand des Kindes überhaupt nichts bemerkt haben. Er wurde freigesprochen.

Abgesehen von der Persönlichkeitsstruktur der Kindesmutter hat auch der lange Krankenhausaufenthalt des Kindes mit dazu beigetragen, daß sich eine Mutter-Kind-Beziehung nicht hat entwickeln können. Wir wissen heute, daß Eltern aller sozialen Schichten Schwierigkeiten haben, ihr Kind als eigenes zu akzeptieren, wenn Kinder nach der Geburt in Krankenhausbehandlung verbleiben oder zunächst in einem Heim oder einer Pflegestelle untergebracht werden müsen. Die Mißhandlungen beginnen oft schon kurze Zeit nach der Entlassung aus Krankenhaus oder Heim.

Diese Feststellung gilt auch für Fall 1 Tab. I — sonst ordentliche Verhältnisse —, in dem der drei Jahre alte Junge bis acht Tage vor seinem Tode bei den Großeltern verbracht, also keinen Kontakt mit seinen Eltern gehabt hat. Um die DM 50,— monatlich für den Unterhalt bei den Großeltern zu sparen, haben die Eltern das Kind nach Hause geholt und sogleich wegen Erziehungsschwierigkeiten mit Prügeln und Tritten in den Bauch begonnen.

Mit Genehmigung des Jugendamtes

Auch das Kind Fall 3 Tab. I hat sich bis etwa vier Wochen vor seinem Tode in einem Heim befunden, in dem es als Liebling der Schwestern gut gedieh. Um den geringfügigen Betrag, den die Eltern zur Heimunterbringung beisteuern sollten, zu sparen, wurde das Kind nach Hause geholt. Das mittlerweile drei Jahre alte Kind hatte bis dahin seine Eltern nie gesehen, ebenso wie das Kind für die Eltern völlig fremd war. Dieses dreijährige Kind, das in einem Säuglingsheim bei bester Pflege aufgewachsen war, kam nun mit Genehmigung des Jugendamtes, das auf dem Standpunkt stand, eheliche Eltern hätten Anspruch auf ihr Kind, in eine völlig unzulängliche Wohnung, in der nur ein Zimmer dürftigst eingerichtet war. Der Vater, ein Landarbeiter, erhielt für sich, seine Frau und seine drei Kinder — das mißhandelte Kind war das älteste — einen kleinen Geldbetrag, im übrigen Wohnung und ein Deputat an Lebensmitteln als Lohn für seine Arbeit. Das dreijährige Kind mußte mangels besserer Möglichkeiten mit seinen beiden jüngeren Geschwistern in einem Bett schlafen. Es wurde ständig verprügelt, weil es inzwischen angefangen hatte, wieder einzunässen — eine nur zu verständliche Reaktion. Vier Wochen nach der Aufnahme des Kindes durch seine leiblichen Eltern lag es tot neben dem Kohlenkasten. An der Kohlenschaufel und am Kohlenkasten, am Bett, an der Couchrolle und an verschiedenen Gegenständen wurden Blutspuren und Haare des Kindes nachgewiesen.

Als Schutzbehauptungen gaben die Eltern zunächst an, das Kind habe sich die Haare selbst ausgerissen, es habe sich in die Hand gebissen und sich mit dem Handfeger gegen die Wange geschlagen, und dann sei es auch noch die Treppe heruntergefallen. Später wuden Prügel, vor allem durch den Vater, mit allen nur erdenklichen Gegenständen zugegeben.

Dieser Fall ist besonders tragisch insofern, als er durchaus hätte vermieden werden können, wenn nicht das Recht der Eltern auf ihr Kind gewesen wäre. Das den Eltern völlig unbekannte Kind hat von ihm unbekannten Menschen wie ein Gegenstand abgeholt werden können, nur weil es zufällig von diesem Menschenpaar gezeugt worden war. Nicht nur die Eltern, sondern auch das Kind mußten aufgrund dieser Umstände fehlreagieren. Bei der Beschaffenheit der Eltern — beide waren noch jung und ziemlich einfach strukturiert — war das tragische Ende vorauszusehen.

Auch das Kind Fall 4 Tab. I hat sich bis kurz vor seinem Tod an den Folgen der Mißhandlung in Heimunterbringung befunden. Die Mutter, die zwar ihr nichteheliches Kind häufiger besuchte, hat das Kind auf eigenen Wunsch nach Hause geholt und es dann aus Wut und Zorn darüber, daß der Schwängerer, ein verheirateter Mann, sie trotz vielfacher Versprechungen nicht hat heiraten wollen, zu Tode geprügelt.

Das nichteheliche zwei Jahre alt gewordene Kind Fall 10 Tab. I hat sich bis 14 Tage vor seinem Tode in Heimunterbringung befunden. Bis zu ihrer Verurteilung hat die Kindesmutter noch zwei weitere Kinder geboren. Auch das nichteheliche Kind Fall 11 Tab. I, die Mutter war debil und erneut gravide, war, ehe es nach Hause zurückgeholt wurde, in einem Heim untergebracht, ebenso wie das dreieinhalb Jahre alte Mädchen Fall 12 Tab. I, das von dem Ehemann der inzwischen verheirateten Frau vor allem, wenn dieser betrunken war, ständig geschlagen wurde. Das fünfjährige eheliche Kind türkischer Eltern (Fall 40, Tab. I) ist erst drei Monate vor seinem Tode von seinen Eltern aus der Türkei nach Deutschland geholt worden.

Zu dieser Gruppe gehört in etwa auch das dreijährige Mädchen Fall 57 Tab. I, das, weil die Eltern in Scheidung lebten und der Vater nicht für die Familie sorgte, zusammen mit seinem zwei Jahre älteren Bruder bei Pflegeeltern untergebracht wurde. Die Pflegeeltern, ein nicht verheiratetes Paar, kamen mit der Betreuung der Kinder nicht zurecht. Das Mädchen wurde nach einigen Wochen übersät mit Striemen und einer Platzwunde auf dem Oberkopf im bewußtlosen Zustand in Krankenhausbehandlung eingewiesen (Abb. 3 a, b). Die Striemen befanden sich vor allem über der Innenseite der Oberschenkel und über dem Rücken. Die Haut zeigte außerdem Bißringe und zahlreiche flächige Hämatome. Im Bereich der Genitalorgane befanden sich Unterblutungen und Verletzungsspuren. Nach Angaben der Pflegeeltern sollen sich die Geschwister häufig gestritten und der größere Bruder das zwei Jahre jüngere Schwesterchen mit einer Peitsche geschlagen und mit Cloques getreten haben. Einmal habe der Bruder sogar auf dem Leib des Schwesterchens gestanden.

Sowohl der einweisende Arzt als auch die Krankenhausärzte äußerten sogleich den Verdacht auf Mißhandlungen und sexuellen Mißbrauch. Angeblich soll

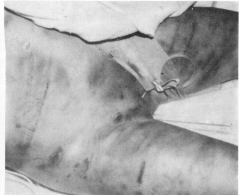

Abb. 3: Dreijähriges Mädchen mit Platzwunden am Oberkopf (3a) und übersät mit Striemen, vor allem an der Innenseite der Oberschenkel (3b).

das Kind sich die Spuren an den Genitalorganen — die Blutungen reichten bis in die Gesäß- und Aftergegend — eigenhändig beigebracht haben. Weder die Pflegestelle wurde vor Einweisung der Kinder überprüft, noch die ,,Pflegeeltern" wurden auf ihre Fähigkeit, Pflegekinder zu betreuen, kontrolliert.

Weitere mißliche Umstände bei den Familien ergeben sich aus Übersicht 1.

Übersicht 1   Kindesmißhandlung mit Todesfolge

Nr.	Besonderheiten	Kinder				
		ehel.	n. ehel.	Pflege-	Stief-	Zus.
1	Wohnung verwahrlost	9	—	—	—	9
2	Km, soweit bekannt, erneut gravide	6	3	—	—	9
3	Km debil, psychotisch	5	2	—	—	7
4	Eltern getrennt od. geschieden	6	—	—	—	6
5	Bereits Kd. mißhandelt	4	2	1	—	7
6	Noch weitere Kd. d. Familie mißhandelt	3	2	2	1	8
7	Verstorbenes Kind mehrfach in Klinik	5	—	—	—	5
8	Kind vorher Heim oder Krankenhaus	6	2	—	—	8
9	Schon ein Kind gest.	1	1	—	—	2
10	Kv arbeitet nicht	5	1	—	—	6
11	Alkohol Km	1	—	—	—	1
12	Alkohol Kv	3	1	—	—	4
13	Kd — soweit bekannt— sexuell mißbraucht	1	1	1	1	4
14	Zwilling	4	1	—	—	5

Auch zu den Fällen nichttödlicher Mißhandlungen (Tab. IV) gehören Kinder, die sich längere Zeit vor der Übergabe an die Eltern in Heimbetreuung befunden haben, so die Kinder Fall 7, Fall 15 und das sechs Jahre alt gewordene Mädchen Fall 31 (alle Tab. IV), das erst zwei Jahre vor der Tat von Eltern adoptiert worden war.

2. Einige Besonderheiten

In sieben der 58 Fälle waren die Eltern bereits wegen Mißhandlung ihrer Kinder aufgefallen. In fünf Fällen war das verstorbene Kind schon mehrfach wegen Mißhandlungsfolgen in Klinikbehandlung. In acht Fällen war bereits ein weiteres Kind der Familie wegen Mißhandlungen durch die Eltern in einem Heim oder bei Pflegeeltern untergebracht worden. In zwei Fällen war bereits ein Kind gestorben. Fünfmal handelte es sich um Zwillingskinder. Vier der mißhandelten Kinder wurden zusätzlich sexuell mißbraucht. (Auf den sexuellen Mißbrauch von Kindern wird im einzelnen noch ausführlich eingegangen werden.) Die meisten Wohnungen ließen an Pflege und Größe zu wünschen übrig, in neun Fällen waren sie ausgesprochen verwahrlost.

3. Art der Gewalteinwirkungen

Die Art der Gewalteinwirkungen ergibt sich aus den Übersichten 2 + 3. An erster Stelle steht die sog. stumpfe Gewalt. Wahllos ist mit allen nur erreichbaren Gegenständen: Riemen, Peitschen, Stöcken, Kohlenschaufeln, Feuerhaken, Kochlöffeln, Fäusten auf das betreffende Kind eingeschlagen, manche

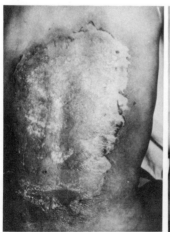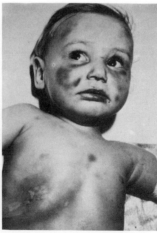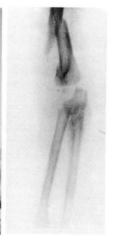

Abb. 4: Verbrühungen 2. und 3. Grades bei einem 18 Monate alten Mädchen (4a), mit Hämatomen und Bißspur (4b) sowie einer Oberarmfraktur (4c).

36

Übersicht 2 Äußerlich erkennbare Spuren bei tödlicher Mißhandlung

Lfd. Nr.	Spuren	<6 Mon	6–12 Mon	bis 2 J.	bis 3 J.	>3 J	Zus.
1	Hämatome versch. Alters	4	—	4	2	2	12
2	Hämatome u. Striemen	1	1	4	1	4	11
3	Narben und Hämatome	1	—	—	—	1	2
4	Bißspuren, Striemen und Hämatome	1	4	5	2	—	12
5	Anämie und Hämatome	2	3	1	3	1	10
6	Würgemale u. Hämatome	3	—	1	—	—	4
7	Brandblasen u. Hämatome	—	—	1	1	—	2
8	*Frakturen u. Hämatome	1	—	1	—	1	3
9	Platzwunden u. Hämatome	2	—	—	—	—	2
10	Zusammen	15	8	17	9	9	58
11	Zusätzlich schlechter EZ PZ	3	3	9	3	2	20 =32,9 v.H.

* außer Schädelfrakturen

sind noch getreten worden. Mehrere Kinder zeigten bei der Obduktion nicht nur zahlreiche Hämatome und striemenartige Unterblutungen, sondern auch Bißspuren und Frakturen. Überbrühen mit heißem Wasser, wie in Fall 22 Tab. IV (Abb. 4a, b, c), Fall 52 Tab. I (Abb. 5a, b), sowie Halten der Hände auf den heißen Ofen (Fall 3 Tab.I) kommen zusätzlich zu den stumpfen Gewalteinwirkungen ebenso vor wie Hungernlassen und körperliche Vernachlässigung, wie der teils recht schlechte Pflegezustand der Opfer zeigt.

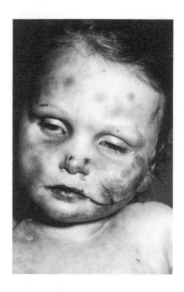
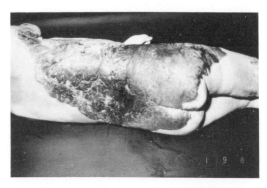

Abb. 5: Zweijähriger Junge mit Hämatomen am Kopf und im Gesicht (5a) und Verbrühungen 1., 2. und 3. Grades (5b).

Die sowohl an den Opfern tödlicher als auch an denjenigen nichttödlicher Mißhandlungen erhobenen Befunde zeigen, daß der Nachweis mehrerer Läsionen unterschiedlicher Heilungsstadien typisch für die Mißhandlung ist. Neben Narben kommen Hämatome und Striemen, Platzwunden, Verbrühungsfolgen, Frostbeulen oder sonstige Verletzungsmuster verschiedenen Alters vor.

Übersicht 3 Kindesmißhandlung mit Todesfolge

Nr.	Art der Einwirkung	Anzahl der Kinder	Täter				
			Km	Kv	Km + Kv	andere	Zus.
1	Stumpfe Gewalt	52	23	7	12	17	59
2	Stumpfe Gewalt + Strangulation	4	1	—	3	—	4
3	Ertränken	1*	1	—	—	—	1
4	Verbrühen	1	—	1	—	—	1
5	Zusammen	58	25	8	15	17	65

* n. e. Kind, erst würgen

Vier der Opfer hatten neben Spuren stumpfer Gewalteinwirkung Strangulationsmale, zwei weitere Verbrühungsfolgen (Übersicht 3).

Die Todesursachen entsprechen den Mißhandlungsformen. Als Folge der Einwirkungen stumpfer Gewalt auf den Kopf des Kindes kommt es häufig zu Blutungen in der Schädelhöhle und des Gehirns, zu Frakturen und Fissuren oder Zertrümmerungen verschiedener Schädelknochen. Die häufigste Todesursache ist dabei das subdurale Hämatom allein oder kombiniert mit anderen Einwirkungsfolgen. In der Regel sind diese Blutungen mit Erbrechen, Konvulsionen, Bewußtseinstrübungen verbunden, welche letztenendes die Eltern veranlassen, doch noch den Arzt zu konsultieren. Die meisten subduralen Hämatome unklarer Genese sind Folge von Mikrotraumen durch häufig sich wiederholende Einwirkungen auf den Kopf des Kindes. Das gleiche gilt auch für unklare Cerebralerscheinungen, die oft sogar falsch gedeutet werden, weil Arzt und Pflegepersonen nicht an eine Mißhandlungsfolge denken.

Nach *Kuipers* sterben 10 v. H. der Kinder an den Folgen von Blutungen in die Schädelhöhle. Etwa 16 v. H. behalten bleibende Hirnschäden, wahrscheinlich liegt der Anteil noch viel höher.

Als weitere Todesursache haben wir bei unseren Fällen das Verbluten in den Bauchraum als Folge von Leberzerreißungen, Darmrissen, Einriß der Vena cava und Zwerchfellriß gefunden. Drei Kinder starben an den Folgen einer Peritonitis, die sich im Anschluß an eine Darmperforation entwickelt hatte. Dreimal konnte ein Schock mit ausgedehnter Fettembolie als Todesursache festgestellt werden. Die übrigen Todesursachen ergeben sich aus Übersicht 4.

Übersicht 4   Todesursachen

Lfd. Nr.	Art der Todes- ursache	Alter der Kinder					Zus.
		<6 Mon	6–12 Mon	bis 2 Jahre	bis 3 Jahre	>3 Jahre	
1	Subdur. od. epidur. Hämatom	3	2	1	2	1	9
2	Schädelfrakturen	4	—	—	—	—	4
3	1 u. 2 kombiniert	2	2	7	1	1	13
4	Hirnblutung	1	—	1	2	—	4
5	Commotio cerebri	—	1	1	1	—	3
6	1, 2, 4 kombiniert	1	—	3	—	3	7

Übersicht 4   Fortsetzung

Lfd. Nr.	Art der Todes- ursache	Alter der Kinder					Zus.
		<6 Mon	6 – 12 Mon	bis 2 Jahre	bis 3 Jahre	>3 Jahre	
7	*Verbluten i. Bauch	—	—	1	2	2	5
8	1, 7 kombiniert	1	1	—	—	—	2
9	Peritonitis u. Darmperforation	—	—	1	1	1	3
10	Herzbeutel- tamponade	1	1	—	—	—	2
11	Schock u. Fettembolie	—	1	1	—	1	3
12	Ertrinken	1	—	—	—	—	1
13	LWS-Fraktur	1	—	—	—	—	1
14	Verbrühen	—	—	1	—	—	1
	Zusammen	15	8	17	9	9	58

* 2 Leberriß
1 Darmriß
1 Riß der V. cava
1 Zwerchfellriß

Übersicht 5   Kindesmißhandlung mit Todesfolge

Nr.	Täter und Tatverdächtige	Kinder		Zus.
		ehel.	nichtehel.	
1	Kindesmutter	12	8	20
2	Kindesvater	7	—	7
3	Km u. Kv	14	1	15
4	Stiefmutter	1	—	1
5	Stiefmutter + Kv	1	—	1

Übersicht 5   Fortsetzung

Nr.	Täter und Tatverdächtige	ehel.	Kinder nichtehel.	Zus.
6	Stiefvater	—	1	1
7	Stiefvater + Km	1	—	1
8	Km + Freund	—	4	4
9	Freund d. Km	1	3	4
10	Pflegeeltern	1	—	1
11	Pflegemutter	—	2	2
12	andere Verw.	1	—	1
13	Zusammen	39	19	58
14	v. Hundert	67,2	32,8	100

Übersicht 6   Anteil der Täter bei Kindesmißhandlung mit Todesfolge

Nr.	Täter	absolut	v. H.
1	Kindesmutter	40	50,0
2	Kindesvater	23	28,7
3	Freund d. Km	8	10,0
4	Stiefelternteil	4	5,0
5	Andere	5	6,3
6	Zusammen	80	100,0

4. Die Stellung der Täter zum Opfer

Die Stellung der Täter zum Opfer bei Mißhandlungen mit Todesfolge ergibt sich aus Übersicht 5 und 6. — In den 58 Fällen der Mißhandlung mit Todesfolge haben 80 Täter mitgewirkt. An erster Stelle steht die Kindesmutter allein

41

oder im Zusammenwirken mit dem Vater des Kindes. Der Anteil der Kindesmütter beträgt danach 50 v. H., derjenige der Kindesväter 28,7 v. H. Es folgt der Freund oder zukünftige Verlobte der Kindesmutter mit 10 v. H.; die übrigen Personen spielen nur eine untergeordnete Rolle. Dazu gehören Pflegeeltern, Stiefeltern und eine Cousine.

Übersicht 7 läßt das Alter der Täter und Tatverdächtigen bei tödlicher Kindesmißhandlung erkennen. Etwa die Hälfte der Täter hatte das 35. Lebensjahr noch nicht erreicht. Kindesmütter, die älter als 34 Jahre waren, sind im Täterkreis nur relativ geringfügig vertreten, während das Alter der Kindesväter im Durchschnitt eine Altersgruppe höher liegt.

Übersicht 7   Alter der Täter und Tatverdächtigen bei tödlicher Kindesmißhandlung

Lfd. Nr.	Täter	< 19	20 − 24	25 − 29	30 − 34	> 34	unbek.	Zus.
1	Kindesmutter	3	12	13	9	2	1	40
2	Kindesvater	—	2	5	8	6	2	23
3	Stiefmutter	—	—	2	—	—	—	2
4	Stiefvater	—	1	—	—	—	1	2
5	Freund, Verlobter der Kindesmutter	—	—	2	2	—	4	8
6	Pflegemutter	—	—	1	1	—	1	3
7	Pflegevater	—	—	—	—	1	—	1
8	Cousine	1	—	—	—	—	—	1
9	Zusammen	4	15	23	20	9	9	80

Einige der relativ jungen Kindesmütter hatten schon mehrere Kinder zu versorgen wie in Fall 7 Tab. I. Das 3. Kind der 24jährigen Mutter, die als nervös und überfordert bezeichnet wird, war Opfer der Tat. Auch die 24 Jahre alte Griechin, die fünf Kinder zu betreuen hatte, schien nach den Ermittlungsergebnissen überfordert (Fall 9, Tab. I). Die 32 Jahre alte Kindesmutter (Fall 16 Tab. I) wohnte mit ihren acht Kindern in einem Notasyl. Die Eltern waren einschlägig vorbestraft. Das jüngste, 15 Monate alte Kind wurde Opfer der Tat. Wegen der mißlichen Verhältnisse wurde das Verfahren eingestellt, ebenso wie in Fall 17 Tab. I, in dem die Mutter sechs Kinder zu betreuen hatte.

Eine zum Zeitpunkt der Tat 22 Jahre alte Kindesmutter (Fall 34 Tab. I), erneut gravide, die mit ihrer Familie in einem Stadtwohnheim untergebracht war, hatte trotz ihres jugendlichen Alters sechs Kinder zu versorgen. Das letzte Kind war nichtehelich. In diesem Fall wurde überhaupt kein Verfahren eingeleitet, obwohl das ein Jahr und neun Monate alte nichteheliche Kind übersät war mit Hämatomen und Striemen, Unterlippenblutungen aufwies, sich in einem sehr schlechten Ernährungszustand befand und völlig verschmutzt war.

Das Strafmaß, jeweils aus der letzten Spalte der Tabellen I, IV, V, VIII, IX, XI erkennbar, erstreckt sich in den Fällen tödlicher Mißhandlung zwischen lebenslangem Freiheitsentzug bis zur Einstellung der Verfahren, abgesehen von den Fällen, in denen überhaupt kein Verfahren eröffnet worden ist. Dazu gehören auch die acht Fälle in Tab. II, in denen der Verdacht auf tödliche Mißhandlung durchaus berechtigt war. Diese Fälle sind gesondert aufgeführt, weil von vorne herein nicht an die Eröffnung eines Strafverfahrens gedacht war, obwohl die Opfer übersät waren mit Hämatomen und sie an den Folgen eines subduralen Hämatoms oder Blutungen in den Bauchraum, Frakturen des Schädels mit Hirnzertrümmerungen gestorben sind. Einige waren völlig verschmutzt oder hochgradig abgemagert, wie in Fall 4 und 5 Tab. II. In Fall 7 Tab. II (Abb. 6) war der Verdacht auf sexuellen Mißbrauch des eineinhalb Jahre alt gewordenen Mädchens durchaus berechtigt, ebenso wie bei dem 11 Monate alten Kind Fall 2 Tab. III.

In den drei Fällen Tab. III wurden, abgesehen von Hämatomen im Bereich des Kopfes oder über den Körper verteilt, Zeichen der Rachitis und pneumonische Infiltrate, die auch beim sog. natürlichen Tod gefunden werden, festgestellt. Obwohl der Verdacht auf Mißhandlung oder Vernachlässigung nahegelegen hat, war es nicht möglich, den Tod der betreffenden Kinder mit der erforderlichen Sicherheit als Folge von Mißhandlungen zu beweisen.

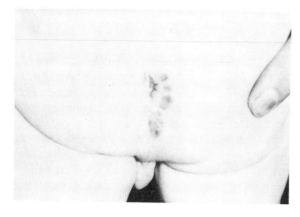

Abb. 6: 18 Monate altes Mädchen mit zwei Einrissen in der Afterschleimhaut, tot — keine Anklage.

43

5. Zusammenfassung

Die kurz zitierten Fälle von Mißhandlungen mit Todesfolge bestätigen die uns bekannten Tatsachen, daß Opfer von tödlichen Mißhandlungen in der Regel Kleinkinder sind, daß die häufigste Ursache des Todes in einer Blutung in die Schädelhöhle mit oder ohne Blutungen im Bereich des Gehirns liegt, und daß als Täter am häufigsten die leiblichen Eltern insbesondere die Kindesmutter, infrage kommen.

Auch die Tatsache, daß mißhandelte Kinder häufig aus sog. Problemfamilien stammen, findet in unseren Fällen die Bestätigung, obwohl Mißhandlungen in Familien aller sozialen Schichten vorkommen. In sozial besser gestellten Familien sind die Mißhandlungsmethoden raffinierter ausgedacht und damit noch schwieriger zu erkennen. — Vielleicht liegt auch in der Tatsache, daß bei Kindesmißhandlungen mit Todesfolge, wie Tab. I sie ausweist, zahlreiche mißliche Umstände zur Mißhandlung des Kindes geführt haben und daß gerade Familien mit niederem Einkommen in Stadtwohnheimen untergebracht und somit Kontrollen besser zugänglich sind als andere Familien, die Ursache dafür, daß der Verdacht auf eine Mißhandlung leichter geäußert wird.

II Die nichttödlichen Mißhandlungen

1. Summarische Beschreibung

Bei den nichttödlichen Mißhandlungen ist das Bild vielgestaltiger. Die einzelnen Besonderheiten und Fakten ergeben sich aus Tabelle IV. Unter den Opfern befinden sich auch ältere Kinder, wie **Übersicht 8** ausweist. Auch diese Kinder zeigen in erster Linie Hämatome und Striemen verschiedenen Alters. 12 der Kinder waren abgemagert und hochgradig vernachlässigt. Bei sieben konnten zusätzlich zu Hämatomen noch Zeichen sexuellen Mißbrauchs nachgewiesen werden. Sieben Kinder erlitten bleibende Hirnschäden, waren erblindet und mußten in einem Heim untergebracht werden, was im übrigen für 20 weitere Kinder gilt. Neun Kinder zeigten nennenswerte psychische Störungen. Wahrscheinlich aber liegt dieser Anteil weit höher.

Psychische Störungen als Folgen von Mißhandlungen sind bekanntlich noch schwerer zu erfassen als die körperlichen Folgen. Jede Art von übertriebener Züchtigung und Mißhandlung führt letzten Endes auch zu psychischen Folgen, wenngleich diese Folgen häufig nicht sogleich zu erfassen sind und oft erst viel später erkennbar werden. Das Vertrauen zur Umwelt und damit das Gemeinschaftsempfinden ist bei allen betroffenen Kindern ganz erheblich gestört. Außerdem sollen Kinder, die jahrelang Mißhandlungen ausgesetzt waren, im späteren Leben häufiger als andere, aus gleichem sozialen Milieu stammende, kriminell werden, meist in Form von Aggressionen gegenüber der Umwelt.

Übersicht 8   Äußerlich erkennbare Befunde bei Kindesmißhandlung ohne Todesfolge

Lfd. Nr.	Spuren	Alter des Kindes					Zus.
		<6 Mon.	bis 2 J.	bis 4 J.	bis 6 J.	>6 J.	
1	Hämatome u. Striemen versch. Alters	—	2	6	3	3	14
2	Narben u. Hämatome	—	—	2	2	5	9
3	Bißspuren u. Hämatome	—	3	1	1	2	7
4	Frakturen u. Hämatome	2	2	1	—	—	5
5	Verbrühungen u. Hämat.	—	2	—	1	—	3
6	Abmagerung u. Vernachlässigung	7	4	1	—	—	12
7	Sexueller Mißbrauch u. Hämatome etc.	—	2	1	—	4	7
8	Würgemale, Hämatome	—	1	2	1	1	5
9	Platzwunden, Striemen u. Narben	—	—	1	2	1	4
10	Hirnschäden, blind	3	1	2	—	1	7
11	Zusammen	12	17	17	10	17	73
12	Zusätzl. verschmutzt, EZ schlecht	1	4	7	1	2	15
13	Zusätzl. psychisch gestört	—	—	2	2	5	9
14	Jetzt in Heim	5	5	5	3	2	20

Besonderheiten ergeben sich aus **Übersicht 9**. Auch in diesen Fällen waren nicht nur die Kinder, sondern auch die Wohnungen verwahrlost und schmutzig. Auffallend ist der hohe Anteil der Eltern, die getrennt leben oder geschieden sind. In 23 der Fälle war das Kind bereits mehrfach mißhandelt und deshalb schon in Krankenhausbehandlung überwiesen worden. Auch weitere Kinder der gleichen Familie waren in 22 der Fälle mißhandelt worden. In 15 der Fälle war bereits ein Kind gestorben.

Übersicht 9   Kindesmißhandlung ohne Todesfolge

Lfd. Nr.	Besonderheiten	Kinder				
		ehel.	n.e.	Pflege-	Stief-	Zus.
1	Wohnung verwahrlost	5	3	—	—	8
2	Kd. schmutzig verwahrlost	12	5	—	—	17
3	Km — soweit bekannt — erneut gravide	1	—	—	—	1
4	Eltern getrennt oder geschieden	15	—	—	—	15
5	Kind bereits vorher mißhandelt	16	4	2	1	23
6	Noch weitere Kinder der Familie mißhandelt.	12	7	—	3	22
7	schon ein Kind gestorben	7	6	1	1	15
8	Kv arbeitet nicht, soweit bekannt	9	—	—	—	9
9	Alkohol Km	1	—	—	—	1
10	Alkohol Kv	4	1	—	1	6

Übersicht 10   Anteil der Täter und Tatverdächtigen bei Kindesmißhandlung ohne Todesfolge

Nr.	Täter	absolut	v.H.
1	Kindesmutter	31	38,8
2	Kindesvater	25	31,3
3	Freund d. Km.	7	8,7
4	Pflegeelternteil	8	10,0
5	Stiefelternteil	4	5,0
6	Andere	5	6,2
7	Zusammen	80	100,0

Auch bei der Kindesmißhandlung ohne Todesfolge sind Täter in erster Linie die Eltern. Aus **Übersicht 10** ergibt sich, daß Kindesmutter und Kindesvater gleichstark als Täter oder Tatverdächtige infrage kommen.

Bei den 62 Fällen nichttödlicher Mißhandlung handelt es sich um 73 Opfer und 80 Täter. Die Diskrepanz ergibt sich aus der Tatsache, daß in einigen Familien mehrere Kinder Mißhandlungsspuren zeigten und das andererseits beide Eltern oder die Kindesmutter zusammen mit ihrem Freund und Verlobten als Täter belangt wurden (Übersicht 11).

Übersicht 11   Kindesmißhandlung ohne Todesfolge

Nr.	Täter u. Tatverdächtige	Anzahl	ehel.	Kinder nichtehel.	Zus.
1	Kindesmutter	16	18	4	22
2	Kindesvater	12	12	—	12
3	Km u. Kv.	13	13	2	15
4	Stiefmutter	2	4	—	4
5	Stiefmutter u. Kv.	—	—	—	—
6	Stiefvater	1	1	—	1
7	Stiefvater u. Km	1	2	—	2
8	Km. und Freund	1	—	1	1
9	Freund d. Kindesmutter	6	5	1	6
10	Pflegeeltern	2	1	1	2
11	Pflegemutter	2	1	1	2
12	Adoptiveltern	1	—	1	1
13	Andere	5	5	—	5
14	Zusammen	62	62	11	73
15	v. Hundert		82,3	17,7	100

2. Besprechung einiger Fälle

Einige Fälle nichttödlicher Mißhandlungen bedürfen der Besprechung.

Fall 6 Tab. IV:

Das sechs Jahre alte Mädchen wurde uns zur Untersuchung vorgestellt. Die Augenlider waren geschwollen. Es hatte ein sog. Brillenhämatom. Das Gesicht war übersät mit Narben und Kratzern, frischen und älteren Blutungen, vor allem über den Wangen, im Bereich der Nase, des Halses und über dem Kinn, links stärker ausgeprägt als rechts. Auch über dem Schulterblatt und beiden Oberarmen, über dem Bauch und den unteren Gliedmaßen befanden sich Unterblutungen.

Die Mutter des Kindes, eine von ihrem in der DDR lebenden Mann geschiedene Frau, war gezwungen, einer Berufstätigkeit nachzugehen, so daß das Kind in einer Pflegestelle untergebracht werden mußte.

Bei der Untersuchung war das Kind sehr still und zurückhaltend und äußerte lediglich, sich ständig wiederholend, daß es stets hinfalle und vor allem, daß es nicht mehr zu seiner Pflegemutter zurückwolle, eben weil es dort immer hinstürze. Die Befunde, welche das Kind bot, lassen sich nicht allein durch Stürze erklären. Das Kind befindet sich mittlerweile in einem Heim (Abb.: 7).

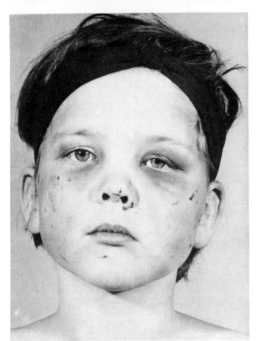

Abb. 7: sechsjähriges Mädchen mit Brillenhämatom, Kratzern und Narben im Gesicht.

Fall 7 Tab. IV:

Bei dem neun Jahre alt gewordenen Jungen mit zahlreichen Hämatomen im Gesicht, über dem Rücken und im Halsbereich handelt es sich um das 3. Kind einer wiederverheirateten Mutter. Der Stiefvater verprügelte, vor allem unter Alkoholeinfluß stehend, nicht nur das Kind, sondern auch seine Frau. Das Kind, bei der Untersuchung verschüchtert, gab an, stets getreten und geschlagen zu werden. Inzwischen ist auch dieses Kind in einem Heim untergebracht. Der Stiefvater war schon mehrfach wegen Kindesmißhandlung zur Rechenschaft gezogen worden.

Fall 9 Tab. IV:

Das dritte nichteheliche Kind seiner Mutter wurde uns vorgestellt, weil es völlig verschmutzt mit Schädelfrakturen und Blutungen ins Krankenhaus eingewiesen werden mußte. Es hatte eine Rißwunde mit frischen Blutungen über der rechten Hinterohrgegend, Hämatome nicht nur über dem Kopf, sondern auch auf den Augenlidern. Die augenärztliche Untersuchung ergab unscharfe Papillen, das EEG eine Asymmetrie. Das Kind wird einen bleibenden Hirnschaden behalten und befindet sich jetzt, ebenso wie seine beiden Geschwister, in einem Heim. — M. E. handelt es sich bei einem großen Teil der Kinder, die wegen eines Hirnschadens in Heimbehandlung verbleiben müssen, um Opfer von Mißhandlungen.

Fall 14 Tab. IV:

Dieser Fall zeigt, daß oft nur ein Kind einer Geschwisterreihe — aus was für Gründen auch immer — mißhandelt wird. Das 10 Jahre alte Mädchen, Kind italienischer Eltern, wurde, nachdem es bis zum sechsten Lebensjahr in Italien aufgewachsen war, nach Deutschland geholt und dort von den Eltern nicht nur völlig vernachlässigt, sondern auch körperlich mißhandelt. Bis zum Aufdecken der Taten hat das Kind abgesondert von allen anderen in einem dunklen Zimmer leben müssen, so daß Nachbarn nichts von seiner Existenz erfahren haben. Das Kind, inzwischen neun Jahre alt, wurde völlig unterernährt, verschmutzt und vernachlässigt in Klinikbehandlung eingeliefert; es hatte Narben vor allem über den Gesäßpartien und dem Rücken; der rechte Augapfel war als Folge einer Perforation geschrumpft und ausgetrocknet. In der Hornhaut des linken Auges konnten ebenfalls Narben festgestellt werden.

Die Anzeige erfolgte durch eine Diakonisse, die von der Schwester der Kindesmutter mobilisiert worden war. Das Kind hockte scheu, verängstigt, abwehrend und nicht ansprechbar, völlig verschmutzt und abgemagert mit einem nassen Aufnehmer auf dem Fußboden. Während der Klinikbehandlung hat das Kind innerhalb von sechs Wochen den Entwicklungsrückstand aufgeholt, so daß es in einem Heim untergebracht werden konnte.

In der Hauptverhandlung sagten die Eltern aus, den bedrohlichen Zustand des Kindes nicht erkannt zu haben. Die Ursache für die Verletzung des Auges soll in dem Versuch des Vaters gelegen haben, mit der Schere ein Haar aus dem Auge des Kindes herauszuholen. Zu der Frage, warum er ärztliche Hilfe nicht in Anspruch genommen habe, konnte er keine Angaben machen. Das Kind ist praktisch blind. — Die übrigen vier Kinder der Familie waren einigermaßen gepflegt.

Fall 18 Tab. IV:

Es handelt sich um drei Kinder eines Elternpaares. Das älteste Kind war Anlaß für die Eheschließung. Die Mutter, ziemlich nervös, soll ständig auf die Kinder eingeschlagen haben. Schon als Säuglinge sollen die drei Kinder vernachlässigt, eingeschlossen und häufig alleine gelassen worden sein. Die drei Mädchen, z. Z. der Begutachtung im Alter von zehn, sechs und vier Jahren, zeigten übereinstimmend zahlreiche Hämatome im Gesicht und über anderen Körperpartien, Brillenhämatome, Platzwunden, Verbrennungsspuren und auch einige ältere Narben. Das Verfahren gegen die Kindesmutter wurde eingestellt.

Mißhandlungen im Heim

Fall 19 Tab. IV:

Ein 11 Monate alt gewordenes Mädchen sollte lediglich für vier Wochen in einem Heim untergebracht werden, weil die Mutter wegen eines Unterleibkarzinoms eine Kur durchführen mußte. Das Heim, ohne jede Kontrolle privat geführt, betreute jeweils 10 bis 14 Kinder. Als die Mutter das Kind wieder abholte, fielen ihr Blutunterlaufungen auf, die sie veranlaßten, das Kind einer Ärztin vorzustellen. Das Kind hatte Hämatome, vor allem im Gesicht, in der Hinterohrgegend, im Bereich der Helix und Anthelix und einen Trommelfellriß. Diese Spuren ließen sich nicht mit den Schutzbehauptungen der Heimleiterin, das Kind sei gefallen, in Einklang bringen. Ein Trommelfellriß kommt nicht beim Hinstürzen zustande; er ist in jedem Fall Folge von Ohrfeigen. Zeuginnen haben zudem gesehen, daß die „Heimleiterin" die ihr anvertrauten Kinder häufig geschlagen hat.

Fall 22 Tab. IV:

Das eineinhalb Jahre alt gewordene Mädchen zeigte ausgedehnte Verbrühungen II. u. III. Grades über dem Rücken und über der Brust, Hämatome im Gesicht und im Bereich der Extremitäten, sowie eine Bißspur über der linken Wange. Außerdem hatte es eine Oberarmfraktur links. Es handelt sich um das 1. Kind relativ junger Eltern. Der Vater will das Kind gebadet und, weil das Badewasser zu kühl gewesen sei, heißes Wasser nachgegossen haben. Nach den Befunden kann sich der Vorfall nicht in dieser Art abgespielt haben. Schmerzen im linken Oberarm und die Hämatome führten zur Anzeige und zur Untersuchung durch einen Rechtsmediziner.

Fall 23 Tab. IV:

Obwohl das zweieinhalb Jahre alt gewordene Mädchen, das dritte Kind der inzwischen geschiedenen Eltern — das vierte Kind war gestorben — mehrfach wegen Folgen stumpfer Gewalteinwirkungen, Mißhandlungen und körperlicher Vernachlässigung in Krankenhausbehandlung überwiesen werden mußte und bei der Untersuchung durch uns zahlreiche Hämatome und striemenartige Spuren über dem Gesicht, der rechten Stirn- und Wangenpartie, der Jochbeingegend, über dem rechten Unterarm, der Hand und dem Handrücken, ebenso wie über der linken Brustkorbseite und der Innenseite des rechten Ober- und Unterschenkels aufwies, wurde die Kindesmutter, eine noch ungewöhnliche junge Frau von 21 Jahren, im Strafverfahren vom Vorwurf der Kindesmißhandlung freigesprochen.

Schon kurze Zeit nach seiner Geburt war das Kind zum erstenmal mit Mißhandlungsspuren und Zeichen der Vernachlässigung in Klinikbehandlung überwiesen worden. Im gleichen Jahr waren noch zwei weitere Einweisungen erfolgt. Im darauffolgenden Jahr mußte sogar sechsmal, meistens wegen zahlreicher Hämatome, aber auch einmal wegen einer Enteritis, Klinikbehandlung in Anspruch genommen werden. Angeblich soll sich das Kind gekniffen haben und häufig gefallen sein. Auch aus kinderärztlicher Sicht wurden Folgen von Mißhandlungen und der Vernachlässigung angenommen. Das Kind befindet sich mittlerweile in einem Heim. Der geschiedene Mann, der seine junge Frau häufig verprügelte und ständig ,,fremdgegangen" sein soll, hatte nicht nur die Anzeige erstattet, sondern bezeichnenderweise auch gegen den Freispruch ,,Berufung" eingelegt.

Fall 25 Tab. IV:

Das zweieinhalb Jahre alte 1. Kind türkischer Eltern wurde von seiner Mutter ständig mit der Faust ins Gesicht und auf andere Körperteile geschlagen und gebissen. Die Mutter soll sogar nach Angaben von Zeugen, die das laute Schreien des Kindes gehört haben, mit der Bratpfanne geprügelt haben. Ursache für diese Prügeleien sollen Eheschwierigkeiten und Eifersucht auf den Vater gewesen sein. — Bei der ärztlichen Untersuchung wurden eine Schambeinfraktur, Hämatome verschiedenen Alters sowie Bißspuren festgestellt.

Fall 27 Tab. IV:

Dieser Fall ist besonders tragisch verlaufen. Das drei Jahre alte, nichtehelich geborene Kind, ein Knabe, sollte von einem Elternpaar adoptiert werden. Die

„Eltern" hatten das Kind „zur Probe" zu Hause. Schon nach kurzer Zeit wurde das Kind mit ausgedehnten Schädelfrakturen, einem Brillenhämatom, Striemen über dem ganzen Körper, völlig unterernährt und in schlechtem Allgemeinzustand in die Neurochirurgie eingewiesen und uns von dort vorgestellt. Das Kind zeigte keinerlei Reaktionen, sondern wimmerte nur leise vor sich hin. Jede Bewegung schien zu schmerzen. Neurologisch konnte ein massiver Hirnschaden festgestellt werden. Das Kind ist inzwischen ein Pflegefall und gehört zu einem der zahlreichen als Folge von Mißhandlungen hirngeschädigten Kindern, die unsere Heime bevölkern.

Die präsumtiven Adoptiveltern behaupteten bei der Gerichtsverhandlung, das Kind sei absichtlich die Treppe heruntergerutscht, obwohl ihm das verboten worden sei. Deshalb habe es der „Vater" verhauen. Daraufhin sei es erneut die Treppe heruntergerutscht. — Allein das Herunterrutschen und Herunterfallen von einer Treppe ist nicht geeignet, den Zustand herbeizuführen, in dem das Kind sich bei der Aufnahme in die Klinik befunden hat. Die Vielzahl der Hämatome und Striemen im Bereich der Gesäßgegend, des Bauches, der Hinterohrgegend in einer Ausdehnung von 6 cm Durchmesser, über beiden Wangen, über dem Kieferast beiderseits, links stärker ausgeprägt als rechts, können bei einem Treppensturz nicht zustandegekommen sein.

Die Adoptiveltern haben durch ihr Verhalten dem Kinde gegenüber ziemlich eindrucksvoll gezeigt, daß sie nicht in der Lage sind, ein Kind zu betreuen. Leider hat erst der tragische „Erfolg" zu dieser Erkenntnis führen müssen. Beide Eltern wurden zu einer geringfügigen Geldstrafe verurteilt. Das Kind bleibt ein Pflegefall, die Kosten müssen von der Allgemeinheit getragen werden.

Fall 30 Tab. IV:

Auch die Pflegestelle für das dreijährige Kind war zwar vom Jugendamt ausgesucht, aber nicht ausreichend kontrolliert worden. Die Pflegemutter gab an, sie sei nervös und mit dem Kind nicht zurechtgekommen, vor allem, weil es im Alter von zwei Jahren noch eingenäßt habe, eine der häufigen Schutzbehauptungen von Eltern und Pflegeeltern, obwohl nach der heute geltenden Ansicht das Einnässen bei einem zweijährigen Kind nicht pathologisch ist. Das Kind war übersät mit Blutungen und Narben, ausgedehnten Defekten in der Oberhaut der verschiedenen Körperpartien, die nicht nur von einem einmaligen Schlag oder Klaps auf den „Hintern", wie die Pflegemutter behauptete, herrühren können (Abb.: 8).

Fall 31 Tab IV:

Die Adoptiveltern des sechs Jahre alten Mädchens gaben zu, dem Kind hin und wieder einmal einen Klaps gegeben zu haben. Das Kind befand sich seit

52

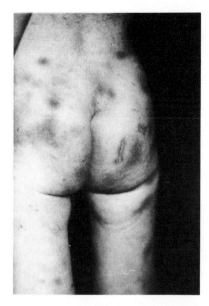

Abb. 8: 3 Jahre altes Mädchen, übersät mit Hämatomen, Striemen und Narben.

zwei Jahren bei den Adoptiveltern, die außerdem noch ein mongoloides Kind hatten und sich deshalb angeblich nicht genügend mit dem inzwischen sechs Jahre alt gewordenen Mädchen haben befassen können. Auch hier wäre die Frage angebracht gewesen, warum Eltern, die durch ein krankes Kind beansprucht und überfordert sind, noch ein Adoptivkind zugesprochen erhalten.

Zeugen haben häufig bei dem Kind blaue Flecken und Striemen gesehen und nachts Poltern sowie Schreien gehört. Die Anzeige erfolgte anonym. Bei der Untersuchung war das Kind übersät mit frischen und älteren Blutunterlaufungen, Narben und striemenförmigen Spuren. Außerdem hatte es über dem Außenrand des linken Oberlids Unterblutungen, Platzwunden im Bereich der Lippen, die eitrig-stinkend belegt waren, streifenförmige und strichartige Hämatome über der Rückseite der Knie und der Unterschenkel. Nach Angaben des Adoptivvaters soll das Kind sich diese Verletzungsspuren eigenhändig beigebracht haben, eine völlig unsinnige Behauptung.

Fall 36 Tab. IV:

Zwei Kinder waren betroffen; das vierjährige Mädchen war vernachlässigt und zeigte einige Hämatome, der dreijährige Knabe, das zweite Kind der Eltern, die sich dann, wenn der Kindesvater unter Alkoholeinfluß stand, in Gegenwart der Kinder prügelten, zeigte Verbrennungsspuren, zahlreiche Hämatome und Striemen über den ganzen Körper verteilt und eine Hornhauttrübung, infolge der er praktisch blind war. Der Dreijährige hat immer wieder, etwa acht- bis zehnmal, mit Mißhandlungsfolgen (zahlreiche Hämatomen, Brillenhämatomen, Schädelbasisfrakturen) in Klinikbehandlung eingewiesen werden müssen. Die Hornhauttrübungen sollen durch „Abflußfrei", das aus Versehen in die Badewanne gefallen sein soll, zustande gekommen sein. Die Mutter konnte das Kind nicht leiden. Obwohl sie sich mit ihren vier Kindern überfordert fühlte, die Wohnung zu wünschen übrig ließ und der Ehemann seiner Frau von seinem Verdienst als Fernfahrer nur einen geringen Anteil für die Versorgung der großen Familie zukommen ließ, wurde allein die Mutter wegen Körperverletzung bestraft.

Fall 38 Tab. IV:

Auch das drei Monate alt gewordene 4. Kind der inzwischen erneut graviden Frau erlitt durch Ohrfeigen und Schläge auf den Kopf Hirnblutungen und Hämatome, so daß es an den Folgen dieser Einwirkungen erblindet ist.

Fall 42 Tab. IV:

Der zwei Jahe alt gewordene Knabe eines spanischen Vaters und einer deutschen Mutter, die geschieden waren, wurde immer dann, wenn die Mutter ihrer Arbeit nachgehen mußte, von deren jugoslawischen Freund geschlagen und geprügelt. Bei der Untersuchung hatte das Kind nicht nur eine Hirnerschütterung, sondern auch Hämatome im Bereich des Unterleibs, des Rückens, des Gesichts, der Schultern und des Hinterkopfes sowie Schleimhauteinrisse am After mit frischen Unterblutungen. Der Kopf zeigte kahle Stellen. Nach Angaben des Freundes der Kindesmutter soll das Kind sich die Haare eigenhändig ausgerissen haben. Bei der Krankenhauseinlieferung, schon mehrfach wegen Mißhandlungsfolgen erforderlich, hatte es frische Kratzer und Schürfungen im Gesicht, geschwollene Stirn und Wangen. Es war ängstlich und wollte nicht mehr mit dem Freund der Kindesmutter alleine sein. Die Spuren der Gewalteinwirkung wurden zuerst von der Pflegemutter, die das Kind während der Woche betreute, festgestellt und zur Anzeige gebracht.

Fall 45 Tab. IV:

Erstaunlich ist die Einstellung des Verfahrens gegen den Freund der Kindesmutter in diesem Fall. Das Kind wurde mit einer Schädelfraktur in Krankenhausbehandlung eingewiesen. Es hatte zahlreiche Hämatome über beiden Wangen, in der Gegend vor den Ohren, im Bereich der Stirn und der Ellenbogen. Außerdem war es **übersät** mit Bißspuren. Über dem Gesäß, der Brust, sowohl rechts als auch links, vor allem in der Nähe der Brustwarzen, über der Innenseite der Kniegelenke, in der Umgebung des Nabels konnten deutliche Bißringe, im Bereich der Leistenbeugen und der Oberschenkel Striemen festgestellt werden.

Seit drei Monaten lebte die von ihrem Mann geschiedene Frau in häuslicher Gemeinschaft mit einem anderen Mann, der bei Vernehmungen zugab, das Kind gelegentlich auf den „Po" und auf die Finger geschlagen zu haben. Das Kind soll öfters hingefallen sein und sogleich blaue Flecken bekommen haben. Da es sich aber bei den meisten der blauen Flecken um Bißringe und Striemen handelt, kann diese Entstehungsart keinesfalls zutreffen.

Fall 46 Tab. IV:

In diesem Fall waren bereits mehrere Verfahren wegen Kindesmißhandlung eingestellt worden. Das fünf Jahre alt gewordene Kind, das zweite der Eltern, die drei Kinder hatten, war übersät mit Hämatomen, Striemen und Narben verschiedenen Alters. Über der Nasenwurzel, der Stirn, dem linken Unterlid, der Schulter, den Oberarmen, über dem rechten Schultermuskel, den Oberschenkeln, im Bereich des Bauches, der Kreuzbeingegend und über dem Gesäß fanden sich solche Spuren. Das ältere Mädchen, das sich inzwischen wieder in Heimbetreuung befindet, wurde ebenfalls mit zahlreichen Mißhandlungsspuren ins Krankenhaus eingewiesen. Das fünfjährige Kind gab bei der Untersuchung an, daß der Vater und nicht die Mutter schlagen würde. Weitere Angaben wurden von dem auffallend zurückhaltenden und ängstlichen Kind nicht gemacht.

Fall 47 Tab. IV:

Der fünf Jahre alt gewordene Sohn der geschiedenen Eltern, die trotzdem ihr Kind gemeinsam versorgten, wurde in Abwesenheit der Mutter, die als Nachtschwester berufstätig war, häufig von seinem stets betrunkenen Vater geprügelt. Abends und nachts sollte das Kind von seinem Vater betreut werden, der sich, statt bei dem Kind zu bleiben, in Wirtschaften herumtrieb. Das alleingelassene Kind lief zu Nachbarn, die sich seiner annahmen und wegen der ständigen Prügeleien Anzeige erstatteten. — Das sonst altersgerecht entwickelte, aber sehr blasse Kind zeigte bei der Untersuchung Narben über der Stirn und zahlreiche Hämatome von Handtellergröße über dem Gesäß, Striemen im Bereich der Oberschenkel und über dem Gesäß. Das Kind war beträchtlich verhaltensgestört, der Vater, ein Alkoholiker, schon zum zweiten Mal geschieden.

Fall 49 Tab. IV:

Das sieben Monate alte Kleinkind türkischer Eltern, bereits mehrfach vernachlässigt und erheblich reduziert in Klinikbehandlung, hatte bei der letzten Aufnahme eine Schädelfraktur und mehrere Hämatome im Gesicht, im Kopfbereich und an den Gliedmaßen. Die Kindesmutter gab an, sie habe zwar noch ein zweites Kind haben wollen, aber noch sei das Kind nicht geplant gewesen. Das erste Kind, ebenfalls ein Knabe, wurde gut gepflegt und gut betreut.

Das Sorgerecht wurde den Eltern für das zweite Kind, das sich mittlerweile in Heimbetreuung befindet, vorläufig entzogen. Wahrscheinlich wird es einen Hirnschaden behalten.

Fall 54 Tab. IV:

Die beiden Kinder sind die Geschwister des zweijährigen Kleinkindes im Fall 52 Tab. I, das an den Folgen der Verbrühungen verstorben ist. Das siebenjährige Mädchen wurde von seinem Stiefvater sexuell mißbraucht. Der vier Jahre alte Junge zeigte ebenso wie die beiden anderen Kinder Hämatome im Gesicht, im Bereich der unteren und oberen Extremitäten und einen Bluterguß im linken Bein. Im Gegensatz zu seiner älteren Schwester war er gut genährt. Diese beiden Kinder wurden im Anschluß an den Tod des jüngsten Kindes zu uns zur Untersuchung und Begutachtung gebracht. Die Kinder befinden sich inzwischen in einem Heim.

Fall 55 Tab. IV:

Der fünf Jahre alt gewordene Knabe soll ebenso wie seine jüngere Schwester von den Pflegeeltern mit der Peitsche und mit der Faust geschlagen worden sein. Bei der Untersuchung zeigte das Kind Striemen und Hämatome. Nach dem Tod der Schwester wurde es wieder in die Obhut der Großmutter gegeben.

Fall 57 Tab IV:

Das sechs Jahre alt gewordene Kind wurde während der Abwesenheit der Mutter von deren Freund, mit dem sie seit ihrer Scheidung zusammenlebte, geprügelt und geschlagen. Bei der Einlieferung in Krankenhausbehandlung und der Untersuchung durch uns zeigte es Narben über der Stirn, Platzwunden am Hinterkopf, Striemen im Bereich der Wangen, des Halses, der Oberschenkel sowie im Bereich der oberen Gliedmaßen, ebenso wie über den unteren Extremitäten.

Auch von Ärzten mißdeutet

Fall 59 Tab. IV:

Das zwei Jahre und zwei Monate alte Kind wurde mit multiplen Frakturen verschiedene Alters — es soll sich um 13 gehandelt haben — in Klinikbehandlung eingewiesen. Ärztlicherseits wurde zunächst an eine Systemknochenerkrankung gedacht. Das Kind zeigte zudem Hämatome verschiedenen Alters, war sowohl körperlich als auch psychisch retardiert. In Klinikbehandlung und bei Pflegeeltern hat sich das Kind zu einem lebhaften Jungen entwickelt, mit dem man altersentsprechend reden konnte und der anfing zu spielen, was er vorher nicht gekonnt hatte. — Den Eltern wurde das Sorgerecht vorläufig entzogen. Das Kind befindet sich z.Z. bei Pflegeeltern.

Dieser Fall zeigt besonders eindrucksvoll, daß multiple Frakturen und die Folgen dieser teils schlecht verheilten Knochenbrüche auch von Ärzten häufig mißdeutet und als angeborenes Leiden angesehen werden.

Multiple Knochenfrakturen, ohne daß eine seltene krankhafte Knochenbrüchigkeit diagnostiziert wird, sind stets geeignet, auf Mißhandlungen hinzuweisen. Auch die Tatsache, daß sich ein Kind in Klinikbehandlung körperlich und geistig gut entwickelt und den Rückstand in Kürze aufholt, spricht nicht für einen angeborenen Schwachsinn, sondern dafür, daß die psychischen und körperlichen Retardierungen als Folgezustand von ständigen Mißhandlungen anzusehen sind.

Erwähnenswert ist noch das 13jährige Mädchen im **Fall 62 Tab. IV**, das seit frühester Kindheit von seinem Vater, einem Griechen, ebenso wie die Ehefrau und eine andere Tochter, verprügelt worden ist. Der Vater soll dabei nicht nur mit der Faust, sondern auch mit einem Teppichklopfer und einem Stuhlbein geschlagen haben. Einmal soll er den Kopf des Mädchens unter einen Wasserhahn gehalten und ihn dann gegen eine Wand geschleudert haben. Das Mädchen zeigte ein Brillenhämatom, Hämatome und Striemen am ganzen Körper, ebenso wie im Bereich der Oberschenkel. Von einem sexuellen Mißbrauch war in diesem Falle nicht die Rede.

Sowohl die Mutter als auch die Tochter machten in der Hauptverhandlung von ihrem Aussageverweigerungsrecht Gebrauch aus Sorge davor, daß der Vater nach Griechenland abgeschoben werden würde, und so der Ernährer der Familie gefehlt hätte.

Ein eindrucksvoller Fall

Über wieviele Jahre sich Züchtigung und Mißhandlung auch größerer Kinder hinziehen können, ehe es gelingt, die Umwelt auf deren Leiden aufmerksam zu machen, zeigt ein eindrucksvoller Fall, der in die Tabellen nicht mehr aufgenommen worden ist, weil Untersuchung und Begutachtung erst kürzlich erfolgt sind:

Das inzwischen 16 Jahre alt gewordene Mädchen, Tochter türkischer Eltern, die in gut bürgerlichen Verhältnissen leben, ist nach ihren eigenen Angaben in Übereinstimmung mit den Ausführungen in der Anklageschrift gegen den leiblichen Vater und seine Frau, die Stiefmutter des Kindes — die eigene Mutter ist bei der Geburt des Kindes gestorben — über mehrere Jahre aus nichtigem Anlaß von ihrer Stiefmutter mit Stöcken, Stuhlbeinen, sonstigen Gegenständen und mit der Faust geschlagen und geprügelt worden. Die Stiefmutter soll auch einmal, als das Mädchen auf dem Fußboden gelegen hat, die Augäpfel so stark zusammengedrückt haben, daß es vor Schmerzen geschrien habe, was die Stiefmutter noch wütender gemacht hätte.

Das Mädchen ist bis zu ihrem achten Lebensjahr bei der Großmutter in der Türkei aufgewachsen. Erst danach hat der Vater das Kind nach Deutschland geholt, um der ihr unbekannten Stiefmutter im Haushalt zu helfen und den viel jüngeren Halbbruder zu betreuen. Das nach den in der Bundesrepublik Deutschland herrschenden Bestimmungen noch schulpflichtige Mädchen hat außerhalb der Schulzeit die anfallenden Hausarbeiten fast allein erledigen, für die schreibunkundige Stiefmutter Briefe schreiben und den kleinen Bruder, den es übrigens gern hatte, versorgen müssen.

Erst im Alter von 14 Jahren ist es dem Mädchen nach „Züchtigungen" gelungen, aus der Wohnung zu entweichen. Es wurde blutend und mit zahlreichen Hämatomen im Bereiche des Kopfes und der Extremitäten, auf einem Bordstein sitzend, aufgegriffen und zu einer Polizeiwache und von dort in ein Kinderheim gebracht, in dem es sich heute noch befindet.

Die Untersuchung des Mädchens wurde zur rechtsmedizinischen Klärung der Frage, ob seine Angaben mit den Befunden in Einklang zu bringen seien, angeordnet. Sie ergab, daß die 16jährige Geschädigte 161 cm und 54 kg schwer war. Das Kopfhaar war dicht und schulterlang. In der Kopfschwarte konnten zahlreiche Narben verschiedener Größe und Breite, kelloidartig vorgewölbt und druckschmerzhaft, festgestellt werden (Abb.: 9). Im Bereich der Narben

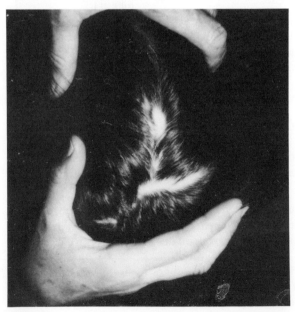

Abb. 9: Zahlreiche Narben in der Kopfschwarte eines 16-jährigen Mädchens.

fehlte das Kopfhaar völlig, was aber bei seiner Dichte und Länge zunächst nicht auffiel. Über der linken Stirnseite befand sich eine großflächige Narbe, die durch eine ponyartige Frisur verdeckt wurde. — Im Bereich der linken Unterlippe wurde eine flache, 1 : 0,5 cm große Narbe festgestellt. Über dem Rücken in Höhe der linken Lendengegend sowie den Schulter- und Wirbelsäulenpartien befanden sich mehrere quer- und längsverlaufende, teils flache, teils strichförmige Narben. Eine davon, parallel zur Wirbelsäule verlaufend, war 13 cm, eine weitere, schräg über der gesamten linken Rückenseite erkennbar, 25 cm lang. Lage und Ausmaß der Narben sprechen eindeutig gegen die Beibringung durch die eigene Hand. Über der Außenseite des linken Unter- und Oberarmes befanden sich, bis über den Ellenbogen reichend, flache Narben. Über der ulnaren Seite des linken Unterarmes war eine tief eingezogene 6 : 2 cm große rötliche Narbe festzustellen. Auch in der rechten Ellenbeuge, über dem linken Handrücken, der Handwurzel und dem rechten Handrücken befanden sich mehrere kleine (Scherenstichspuren) und auch größere Narben.

Die erhobenen Befunde ließen sich mit den Angaben des Mädchens, es sei vielfältig geschlagen und geprügelt, mit einer Schere gekratzt und gestochen, mit einer Häkelnadel gestochen und häufig auf den Kopf geschlagen worden, in Einklang bringen.

Dieser Fall ist typisch und symptomatisch für viele Einzelfälle, die letzten Endes nicht als Mißhandlungen erkannt werden, weil die Kinder heranwachsen und dann nicht mehr in dem Maße wie als Kleinkinder von den Eltern abhängig sind oder sogar von zu Hause weglaufen.

Niemand hatte sich um das türkische Mädchen gekümmert, weil es ja in einer „intakten Familie" lebte. Erst durch die Flucht aus dem Elternhaus wurde das Ausmaß der Folgen der körperlichen Mißhandlungen und der seelischen Störungen, die sich inzwischen während des Aufenthaltes im Kinderheim und durch die Gemeinschaft mit anderen Jugendlichen fast völlig zurückgebildet haben, deutlich.

Dieser Fall zeigt auch, daß ein Kind unter mehreren Geschwistern — das Mädchen hatte zwei Brüder — mißhandelt werden kann, daß ein solches Kind in einem besonderen Abhängigkeitsverhältnis zu seinen Eltern und zu den Geschwistern steht und daß es einem solchen Kind nur unter großen Schwierigkeiten möglich ist, sich anderen Menschen anzuvertrauen.

Der Vater des Kindes wußte von dem Vorgehen der Stiefmutter, hat ihr Verhalten zwar nicht gebilligt, aber auch nicht gewagt, dagegen anzugehen. Er hat sogar hin und wieder, von seiner Frau aufgestachelt, mitgeprügelt. Auch die beiden Brüder wußten von dem Verhalten der Stiefmutter, haben ebenfalls nichts zum Schutz ihrer Schwester unternommen, obwohl ein Bruder mehrere Jahre älter als die Geschädigte war. „Es war ja nur ein Mädchen", eine von Türken nicht selten vorgebrachte „Schutzbehauptung".

Vielleicht hätte gerade in diesem Falle — wie in vielen anderen — ein Gespräch mit einem Sozialarbeiter über mögliche Erziehungs- und Kontaktschwierigkeiten zwischen Stiefmutter und Stieftochter den Leidensweg des Mädchens und seine Folgen verhindern können.

3. Zusammenfassung

Die Fälle, die in Tab. IV kurz zusammengestellt und z.T. näher erläutert worden sind, zeigen, wie wichtig bei der Beurteilung eines Falles die Erkenntnis des Arztes ist, daß es sich bei den Befunden um Folgeerscheinungen von Mißhandlungen, Vernachlässigung und sexuellem Mißbrauch handeln kann und wie gerade die rechtsmedizinische Beurteilung dazu geführt hat, die Mißhandlungen und deren Folgen aufzudecken, um weitere Schäden von dem betreffenden Kinde abwenden zu können. Leider erfolgte die Vorstellung des Opfers in vielen Fällen zu spät, erst nachdem es schon zu bleibenden Schäden, insbesondere des Gehirns, gekommen war.

III Vorsätzliche Tötung von Kindern

1. Ein besonderes Kapitel der Gewalt gegen das Kind

Die vorsätzliche Tötung von Kindern, häufig nicht deutlich abzugrenzen vom erweiterten Suicid oder von der Kindesmißhandlung mit Todesfolge, stellt ein besonderes Kapitel der Gewalt gegen das Kind dar.

Der Tatbestand der vorsätzlichen Tötung ergibt sich aus dem Verlauf der Tat, dem Verhalten und der Einlassung der Täter sowie den Ermittlungsergebnissen. In der Regel handelt es sich bei einer vorsätzlichen Tötung im Gegensatz zur Mißhandlung um ein einmaliges Geschehen, dessen Motivation recht vielschichtig sein kann und insofern kaum wesentlich von derjenigen bei Mißhandlungen abweicht, aber wegen oft recht subjektiver Fakten eine andere rechtliche Wertung erfährt. Das Gericht **muß**, wenn der Tötungsvorsatz hat nachgewiesen werden können, auf Mord (§ 211 StGB) oder Totschlag (§ 212 StGB) erkennen.

Die von uns untersuchten Fälle vorsätzlicher Tötung sind in Tab. V zusammengefaßt. Es handelt sich dabei um 36 einschlägige Fälle mit 40 Kindern und 42 Tätern. Entsprechend der rechtlichen Wertung sind die Strafen härter als bei der Mißhandlung. Geschichtliche Daten, Mitteilungen von Fällen und Erörterungen dazu entsprechen im wesentlichen den bereits zur Mißhandlung mit Todesfolge zitierten.

Die Diskrepanz zwischen den verschiedenen Zahlen ergibt sich aus der Tatsache, daß in einigen Fällen mehrere Täter, und zwar in 1. Linie beide Eltern, den Tod des Kindes herbeigeführt haben; dazu gehören vor allem die Fälle 5,

Übersicht 12 Tötung von Kindern

Lfd. Nr.	Tötungsart	Opfer				Täter				
		ehel. Kind	n.e. Kind	fremd. Kind	Zus.	Km	Kv	Km + Kv	andere	Zus.
1	Erwürgen, Erdrosseln	6	1	—	7	2	5	—	—	7
2	Sonstiges Ersticken	13	—	—	13	7	1	4	3	12
3	Stumpfe Gewalt	2	3	2	7	1	2	1	2	7
4	Scharfe Gewalt	4	—	3	7	1	2	—	1	5
5	Ertränken	3	—	—	3	1	1	—	—	3
6	Vergiften	1	—	—	1	—	1	—	—	1
7	Verhungernlassen Vernachlässigung Ersticken	2	—	—	2	—	—	1	—	1
8	Zusammen	31	4	5 ⊙	40	12	12 ⊕	6	6	36

⊙ ehel. Kinder der Eltern, aber Opfer Fremder
⊕ Stiefvater

Übersicht 13 Alter der Täter bei Tötungen von Kindern

Nr.	Täter	< 19	bis 24	bis 29	bis 34	bis 39	> 40	un-bek.	Zus.
1	Km	1	5	7	2	2	—	1	18
2	Kv	—	3	3	4	2	4	1	17
3	Fremde	—	—	1	1	1	—	—	3
4	Stiefvater	—	—	1	—	—	—	—	1
5	Bruder	—	1	—	—	—	—	—	1
6	Hausangest.	—	—	—	—	—	1	—	1
7	unbekannte	—	—	—	—	—	—	1	1
8	Zusammen	1	9	12	7	5	5	3	42

6, 7, 8, 9, 17, oder mehrere Kinder von ein und demselben Täter getötet worden sind, so in den Fällen 5, 11, 23, 36.

Bei der vorsätzlichen Tötung von Kindern kommen in erster Linie die Eltern als Täter in Frage, vgl. die **Übersichten 12 und 13.**

In unserem Kollektiv ist 18mal die Mutter alleine oder gemeinsam mit ihrem Ehemann Täterin, 17mal der Kindesvater allein oder gemeinsam mit der Kindesmutter handelnd, hinzu kommt ein Stiefvater, so daß Mütter und Väter gleich häufig als Täter in Frage kommen. Bei den noch verbleibenden 6 Tätern handelt es sich 3mal um fremde Männer (Fall 22), in welchem ein 4 Jahre alter Knabe als Zeuge eines Sexualverbrechens an einem Kind ebenfalls getötet worden ist, um einen aus dem Landeskrankenhaus entwichenen fremden Mann (Fall 30), sowie einen mehrfach vorbestraften, völlig fremden Mann, der nicht nur die beiden Kleinkinder, sondern auch deren Eltern getötet und somit die ganze Familie ausgerottet hat. — In einem weiteren Fall hat die 49jährige Hausangestellte, angeblich angespornt von ihrem Verlobten, aus Enttäuschung und Haß, nur weil sie nach langjähriger Tätigkeit von ihrem Arbeitgeber entlassen werden sollte, das 3jährige Kind durch stumpfe Gewalteinwirkung und nachträgliches Verbrennen in einem Ofen getötet (Fall 24). Ein Fall ist bisher nicht aufgeklärt. Opfer war eine schwangere 15jährige, die mit zertrümmertem Schädel und anderen Zeichen stumpfer Gewalteinwirkung in einem Bach liegend tot aufgefunden worden war (Fall 29 Tab. V).

Aus Tab. 13 ergibt sich gleichzeitig das Alter der Täter, 22 von 42 Tätern hatten das 30. Lebensjahr noch nicht erreicht: die Altersverteilung scheint ähnlich derjenigen bei der Kindesmißhandlung.

In **Übersicht 14** sind die Tötungsarten dem Alter der Kinder gegenübergestellt. Auffallend ist der hohe Anteil der ehelichen Neugeborenen, das in mehreren Fällen sogar von beiden Eltern getötet worden ist, wie in Fall 6, beide Eltern haben zugegeben, den Tod des Kindes gewollt und mehrfach eine Abtreibung der Frucht versucht zu haben.

Das Neugeborene im Fall 7 Tab. V soll noch nicht abgenabelt, von dem 21jährigen Kindesvater mit einem feuchten Tuch erstickt worden sein. Bemerkenswert ist, daß, obwohl die Kindesmutter noch unter dem Eindruck der noch nicht vollendeten Geburt gestanden hat, ebenso wie ihr Ehemann zu lebenslangem Freiheitsentzug verurteilt worden ist. Inzwischen ist das im Vergleich zu anderen Straftaten allzu harte Urteil für beide Elternteile auf 15 Jahre reduziert worden. Meines Erachtens hätte die Kindesmutter unter den Voraussetzumgen des § 20 StGB freigesprochen werden müssen, nicht nur weil die Geburt des Kindes noch nicht vollständig abgelaufen war, sondern auch weil der Kindesvater stets der aktive Teil gewesen ist, und ständig auf Abtreibung und Tötung des Kindes gedrungen hat.

Übersicht 14 Tötungsarten und Alter der Opfer

Lfd. Nr.	Tötungsart	Alter der Kinder bei Tötung							
		Neu-geb.	bis 1 J.	bis 3 J.	bis 5 J.	bis 7 J.	bis 9 J.	9 J.	Zus.
1	Erwürgen, Erdrosseln	—	3	—	—	2	—	2	7
2	Sonst. Ersticken	10	3	—	—	—	—	—	13
3	Stumpfe Gewalt	1	1	1	—	—	—	4	7
4	Scharfe Gewalt	1	1	2	2	—	—	1	7
5	Ertränken	—	—	1	—	—	1	1	3
6	Vergiften	—	—	—	—	—	—	1	1
7	Vernachlässigung u. Ersticken	—	2	—	—	—	—	—	2
8	Zusammen	12	10	4	2	2	1	9	40

Die Mutter im Fall 10 Tab. V blieb, obwohl sie merkte, daß das Kind strampelte und sich bewegte, auf dem Eimer, in das es hineingeboren wurde, sitzen. Der Kindesvater leistete keinerlei Hilfe; es waren mehrere Abtreibungsversuche vorangegangen. Beim Neugeborenen im Fall 12 Tab. V soll es sich um eine Sturzgeburt gehandelt haben. Erst später legte die Mutter des Kindes ein Geständnis ab, daß sie das Neugeborene, das 5. Kind, weil ihr Ehemann überhaupt keiner Arbeit nachging, habe töten wollen. Auch in den Fällen 17, 21, 23, 26, 27, 28 Tab. V hat es sich bei den Opfern um eheliche Neugeborene gehandelt.

Auffallend ist auch in diesen Fällen wieder die verschiedenartige rechtliche Wertung, sowohl im Hinblick auf die Bestrafung beider Eltern oder allein der Kindesmutter und das Strafmaß, das zwischen lebenslangem Freiheitsentzug und Einstellung des Verfahrens reicht. Besonders hervorzuheben sei noch Fall 17 Tab. V, in dem es nur durch das Geständnis der Eltern nach der Scheidung ihrer Ehe zur Anklage gekommen ist und beide Eheleute sich gegenseitig belastet haben. Ohne das Geständnis wäre die Tötung des Kindes, das von seinen Eltern nach dem Tode vergraben worden ist und zum Zeitpunkt der Obduktion verfault und skelettiert war, nie bekannt geworden.

Das Alter der kindlichen Opfer erstreckt sich von Neugeborensein bis zum 16. Lebensjahr.

2. Tötungsart/Motive/Strafzumessung

Bei der Tötungsart überwiegen Ersticken, Erdrosseln und Erwürgen. Es folgen stumpfe und scharfe Gewalt, Ertränken, Vernachlässigung mit gleichzeitigen Ersticken. Nur in einem Fall wurde der 10-jährige eheliche Junge durch E 605 vergiftet. Als Täter soll der vielfach vorbestrafte Kindesvater in Frage kommen, dessen Eltern ebenfalls kurz hintereinander „komisch" gestorben sein sollen (Übersicht 12).

In besonderem Maße zeigt Fall 35 Tab. V, daß die Abgrenzung zwischen vorsätzlicher Tötung, erweitertem Suicid und Tötung durch eine psychotische Mutter schwierig sein kann. Der Kindesvater im Fall 8 Tab. V, der zunächst seinen 11jährigen Sohn im Bett erwürgt hat, damit die Kindesmutter das Kind nicht haben sollte, hat durch Erschießen Suicid begangen. Dieser Fall stellt

Übersicht 15 Besonderheiten bei Tötungen von Kindern

Nr.	Besonderheiten	Anzahl
1	Täter debil, schwachsinnig Familie belastet	4
2	Kindesmutter erneut gravide	1
3	Eltern getrennt	11
4	Abtreibungen vorausgegangen	5
5	Eheliche Zerwürfnisse	7
6	Wohnung verwahrlost	2
7	Ehemann arbeitete nicht	8
8	Unschuldig	3
9	Ehemann prügelte ♀	2
10	Ehemann Trinker	3
11	Mehrere Opfer	8
12	Täter (♂) vorbestraft	8

sich allerdings nicht als erweiterter Suicid, sondern als Tötung mit nachfolgendem Selbstmord dar.

Wie bei fast allen Tötungen von Kindern durch die Eltern haben auch in diesen 36 Fällen Tab. V Besonderheiten vorgelegen, die in partnerschaftlichen Schwierigkeiten zu suchen sind (**Übersicht 15**). So haben zur Zeit der Tat 11 der Eltern getrennt gelebt und bei 7 werden eheliche Zerwürfnisse angegeben. In 8 Fällen soll der Ehemann überhaupt keiner Erwerbstätigkeit nachgegangen sein. Mehrere Ehefrauen sind von ihrem Mann verprügelt worden. Weitere Besonderheiten ergeben sich aus der Übersicht 15.

Die Motivationen zur Tötung sind ganz verschiedener Art. Es überwiegen Rachegefühle, vor allem dem Partner gegenüber, oder die schwierigen häuslichen Verhältnisse. Auffallend ist die geringe Anzahl der nichtehelich geborenen Kinder; es handelt sich dabei nur um 4 der 40 Kinder, gleich 10 v. H. Dazu gehört in erster Linie das Kind Fall 8 Tab. V. Seine ungewöhnlich junge Mutter, aus asozialem Milieu stammend, hat sich seit dem 14. Lebensjahr mit dem Erzeuger des Kindes, einem 50jährigen Trinker und Landstreicher, herumgetrieben. Die Leiche des Kindes ist nach mehreren Tagen aus dem Rhein geborgen worden. Obwohl zunächst das Mädchen ein Geständnis abgelegt, später den Verdacht auf den Erzeuger des Kindes gelenkt hat, ist ein Freispruch erfolgt. Gegen den Erzeuger des Kindes, der meines Erachtens in erster Linie als Täter in Frage gekommen ist, hat man überhaupt kein Verfahren eingeleitet.

Wenn man die Strafzumessung in diesen und vielen anderen Fällen kritisch betrachtet, kann man den Schluß wagen (*Trube-Becker* 1974; *Middendorff* 1978), daß bei demselben Tatbestand das gutbegründete und revisionssichere Urteil von der Einstellung der Verfahren über Freispruch bis zu lebenslanger Freiheitsstrafe reichen kann. Verurteilung und Strafzumessung hängen auch in diesen Fällen bei vorsätzlicher Tötung von Kindern von den Ermittlungen der Polizei, der Einstellung der Staatsanwaltschaft zu der Tat, dem Engagement der Verteidiger, die häufig Pflichtverteidiger sind, und die auch die Einlassungen der Angeklagten beeinflussen, von den Gutachten der Sachverständigen und schließlich entscheidend von den Richtern ab, zu denen auch Laien gehören. *Würtenberger* meint sogar, daß die Strafzumessung sich vorwiegend im Raum des Irrationalen bewege. Die Überzeugungsbildung der Richter für die Strafzumessung erfolge ,,weitgehend auf unkontrollierbaren Wegen''. So die Entscheidung bei einem Tötungsdelikt, ob die Tat als Folge eines Gefühlsausbruchs mit einer heftigen Gefühlsentladung anzusehen ist oder ob sie sich als überlegte Handlung darstellt.

Rechtlich kann bei einer Tötung auf Mord, Totschlag, Körperverletzung mit Todesfolge, Tötung im Affekt und sogar fahrlässige Tötung erkannt werden. Diese Entscheidung bleibt dem Verlauf der Hauptverhandlung und dem Gericht überlassen.

IV Erweiterter Suicid

1. Schwierige Begriffsabgrenzung

Auch beim erweiterten Suicid kann das Kind Opfer von Gewalteinwirkungen durch den Erwachsenen werden. Ohne im einzelnen die unermeßlich angestiegene Literatur über Selbsttötung berücksichtigen zu können, soll anhand 23 selbst beobachteter und obduzierter Fälle auf einige Besonderheiten beim erweiterten Suicid, in dem Kinder Opfer der Täter oder Täterinnen geworden sind, eingegangen werden.

So vielfältig Theorie und Forschung auf dem Gebiet des Selbstmordes sind — soweit es sich um Selbsttötungen Einzelner handelt — so unerforscht und theoretisch schwer faßbar sind sogenannte Mitnahme-Selbstmorde. Von *Lange* (1963) wird der erweiterte Suicid auch als eine Selbstmordhandlung, in welche eine oder mehrere Personen ,,ohne deren Bereitschaft oder Einverständnis'' einbezogen werden, definiert; dabei ist gerade das hilflose Kind ein geeignetes Opfer.

Zur Abgrenzung gegenüber ,,Selbstmord mit vorangegangenem Mord'' oder ,,Mord mit nachfolgendem Selbstmord'' muß das Verlangen, selbst zu sterben, bei der Tat primär und vorherrschend gewesen sein und nicht etwa die Tendenz zur Tötung anderer dominiert oder zumindest mit dem Selbstvernichtungsdrang konkurriert haben (*Popella* 1964). Nach *Schipkowensky* (1963) muß darüber hinaus der Nachweis altruistischer Motive oder wenigstens eines ,,unreflektierten Mitnehmens in den Tod'' erfolgt sein, um von einem erweiterten Suicid sprechen zu können, (1957 hat sie ihn noch als Psychopathenmord bezeichnet).

Die Klärung, ob es sich bei der Tat um einen erweiterten Suicid, einen gemeinsamen Selbstmord oder um eine Tötung mit nachfolgender Selbsttötung handelt, kann dann, wenn Opfer und Täter ausschließlich erwachsene Personen sind, große Schwierigkeiten bereiten oder sogar die Entscheidung unmöglich sein, erst recht, wenn Vorankündigungen fehlen und keine Abschiedsbriefe vorliegen.

Zum erweiterten Suicid ist zunächst anzumerken, daß Männer häufig die gesamte Familie (*Goldney* 1977) oder zumindest den Intimpartner (*Rasch* 1979), Frauen ihre eigenen Kinder mit in den Tod nehmen.

In der Gesellschaft wie auch in der wissenschaftlichen Forschung werden erweiterte Suicide vornehmlich als Ausdruck zerrütteter Lebensverhältnisse, psychischer Störungen oder einer Geisteskrankheit aufgefaßt. *Schrappe* (1970) spricht von Verstimmungspsychosen. Viel seltener als beim Suicid-Versuch Einzelner wird in der Tat ein Appell an das soziale Umfeld gesehen, die Ausweglosigkeit einer Situation zu erkennen und helfend einzugreifen. *Po-*

pella (1964) meint sogar, daß der erweiterte Suicid stets „ernst" gemeint sei und keine Appellfunktion habe. *Stengel* und *Cook* (1958) unterscheiden aufgrund umfangreicher Untersuchungen drei verschiedene Grade der Ernsthaftigkeit beim erweiterten Suicid, sich auch selbst und nicht nur das Opfer zu töten. Beim erweiterten Suicid zeigt sich demnach eine besonders enge Verflechtung von in der Persönlichkeit liegenden und äußeren Faktoren, die über die nosologisch-psychiatrische Analyse hinaus eine stärkere Berücksichtigung biographischer und sozialer Momente erfordert. Die Wirksamkeit solcher Momente ist bei endogenen wie reaktiven Depressionen nachweisbar.

Rasch (1979), der über 49 Fälle von gelungenem erweiterten Suicid berichtet, die sich in der Zeit von 1950 bis 1961 in Hamburg ereignet haben, findet 28 mal als Täter einen Mann, nur 21 mal eine Frau, entgegen der Feststellungen anderer, daß die „Mitnahme in den Tod" in der Regel für Frauen typisch sei. Nach Untersuchungsergebnissen von *Wetzel* (1926) an 15 einschlägigen Fällen soll den weiblichen Tätern die Selbsttötung das Wichtigste an der Gesamthandlung sein, Kinder würden nur zur Erlösung mitgenommen.

2. Ursachen — Motive

Die Ursachen für den erweiterten Suicid, in den Kinder- und Familienangehörige einbezogen werden, können ganz verschiedener Art sein. Frauen begehen die Tat vor allem aus einer depressiven Stimmung heraus oder aus Angst, Kummer und Verzweiflung sowie dem Gefühl des Verlassenseins, der Vereinsamung und Isolierung. Bei Männern überwiegen sthenische Affekte diffuser Art, wie Wut, Rache, Vergeltung, Protest, manchmal gegen die Gesellschaft und das Leben überhaupt, insbesondere aber gegen Familienangehörige.

Der Altruismus in der Motivation der weiblichen Täter liegt in Mitleid und der Fürsorge für die Kinder, die durch die Mitnahme in den Tod vor einer negativen Zukunft geschützt werden sollen. Diese Tatmotivierung läßt sich zum einen dahingehend deuten, daß die Mutter nicht nur in ihrem Selbsterhaltungstrieb sondern auch in ihrem Fürsorgetrieb gestört ist, zum anderen kann darin jener archaische Mechanismus gesehen werden, der die Mutter ihr Kind als einen Teil ihrer selbst erleben und wie selbstverständlich mit in den eigenen Tod nehmen läßt. Schulden, Familienprobleme, Ehekonflikte, Haß und Aggression gegen andere können zu einer Mitnahme von Kindern führen, ebenso wie der Selbsthaß, eine bei Frauen häufiger als bei Männern anzutreffende Gefühlseigenschaft (*Trube-Becker* 1974).

Aus der Literatur lassen sich einige Einzelbeobachtungen zum erweiterten Suicid entnehmen, an die sich psychologische, psychiatrische und soziologische Erörterungen zur Motivation anschließen. Das sogenannte „Broken Home", dazu gehören u. a. Ehekonflikte, Unzufriedenheit der Frauen mit ihrer Daseinsform, Schwierigkeiten mit Ehemann und Kindern, soll ebenfalls ursächlich für den erweiterten Suicid sein (*Ziese* 1968). Aus den meisten Mitteilungen läßt sich nicht erkennen, ob Kinder Opfer der Tat geworden sind, und nur diese Fälle sind im gegebenen Zusammenhang von Interesse.

Schrappe (1970) bringt zwei eindrucksvolle Fälle mit Bemerkungen zum unvollendet gebliebenen erweiterten Suicid, der im übrigen rechtliche Konsequenzen für den Überlebenden nach sich zieht. Das gleiche gilt für die 4 von *Witter* und *Luthe* (1966) ausführlich dargestellten Fälle mißlungenen erweiterten Suicids.

Eine depressiv veränderte Stimmungslage führt häufig zu einer Fehlbeurteilung der Lebenssituation, nicht nur für den Suicidanten selbst, sondern auch für das Kind.

Witter und *Luthe* (1966) erklären das Mitnehmen des Kindes in den Tod aus der Gewohnheit des Täters, alle Entscheidungen für das Kind zu treffen und seine eigene Wertvorstellung als allein richtig und verbindlich anzusehen. Andere Autoren wie *Rasch* (1966), *Stengel* (1969), *Kretschmar* (1963) nehmen einen anderen Ablauf der Identifikations- und Projektionsvorgänge an. Etwas der Mutter Zugehöriges wird auf das Kind projiziert, so daß es zu einem Wesen wird, das eine Täter-Opfer-Identifikation erlaubt. Der „Einbeziehung des Mitgenommenen in den eigenen Verzweiflungsbereich" unterliegt nach Ansicht vieler Autoren spezifischen Identifikations- und Projektionsvorgängen. *Zumpe* (1966) nimmt an, daß die Psychogenese der Mitnahmetendenz bei Selbstmörderinnen, die ihre Kinder töten, auf dem Boden der Identifikation der Mutter mit ihrem Kind, besonders mit jungen Kindern, zu erklären sei. Diese Identifikation wiederum sei die Basis der Projektionen von der Mutter auf das Kind. Eine wirkliche oder vermeintliche Existenzbedrohung könne so auf das Kind übertragen werden. Psychologisch konsequent werden die Kinder dann vor dieser Existenzbedrohung geschützt, indem sie mit in den erlösenden Tod genommen werden.

Die Klärung der Tatmotivation ist, wie auch unsere Fälle zeigen, äußerst schwierig, vor allem dann, wenn die eigentlichen Täter ebenfalls zu Tode kommen. Wenn der erweiterte Suicid einseitig mißlingen sollte, kann über die Exploration der Täter ein Einblick in ihre Gedankenwelt erlangt werden; es muß allerdings bedacht werden, daß der Täter oder die Täterin bewußt oder unbewußt nachträglich eine Motivation in die Tat hineindenken kann. Es besteht aber auch die Möglichkeit, daß den Tätern entscheidende Beweggründe für ihre Tat selbst nie klar gewesen sind. Trotzdem kann die Feststellung getroffen werden, daß die Familiensituation im allgemeinen wie das Verhältnis der Partner zueinander eine große Rolle spielen, vor allem dann, wenn einer der beiden aus der Partnerschaft der Ehe ausbricht. Der verlassene Partner bleibt innerlich gebunden und gerät in einen Zustand spannungsreicher Instabilität (*Rasch* 1979), den er durch eine Tötungshandlung zu beenden versucht.

Die Aggression kann sich gegen den Partner richten oder aber wie meist bei Frauen gegen die eigene Person unter Mitnahme der Kinder.

3. Eigene Untersuchungen

Unser Untersuchungsgut umfaßt 23 Fälle von sicherem erweiterten Suicid, schon weil es sich nur um solche handelt, in denen ausschließlich Kinder zu Opfern der Tat geworden sind. Die wichtigsten Daten sind in Tab. VI zusammengestellt. Daraus ergibt sich ebenso wie aus **Übersicht 16**, daß in 18 der 23 Fälle die Kindesmutter als Täterin eines oder mehrerer Kinder mit in den Tod genommen hat, während nur zweimal der Kindesvater als Täter in Frage kommt.

Übersicht 16   Erweiterter Suicid

| Nr. | Täter | Anz. | Anzahl der Kinder | | | | |
			1 Kd.	2 Kd.	3 Kd.	4 Kd.	Zus.
1	Kindesmütter	18	10	6	1	1	29
2	Kindesväter	2	1	—	1	—	4
3	Km + Kv	2	1	1	—	—	3
4	Großmutter	1	1	—	—	—	1
5	Zusammen	23	13	14	6	4	37

Der 40 Jahre alt gewordene Facharbeiter im Fall 5 Tab VI, der als Folge eines drei Monate vor der Tat erlittenen Betriebsunfalls taub geworden war und seitdem unter unerträglichen Kopfschmerzen litt, tötete sich und seine 1 − 3 Jahre alten Söhne durch Kohlenmonoxid. Die von der Berufsarbeit nach Hause kommende Mutter der Kinder fand ihren Ehemann und die 3 kleinen Söhne bei geöffnetem Gashahn tot vor.

Der arbeitslose Vater im Fall 18 Tab. VI hat seinem 6 Jahre alten Sohn E 605 eingegeben und das Mittel anschließend selbst eingenommen. Das Kind konnte noch auf die Straße laufen und ausrufen: ,,Papa tot!'' ehe es selbst zusammenbrach. Die Kindesmutter soll kurz zuvor die Familie verlassen und die Tochter mitgenommen haben, weil der Vater das Kind sexuell mißbraucht haben soll.

In 2 Fällen haben die Eltern wegen hoher Schulden beschlossen, gemeinsam mit ihren Kindern zu sterben.

Die erneut schwangere Kindesmutter, eine Putzhilfe und der Kindesvater, ein Friseur (Fall 8 Tab. VI), erdrosselten ihre beiden Kinder, nachdem sie Schlafmittel erhalten hatten, um anschließend selbst in suicidaler Absicht Schlaftabletten in größeren Mengen einzunehmen. Die Eltern konnten durch rechtzeitige Behandlung gerettet werden. Im anschließenden Strafverfahren wurde der Kindesvater zu 8 Jahren, die Kindesmutter zu 4 Jahren Freiheitsentzug unter Berücksichtigung der Voraussetzungen von § 21 StGB verurteilt.

Auch die Eltern im Fall 9 Tab. VI hatten beschlossen, unter Mitnahme ihrer 9 Jahre alten Tochter, wegen ihrer Schulden gemeinsam zu sterben. Der wenig später erscheinende Gerichtsvollzieher fand die Familie bei geöffnetem Gashahn vor. Kind und die erneut gravide Kindesmutter waren an der kombinierten Schlafmittel-Co-Vergiftung gestorben, während der Kindesvater noch gerettet werden konnte. Im anschließenden Strafverfahren wurde er zu 5 Jahren Freiheitsentzug verurteilt, hat sich aber kurze Zeit später in der JVA erhängt.

In weiteren 4 Fällen, in denen die Mutter mit den Kindern aus dem Leben scheiden wollte, blieb es beim unvollendeten Suicid. Die 23jährige Verkäuferin im Fall 2 Tab. VI sprang mit ihrem Säugling, dem sie durch Schläge bereits Schädelfrakturen beigebracht hatte, wegen Eheschwierigkeiten in den Rhein. Die Frau konnte noch lebend geborgen werden. Die Kindesmutter im Fall 11 Tab. VI konnte mit ihrer dreijährigen Tochter gerettet werden, während die beiden älteren Kinder der CO-Vergiftung erlagen.

Eine 24jährige türkische Hausfrau, Mutter von 5 Kindern, sprang, nachdem sie zuerst 2 ihrer Kinder in den Rhein geworfen hatte, ebenfalls ins Wasser. Ein Säugling und sie selbst konnten gerettet werden. Im anschließenden Strafverfahren gab sie als Motiv an, ständig von ihrem Ehemann und ihrem Schwager, ebenfalls Türken, geschlagen worden zu sein (Fall 17 Tab. VI). Auch die Kindesmutter im Fall 21 Tab. VI, eine gelernte Krankenschwester, angeblich ständig von ihrem Ehemann betrogen und geschlagen, versuchte sich und ihr Kind zu töten. Das 10 Monate alte Kind starb an Ersticken, während die Selbsttötung der Frau durch verschiedene Medikamente mißlang.

In den übrigen 14 Fällen, in denen jeweils die Mutter die Täterin war, gelang der erweiterte Suicid. Als Motive wurden in diesen Fällen Familienstreitigkeiten, Ehekonflikte, wie auch Überforderung (Fälle 12 + 20 Tab. VI) angegeben. Den meisten Fällen sollen Depressionen vorangegangen sein. Die relativ jungen Mütter mit mehreren Kindern fühlten sich vereinsamt und von ihren Männern im Stich gelassen. Mehrfach wurden vor der Tat Suicidabsichten geäußert, so in den Fällen 4, 7, 13, 14, 16, 20 Tab. VI, ohne daß diese Ankündigungen vom Ehemann ernstgenommen worden wären.

Besonders tragisch ist die Vorgeschichte in Fall 16 Tab. VI. Die Kindesmutter, die infolge von Einsamkeitsempfindungen seit längerem depressiv war und schon mehrfache Suicidversuche unternommen hatte, kündigte ihrem Mann noch am Abend vor der Tat durch einen Abschiedsbrief an, daß sie sich und ihre Kinder umbringen wolle. Der Ehemann sah sich nicht einmal genötigt, den Brief zu lesen und äußerte: ,,Dazu hast du doch keinen Mut!" Stattdessen verprügelte er seine Frau. Am Tage darauf vergiftete sie sich und ihre 3 Kinder im Alter von 1 – 7 Jahren durch E 605.

Im Fall 15 Tab. VI soll die 23jährige Jugoslawin eine Wochenbettpsychose gehabt und mit Ludiomil behandelt worden sein. Nach der Entbindung von dem inzwischen 7 Wochen alten Kind war sie depressiv und ertränkte sich und ihren Säugling in der Badewanne.

Die Todesursachen ergeben sich aus **Übersicht 17**. An erster Stelle stehen die Kohlenmonoxidvergiftungen, einmal durch Pkw-Auspuffgase von der Mutter in den Wagen umgeleitet (Fall 20 Tab. VI), sie und ihre 4 Kinder konnten nur noch tot geborgen werden. In 3 Fällen war E 605, in 4 Fällen Ertränken das Mittel der Wahl, einmal tötete die Mutter ihr Kind durch stumpfe Gewalt und versuchte dann sich selbst zu ertränken. Eine junge Frau sprang mit ihrem Kind im Arm aus einem Fenster der 5. Etage. Eine 41jährige tötete die Söhne aus 1. und 2. Ehe durch Beilhiebe, ehe sie sich selbst die Pulsadern durchschnitt und auch noch andere Schnitte beibrachte, aus denen sie verblutete (Fall 23 Tab. VI) ebenso wie eine Großmutter (Fall 10 Tab. VI), die vorher ihrem Enkelkind den Hals durchschnitten hatte.

Übersicht 17 Todesursachen bei erweitertem Suicid

Nr.	Todesursache	Anzahl				
		1 Kd.	2 Kd.	3 Kd.	4 Kd.	Zus.
1	CO-Vergiftung	3	4	1	1	18
2	E 605-Vergiftung	1	1	1	—	6
3	Erdrosseln	—	1	—	—	2
4	Ertränken	4	—	—	—	4
5	Stumpfe Gewalt	2	—	—	—	2
6	Scharfe Gewalt	1	1	—	—	3
7	Andere Vergift.	2	—	—	—	2
8	Zusammen	13	14	6	4	37

Aus der chronologischen Darstellung der Fälle Tab. VI läßt sich erkennen, daß die Kohlenmonoxidvergiftung, abgesehen von Fall 20 — Vergiftung durch Auspuffgase — zugunsten anderer gewaltsamer Einwirkungen abgenommen hat.

In den 23 von uns untersuchten Fällen zeigen Verlauf und weitere Ermittlungen, daß nicht nur die Tötung des Kindes, sondern auch diejenige der Täter selbst ernsthaft gewollt war, wie vor allem der nachgeholte Suicid des Kindesvaters nach seiner Verurteilung durch Erhängen in seiner Zelle der JVA zeigt (Fall 9 Tab. VI) ebenso wie der von *Witter* und *Luthe* (1966) beschriebene Fall 1, in dem der am Leben gebliebene nur wegen Tötung seines Kindes zu 12 Monaten Freiheitsentzug verurteilte Mann, der keine Nahrung mehr zu sich nahm und auch künstliche Ernährung ablehnte und 5 Monate nach seiner Verurteilung starb, während die Mutter, deren beide Kinder nicht mehr gerettet werden konnten, mehrere Suicidversuche unternommen hat.

Übersicht 16 ergibt eine Zusammenstellung des Täterkreises sowie der Anzahl der Kinder. Demnach haben 18 Mütter — von 23 Tätern — 29 der 37 Kinder „in den Tod mitgenommen". Besonderheiten und mögliche Motivationen ergeben sich aus *Übersicht 18*.

Übersicht 18   Besonderheiten bei erweitertem Suicid

Lfd. Nr.		Anzahl	v.H. von 23 Fällen
1	Ehe zerrüttet	12	52,0
2	Schulden	7	30,0
3	Ehemann prügelte	6	26,0
4	Suicidversuche Suicidankündigung	8	34,0
5	Depression	8	34,0
6	Km erneut gravide	3	13,0
7	Alkohol Kv Km	2 1	13,0
8	Km vereinsamt	2	6,5

4. Rechtliche Konsequenzen

Rechtliche Konsequenzen folgen beim erweiterten Suicid nur dann, wenn der eigentliche Täter oder auch Täter und Opfer die Tat überlebt haben. Übereinstimmend wird festgestellt (*Rasch* 1979, *Lange* 1963), daß ebenso wie in den von uns kurz skizzierten Fällen beim erweiterten Suicid die Tat beim nicht psychotischen Täter relativ selten mißlingt. Nur dann aber werden Gutachter bemüht und das Gericht hat die Aufgabe, die Tat rechtlich zu werten und zu einem Urteil zu kommen.

Mitunter ist es schwierig, dem Täter gerecht zu werden und seine Einstellung oder Motivation: Mitleid mit den Kindern, der Wunsch, sie erlösen zu wollen oder aber auch Haß und Rachetendenzen dem Partner gegenüber, zu klären. Entsprechend schwanken auch bei diesen Tötungsdelikten die Urteile zwischen Freispruch (§ 20 StGB) und mehreren Jahren Freiheitsentzug unter Zubilligung der Voraussetzungen des § 21 StGB für den Zeitpunkt der Tat, ohne daß eine Psychose vorgelegen hätte.

Die rechtliche Beurteilung beim unvollendeten Suicid ergibt sich in den von uns untersuchten Fällen aus der letzten Spalte der Tab. VI. — Eine Frau wurde (Fall 2 Tab. VI), obwohl sich eine Psychose nicht feststellen ließ, für vorübergehend schuldunfähig gemäß § 20 StGB erklärt. Gerade diese Frau aber hatte ihre eigene Tötung überhaupt nicht gewollt. Das Kind, das sie — übrigens eine geprüfte Rettungsschwimmerin — im Arm hielt, als sie demonstrativ an seichter Stelle in den Rhein ging, war bereits tot. (In diesem Zusammenhang sei auf *Mende* (1972) verwiesen). Die Eltern im Fall 8 Tab. VI wurden demgegenüber relativ hart bestraft, so daß in den 6 von 23 Fällen, in denen einer oder beide Täter die Tat überlebt haben, das Strafmaß zwischen Freispruch und 8 Jahren Freiheitsentzug liegt.

V Tötung durch psychotische Eltern

1. Behandlung der Probleme in der Literatur

Die Abgrenzung zwischen erweitertem Suicid und Tötung durch geisteskranke oder psychotische Eltern ist nicht immer ganz einfach. Zwar steht beim erweiterten Suicid grundsätzlich der Vorsatz, sich selbst zu töten, im Vordergrund und muß deshalb ernst genommen werden, häufig aber führen reaktive Depressionen oder verkannte psychotische Veränderungen der Täter zur Tat.

Auch bei der Tötung von Kindern durch psychotische Eltern überwiegt die Frau als Täterin. Tötungen und Tötungsversuche durch psychotische Mütter und Väter sind, losgelöst vom erweiterten Suicid, relativ selten. So beschreibt *Jarosch* (1966) 18 Einzelfälle, in denen Mütter ihre Kinder getötet hatten, dazu gehören auch psychotische Mütter.

Nach den Untersuchungen von *Kainz* (1967), die 33 Kindermorde analysierte, sind 30 Kinder von Vätern oder von Müttern getötet worden, die entweder schon vor der Tat einen Selbstmordversuch unternommen hatten oder wegen Geisteskrankheit zeitweise in einer Heilanstalt untergebracht waren. Auch bei den von *Jacobi* (1928) mitgeteilten Fällen befinden sich Tötungen durch psychotische Mütter. Von *Zumpe* (1966) werden 4 eindrucksvolle Fälle beschrieben, in denen bei den Täterinnen endogene sowie reaktive Depressionen und Schizophrenie diagnostiziert wurden. Ein Fall, in dem eine 32jährige Mutter ihre drei Kinder tötete, selbst aber den Leuchtgassuicidversuch überlebte, stellt sich eher als mißlungener erweiterter Suicid dar.

Kögler (1940) berichtet über die Tötung eines Sohnes durch seine schizophrene Mutter. Auch die beiden von *Schrappe* (1970) ausführlich beschriebenen Fälle lassen eine psychotische bzw. psychopathische Mutter als Täterin erkennen, die beide ernsthaft vorgehabt hatten, sich selbst zu töten, aber gerettet werden konnten. Dazu gehört auch der Fall von *Elsässer* (1939). *Von Weber* (1937) legt überzeugend die Vorstellungen dar, von denen die Täter, die für die damalige Zeit nicht als „verrückt" gelten konnten, geleitet worden sein sollen.

In der Übersicht von *Jacobi* (1928) werden die „Affektstörenden, wie sie bei Psychopathen in plötzlichen Entladungen bei einem sonst leidlich normalen Seelenleben vorzukommen pflegen", erwähnt und dargetan, daß es sich bei diesen Tätern in der Regel um depressiv veranlagte Menschen, die durch äußere Ereignisse aus dem Gleichgewicht gebracht worden sind, handelt. Auch *Popella* (1964) berichtet über psychotische Mütter, die in affektiven Ausnahmezustand geraten sind. Schon von *Gerchow* (1961) wird auf die kriminogene Bedeutung der Vereinsamung und Isolierung, auch im Hinblick auf erweiterten Suicid und Tötung, sowie die Schwierigkeit bei der Begutachtung, ob es sich bei psychotischen Zuständen um anlage- oder umweltbedingte Faktoren handelt, hingewiesen. Es scheint schwierig, nicht nur bei Jugendlichen, sondern auch bei Erwachsenen, die in der Situation einer „abnormisierten Persönlichkeit" gesehen werden, zu klären, ob der Vereinsamung und Isolierung eine quantitative Intensivierung isolationistischer Strebungen oder umgekehrt, eine Abschwächung des Gemeinschaftswillens, zugrunde liegt. Vereinsamung und Isolierung als psychischer Zustand könnten eine graduelle unterschiedliche Wertung erfahren. Gleiche Sachverhalte könnten am Beispiel der Isolierung und Vereinsamung auflösbar und deutbar sein.

Ohne im einzelnen auf die reichhaltige psychiatrische und psychologische Literatur eingehen zu können, seien nur noch die Arbeiten von *Greger* und *Hoffmeyer* (1969), *Lange* (1963) und auch zum diskutierten Problemkreis von *Schipkowensky* (1938, 1957, 1959, 1963) und *Ziese* (1968) erwähnt.

2. Eigene Untersuchungen

Wenn auch die Tötung der eigenen Kinder durch geisteskranke Mütter nicht allzu häufig vorkommt, sollte man diese Möglichkeit bei der Frage nach der Dauer der Isolierung einer psychotischen Mutter nicht außer acht lassen, zumal dann, wenn die Psychose hat diagnostiziert werden können. Je kleiner das Kind, desto größer ist erfahrungsgemäß die Gefährdung, weil die Tötung eines kleinen Kindes, selbst für die erheblich gehemmte depressive oder antriebsgestörte schizophrene Mutter, relativ leicht zu verwirklichen ist, leichter jedenfalls als die Selbstvernichtung. Diese Gefährdung der Kinder wird auch durch eine liebevolle oder besorgte Mütterlichkeit nicht gemindert.

Wir haben 10 Fälle mit den wichtigsten Daten in **Tab. VII** zusammengestellt, in denen wegen Schizophrenie oder einer anderen Psychose der Täter auf Schuldunfähigkeit erkannt worden ist. Bemerkenswert ist, daß die Kindesmutter in keinem dieser Fälle versucht hat, sich selbst zu töten. Neunmal tötete die Kindesmutter ihr Kind auf relativ rohe Art, Würgen, Drosseln, Halsschnitt mit einem Beil. Nur 1mal (Fall 6 Tab. VII) hat ein schizophrener Landarbeiter seinen 2jährigen Sohn zunächst gewürgt und dann durch Herzschnitt ohne ersichtlichen Grund umgebracht.

Die Opfer, Kinder im Alter von 3 Tagen bis zu 10 Jahren, starben demnach durch Erdrosseln, Erwürgen, Ersticken und andere Art. 3 Kinder verbluteten aus Halsschnittspuren, nachdem zuerst versucht worden war, sie durch Würgen zu töten (Fälle 3, 6, 8 Tab. VII).

In Fall 5 Tab. VII handelt es sich um eine Mutter, die im psychotischen Zustand ihre fünf (!) Kinder der Reihe nach erdrosselte. Anschließend wurde eine Schizophrenie diagnostiziert und die Einweisung in eine Heil- und Pflegeanstalt angeordnet. Tragisch ist, daß schon seit etwa 3 Jahren die typischen Symptome zu erkennen gewesen wären, wenn ein Arzt die geäußerten Beschwerden ernst genommen hätte. Die Frau hat sich sogar selbst in ärztliche Behandlung begeben, dem Arzt gegenüber von Ängsten, Stimmenhören, Klopfgeräuschen, Schwierigkeiten mit der Nachbarschaft und Verfolgungsideen gesprochen. Weder der Arzt noch der Ehemann hatten den Beschwerden der vereinsamten und alleingelassenen Frau Bedeutung beigemessen.

Auf die mangelnde Ernstwertung psychotischer Symptome, nicht nur von seiten der praktischen Ärzte, sondern auch bei stationären Behandlungen, gelegentlich sogar in Fachkliniken, vor allem aber bei der Beurteilung durch Gesundheitsämter, wird von *Cabanis* (1970) hingewiesen (Diskussionsbemerkung zu *Trube-Becker* 1970). Nicht nur die Prodomalstadien eines beginnenden Spaltungsirreseins, sondern auch manifeste Schizophreniesymptome werden als Erlebnis reaktiver, einfühlbarer Ängste, Wahnideen als skurrile Vorstellungen, verkannt.

Es sollte die Aufgabe der mit psychiatrischer Ausbildung betreuten Institutionen sein, auf die Bedeutung einer psychotischen Erkrankung ganz besonders im Hinblick auf die Gefahr für ein Kind, hinzuweisen, und nicht durch Überbetonung anthropologischer oder tiefenpsychologischer Gesichtspunkte zu einer Verharmlosung der entsprechenden Krankheitssymptome beizutragen. Rechtsmediziner und forensische Psychiater erleben immer wieder, daß Psychosen trotz ausgeprägter Wahnsymptomatik übersehen werden. Die Gefährdung durch die Kranken und die Gefahr für die Umgebung werden oft erst zu einem Zeitpunkt festgestellt, wie auch in den 10 von uns untersuchten Fällen, in denen Kinder bereits Opfer psychotischer Eltern geworden sind, dann wenn also das Unglück schon geschehen ist. In gleichem Maße sollten auch Depressionen endogener oder reaktiver Art hinreichend Beachtung finden.

Bemerkenswert ist, daß die meisten der Täterinnen in unseren 10 Fällen noch relativ jung waren und daß vor allem Schwierigkeiten in der Ehe, Vereinsamung, Überforderung in Familie und Beruf auslösend für die Tat gewesen sind.

Im Hinblick auf die Vereinsamung als auslösender Faktor sind die Fälle 9 und 10 Tab. VII typisch. Die Mutter im Fall 9, eine 27 Jahre alte Jordanierin, die kein Wort Deutsch verstand und schon lange ihren Mann gebeten hatte, wieder in die Heimat zurückkehren zu dürfen, war, obwohl sie mit ihren Kindern in einem Mietshaus wohnte, völlig vereinsamt, zumal auch der Ehemann, der seine Fachausbildung in Deutschland beenden wollte, beruflich sehr in Anspruch genommen war. Sie erdrosselte nach eigentümlichem Verhalten das vierjährige Töchterchen mit einer Strumpfhose, während sie die beiden Söhne unangetastet ließ. Bei den nachfolgenden Vernehmungen behauptete die Frau, daß das Kind sich selbst erdrosselt habe, weil es häufig mit einer Strumpfhose zu spielen pflege; solch ein Unglücksfall war nach den Obduktionsbefunden aber völlig auszuschließen.

In Fall 10 Tab. VII handelt es sich um eine unter Depressionen leidende Hausfrau, deren Mann stets auf Reisen war. Völlig vereinsamt, tötete sie ihr Kind nicht nur durch Drosseln und Herzstich, sondern brachte ihm auch noch Schädelfrakturen bei. Nach ihren eigenen Angaben hatte sie vor, auch sich selbst zu töten. Sie zündete zunächst das Haus an, wodurch die Umgebung auf das Geschehen aufmerksam gemacht und sie gerettet wurde. Auch dieser Fall zeigt, daß die Trennung zwischen mißlungenem und erweitertem Suicid und Tötung von Kindern durch psychotische Eltern nicht klar durchzuführen ist. (Abb.: 10a, b; vgl. auch Abb.: 11a, b zum Fall 8 Tab. VII).

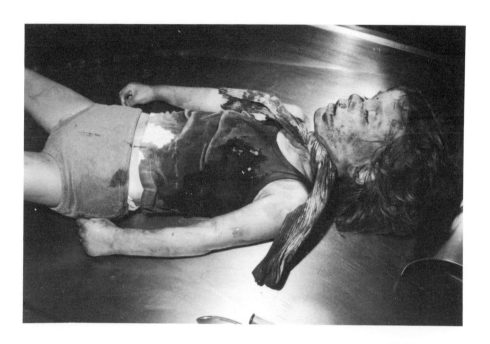

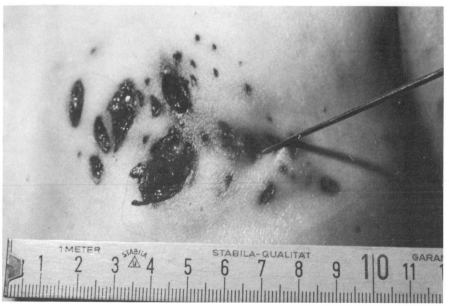

Abb. 10: Dreijähriger Junge, stranguliert (10a) und zahlreiche Stiche in der Brust (10b).

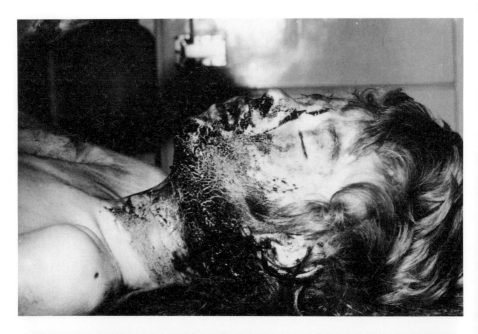

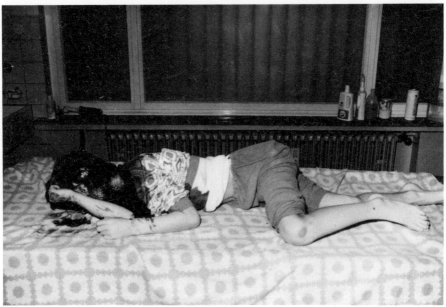

Abb. 11: 8 Jahre altes Mädchen mit Beil-Halsschnitten (11a), durch Verbluten gestorben (11b).

3. Zusammenfassung

Wir erkennen aus diesen kurz zitierten Fällen, daß die Vereinsamung der Kindesmütter, deren Ehepartner sich entweder getrennt haben (wie in Fall 8 Tab. VII) oder sich sonst, aus was für Gründen auch immer, wenig um die Familie kümmern, zur Gefährdung der eigenen Kinder führen kann. Dazu sei bemerkt, daß ein Teil der tragischen Ausgänge hätte durchaus verhindert werden können.

Dritter Teil

Die Vernachlässigung von Kindern

1. Die Geschichte der Kindheit ist grausam — bis in die Jetztzeit

Während der körperlichen Mißhandlung von Kindern, jedenfalls publizistisch, in den letzten Jahren wachsendes Interesse entgegengebracht worden ist, hat die Vernachlässigung eines Kindes — ein weiteres Tatbestandsmerkmal des § 223 b StGB — bislang wenig Beachtung gefunden. Sie wird in der Regel nur dann erwähnt, wenn gleichzeitig auch Spuren aktiven Mißhandelns erkennbar sind.

Zur Häufigkeit lassen sich auch in der heutigen Zeit keine verläßlichen Angaben machen. Deshalb ist die Dunkelziffer bei der körperlichen Vernachlässigung noch weitaus größer als bei der aktiven Mißhandlung eines Kindes.

Unterernährung und Vernachlässigung von Kindern hat es seit Menschengedenken gegeben, ganz besonders aber in Zeiten der Not, der Armut und des Elends bis in die heutige Zeit. Die Geschichte zeigt, daß Säuglinge und Kleinkinder gerade der Armen und Entrechteten über Jahrtausende durch Vernachlässigung getötet worden sind. Nicht zu Unrecht meint *Piers* (1976), daß diese Tatsache deshalb in Vergessenheit geraten sei, weil Geschichtsschreibung eine Sache derer sei, die schreiben können und deshalb die Aufzeichnungen unter dem Aspekt derjenigen erfolgen, die geschrieben haben. Bestimmte Menschengruppen, ebenso ganze Kulturen seien dann, wenn sie keine Schriftsprache entwickelt hätten und nichts über sich selbst aufzeichnen könnten — das gilt vor allem für Leibeigene, Frauen und Kinder — in Vergessenheit geraten. So ist es nicht verwunderlich, daß über Leben und Entwicklung von Säuglingen, Kindern und Heranwachsenden in früheren Zeiten bis ins 19. Jahrhundert in schriftlichen Aufzeichnungen überhaupt nichts erwähnt wird.

„Leider ist die Geschichte der Kindheit nie geschrieben worden", meint *Bossard*, „und es ist zweifelhaft, ob sie je geschrieben werden kann, weil die historischen Daten dazu fehlen." *De Mause* allerdings schreibt, daß es schon Historiker gegeben habe, die auch über Kinder vergangener Zeiten geschrieben hätten; in den meisten jener Arbeiten würden die Tatsachen, welche die

Kindheit betreffen, aber stark verzerrt, im allgemeinen idealisiert, und nur wenige Biographien gäben irgendeine brauchbare Information über die ersten Lebensjahre. Er meint sogar, daß Literaturhistoriker Bücher mit dem Leben verwechseln und ein fiktives Bild von der Kindheit konstruiert hätten.

Erst in der zweiten Hälfte unseres Jahrhunderts ist überhaupt das Interesse an der Entwicklung des Kleinkindes aufgekommen. Seit *Freud* ist die Kindheit ein Thema für Psychologen, Soziologen und Anthropologen. *Spitz* (1967) hat sich ganz besonders Verdienste um Erkenntnisse zur körperlichen und seelischen Entwicklung des Säuglings erworben, während nunmehr auch Historiker anfangen, sich für die Geschichte der Kindheit zu interessieren (*de Mause* 1977).

Kein Platz für nichteheliche Kinder

In vorchristlichen Zeiten war die Tötung von Kindern gerade durch Vernachlässigung nicht nur eine Methode zur Verhütung von Überbevölkerung, sondern Kinder wurden als Last empfunden, und schon deshalb wurden sie gerade durch Vernachlässigung und Aussetzen getötet. Auch noch in der ersten nachchristlichen Zeit wurden Kleinkinder nicht als vollwertige Menschen angesehen, und deshalb nahm man sich das Recht, sie zu beseitigen. Die Säuglinge wurden entweder ausgesetzt oder ertränkt, im Schlaf erstickt oder erdrückt. Die Tötungsabsicht war in diesen Fällen kaum nachzuweisen. Die Opfer waren meist weiblichen Geschlechts, schon deshalb, weil sie eines Tages selbst Kinder hätten gebären können.

Interessant ist, daß auch zur damaligen Zeit — wenn überhaupt — nur die Kindesmutter bestraft wurde. Die uneheliche Mutter hatte sogar bis ins 19. Jahrhundert beim Nachweis der Tötung mit der Todesstrafe zu rechnen, ohne Rücksicht darauf, ob die Schwangerschaft hätte verhindert werden, noch ob die Frau hinsichtlich des Geschlechtsverkehrs eine Wahl hätte treffen können, und in der Gesellschaft ohnehin kein Platz für nichteheliche Kinder war.

In allen Ländern Europas gab es eine größere Anzahl von ,,überflüssigen Kindern". Den Höhepunkt erreichte die Tötung der Kinder angeblich im 19. Jahrhundert gerade in England. Nach *Langer* (1973) war der Kindermord eine Folge der ,,sexuellen Ausbeutung der Fabrikarbeiterinnen und Dienstmädchen". Vater der Kinder war häufig der Arbeitgeber, sein Sohn, ein Verwandter oder ein Gast. Es war selbstverständlich, daß Männer von Stand ein Anrecht auf die jungen Mädchen der niedrigen Stände hatten. Das Kind, für das kein Platz war, und für das die Kindesmutter in abhängiger Stellung nicht sorgen konnte, starb häufig aus Mangel an Pflege.

Kindermord und Todeswünsche gegenüber Kindern sollen (*Rheingold* 1967) ziemlich weit verbreitet gewesen sein, nicht nur als Folge einer Wochenbettdepression oder einer Feindseligkeit dem Kinde gegenüber, weshalb von dem Krankenhauspersonal angeblich der Kontakt zwischen Mutter und Kind für einen gewissen Zeitpunkt verboten wurde. Die Tötung illegetimer Kinder wurde bis ins 19. Jahrhundert hinein für „normal" angesehen (de Mause 1977).

Im Jahre 787 n. Chr. wurde das erste Asyl für ausgesetzte Kinder geschaffen (Hefele-Leclercq 1908). Als Innozenz III. Ende des 12. Jahrhunderts das Heilig-Geist-Hospital in Rom eröffnete, wußte er sehr genau, daß viele Frauen ihre Babys in den Tiber warfen. Noch 1527 wurde mitgeteilt, „daß die Latrinen von den Schreien der Kinder widerhallten, die man hineinwarf" (Trexler 1973). In allen Ländern Europas wurden bis ins 20. Jahrhundert hinein nichteheliche Kinder getötet, andererseits wurden in zunehmendem Maße Findelheime gegründet. „Tote Babys in den 90er Jahren des vorigen Jahrhunderts auf den Straßen in London waren noch immer kein ungewöhnlicher Anblick", obwohl es mittlerweile Heime für lästige Säuglinge gab (de Mause 1978, S. 52).

Etwa bis ins 18. Jahrhundert war es außerdem allgemein üblich, daß Kinder wohlhabender Eltern die ersten Jahre ihres Lebens im Hause einer Säugamme verbrachten, um anschließend in die Obhut anderer Bediensteter zurückzukehren und schließlich im Alter von etwa sieben Jahren als Diener in Häuser befreundeter Familien oder auch zu Fremden in die Lehre oder in die Schule geschickt zu werden. Die Wirkungen, die diese Formen des Weggebens der Kinder durch die Eltern auf die Kinder selbst hatten, ihre seelischen Nöte sind kaum je erörtert worden (de Mause 1977, S. 56).

Was die Säugamme, der man die Kinder im allgemeinen zwei bis fünf Jahre übergab, mit dem Kinde machte, war den Eltern gleichgültig. Leicht konnte ein Kind bei der Amme erstickt, erdrückt, fallen gelassen werden oder auf andere Weise früh zu Tode kommen. Es wurde nicht selten auch gegen andere Kinder ausgetauscht, um Verstümmelungen und Verunstaltungen zu vertuschen (Guillimeau). Nach Ansicht von Buchan, einem Kinderarzt des 18. Jahrhunderts, kamen fast die Hälfte der Kinder durch falsche Behandlung oder Nachlässigkeit zu Tode.

Im 18. Jahrhundet verfügte Napoleon, daß neben der Eingangstür des Pariser Hospitals Drehscheiben eingebaut wurden, damit unverheiratete Mütter ihre Kinder anonym abliefern konnten. Allein im Jahre 1818 sollen in dieses Hospital 4779 Kinder eingeliefert worden sein, von denen in den ersten drei Monaten bereits 2370 gestorben sein sollen. In Petersburg gab es ein Kinderheim, das im Jahre 1830 25 000 Zöglinge „betreute" und jährlich noch etwa 5000 Neuankömmlinge aufnahm. Die Kleinkinder wurden auch in diesem Heim von Ammen versorgt, welche einen Teil der Kinder entweder durch Vernachlässigung oder aktiv durch Opiate töteten, was geradezu von ihnen erwartet wurde. Im übrigen war eine Frau nur dann eine wirklich gute Amme, wenn ihr eigenes Kind starb, daher die Notwendigkeit, die eigenen Kinder zu vernachlässigen und dadurch zu töten.

Besonders bekannt ist der erste Deprivationsversuch, den Kaiser Friedrich II. durchgeführt hat und der eine inhumane absolutistische Haltung, die dem Vorgehen zugrunde liegt, zeigt. Um die ,,Ursprache des Menschen" zu ermitteln, stellte er Versuche an Kleinkindern an. Er wählte eine Anzahl verwaister Neugeborener aus und befahl den Pflegerinnen, sie sollten den Kindern reichlich Nahrung geben, sie baden und waschen, aber nicht mit ihnen sprechen, auch sie nicht streicheln oder freundlich zu den Kindern sein. Alle Kinder starben als Säuglinge an den Folgen der Deprivation.

In den folgenden Jahren wurden Einzelfälle berichtet, in denen Kinder in früher Kindheit entliefen, ausgesetzt oder entführt wurden und in der Wildnis ohne oder nur mit ganz geringem Kontakt zur menschlichen Gesellschaft gelebt haben sollen. *Zingg* (1940) hat eine Dokumentation von 31 solcher Fälle vorgelegt. Ausführliche Darstellung bringen *Malson* et al. (1972). Dabei sind in vielen Fällen die Umstände, unter denen die Kinder in die Wildnis gelangt sind, Bedingungen und Dauer ihres Lebens in der Wildnis meist unklar geblieben, und selbst die Umstände des Auffindens werden oft nicht hinreichend beschrieben (*Langmeier* u. *Matéjcek* 1977). Es sei in diesem Zusammenhang auch auf die umfangreiche *Caspar-Hauser*-Literatur hingewiesen. Die Diskussionen und Interpretationen erstrecken sich bis in die Gegenwart (*Stumpfe* 1969; *Leonard* 1970).

Abgesehen von den Fällen der Vernachlässigung, Unterkühlungen, Verhungernlassen in vergangenen Jahrhunderten, mit denen sich in der heutigen Zeit Historiker und Psychologen zu befassen beginnen, sind auch aus jüngster Zeit einige eindrucksvolle Fälle von Kindervernachlässigung beschrieben worden. *Bömers* (1965) berichtet von einem Elternpaar, das sechs seiner Kinder tötete, eines der Kinder verhungerte. Aus der Dokumentation von *Biermann* (1969) lassen sich mehrere Fälle entnehmen: Ein fünfjähriges hochgradig abgemagertes Mädchen, das sich kaum fortbewegen konnte, drei Jungen im Alter von zweieinhalb bis fünf Jahren, halb verhungert und unterkühlt, als die Polizei gewaltsam in die Wohnung der 25 Jahre alten geschiedenen Kindesmutter eindrang, ein völlig mit Kot und Blut verkrustetes nacktes vierjähriges Mädchen, das die Landpolizei in einem kalten Schuppen fand sowie eine eineinhalbjährige nichteheliche verhungerte Tochter einer 20jährigen Hausgehilfin. *Ullrich* (1964) berichtet von einer 11jährigen Schülerin, die, geistig und körperlich zurückgeblieben, völlig verschmutzt in einem Toilettenraum aufgefunden wurde. *Nau* u. *Cabanis* (1966) beschreiben die extreme Vernachlässigung bei einem vier Jahre alten Mädchen, das nie Kontakt zu anderen Kindern oder Erwachsenen gehabt hatte, völlig verschmutzt und verwildert in einem verdunkelten Raum aufgefunden wurde (Caspar-Hauser-Syndrom).

Köttgen (1964) berichtet über einen Säugling, der durch seine Pflegemutter durch Verdunkelung und Medikamente weit über das übliche Maß hinaus schlafend gehalten wurde und erhebliche Retardierungen zeigte. Nach *Adelson* (1973) sind zahlreiche Todesfälle von Kindern auf Vernachlässigung, schlechte Hygiene und unzureichende oder fehlende Ernährung zurückzuführen. *Nix* (1958), *Bonn* (1963), *Fink* (1968), *Trube-Becker* (1968; 1975) sowie *Bührdel* (1970) beschreiben u. a. vernachlässigte Kinder und ihr soziales Umfeld.

1973 berichteten *Kagan* u. *Klein* über ein Geschwisterpaar, dessen Mutter sich der Versorgung ihrer Kinder nicht gewachsen fühlte und die Betreuung der 2 1/2 bzw. 3 1/2 Jahre alten Kinder der achtjährigen Tocher überlassen hatte. Die Kinder mußten 23 bis 24 Stunden des Tages in einem Kinderbett, das in einer kleinen Kammer stand, verbringen. Völlig unterernährt und körperlich und geistig zurückgeblieben, psychisch schwer retardiert wurden sie in ein Krankenhaus eingeliefert und später einer Pflegefamilie übergeben, bei der sie mit anderen, gleichaltrigen Kindern spielen und leben konnten und sich allmählich nicht mehr von dem durchschnittlichen Jugendlichen ihrer ländlichen Umgebung unterschieden.

Zur körperlichen Vernachlässigung wird in erster Linie der Nahrungsentzug, dann die Verschmutzung — das Kind wird nicht gesäubert und bleibt in Kot und Urin liegen —, Frierenlassen, Unterkühlungen anderer Art, so z. B. in kaltem Wasser liegenlassen usw., gerechnet. Manchmal werden die Kinder in Erziehungsabsicht, um sie abzuhärten, von ihren Müttern jeden Morgen in Eiswasser getaucht, wobei die Kinder an Unterkühlung sterben (*Bayne-Powel* 1939).

Auch in der heutigen Zeit ist der Zusammenhang zwischen Armut und ungünstigen sozialen Verhältnissen mit der Vernachlässigung von Kindern ersichtlich und der Nachweis der vorsätzlichen Tötung fast genauso schwierig wie vor Jahrhunderten. Wir wissen, daß das Gedeihen des Kleinkindes nicht nur von der Menge, sondern auch von der Qualität seiner Nahrung und sonstiger Zuwendung abhängt, daß sich beim Kleinkind eine Tötung durch Nahrungsentzug — vorsätzlich oder fahrlässig — schon durch kaum auffällig werdende Veränderungen im Ernährungsplan erreichen läßt (*Trube-Becker* 1968). Wenn aber die Symptome der Vernachlässigung und des Verhungerns mit Verschmutzungen und Zeichen körperlicher Gewalteinwirkung kombiniert vorkommen, erwecken sie schon eher den Verdacht auf eine strafbare Handlung.

2. Fälle aus eigener Praxis

Die eigenen Beobachtungen erstrecken sich auf 57 Obduktionsfälle, in denen Vernachlässigung und Unterernährung, z. T. kombiniert mit Unterkühlung, zum Tode des betreffenden Kindes geführt haben und 5 Fälle, die anläßlich von Untersuchungen strafgefangener Frauen erfaßt worden sind, so daß zu 61 Vernachlässigungen mit Todesfolge nähere Angaben gemacht werden können. Dabei ist zu bemerken, daß ausschließlich solche Fälle berücksichtigt worden sind, in denen körperliche Vernachlässigung den Tod des Kindes herbeigeführt hat, ohne daß organische Schäden eine Erklärung für den Zustand des Kindes gegeben hätten. Auch mittelbare Folgen wie Pneumonie, Otitis media, Infekte u. a. sind nicht erfaßt, obwohl diese Krankheiten Folgen von Vernachlässigung sein können. Tab. VIII zeigt die 57 Fälle in ihren wichtigsten Kriterien, Tab. IX diejenigen der 5 Fälle, in denen die verurteilten Kindesmütter in der Strafvollzugsanstalt interviewt wurden.

Einige Fälle bedürfen zusätzlicher Angaben:

In **Fall 1 Tab. VIII** lag das Kind unbedeckt bei einer Außentemperatur von weit unter Null Grad in einer dünnwandigen Bretterkiste in einem unbeheizten Zigeunerlager. Außer hochgradiger Unterernährung zeigte es Frostbeulen und andere Zeichen der Unterkühlung.

Die Mutter im **Fall 2 Tab. VIII** soll schon mehrfach wegen Vernachlässigung ihrer Kinder ermahnt und zur Rechenschaft gezogen worden sein. Der Vater „feierte krank" und kümmerte sich auch dann nicht um die Familie. Die Eltern lebten mit vier Kindern — drei waren inzwischen gestorben — in einem einzigen Raum. Nach dem Tod des Kindes beschimpften sich beide Eltern gegenseitig als „Mörder". Das Kind habe „bis unter den Arm in Scheiße gelegen".

Im **Fall 3 Tab. VIII** waren die Zustände schon deshalb katastrophal, weil der Mann überhaupt keiner Arbeit nachging und die erst 23 Jahre alte Frau bereits fünf Kinder zu versorgen hatte. Das verstorbene Kind konnte trotz seines Alters von 11 Monaten weder sitzen noch stehen. Ausnahmsweise (!) wurde der Kindesvater zu — wenn auch nur sechs Monaten Freiheitsenzug — verurteilt und die Mutter des Kindes sogar freigesprochen.

Im **Fall 4 Tab. VIII** wurde der wegen Diebstahls vorbestraften Kindesmutter, deren 35 Jahre älterer Ehemann verstorben war, und die die Tötungsabsicht an ihrem Säugling mehrfach zugegeben hatte, wegen Schwachsinns die Voraussetzungen des § 21 StGB zugebilligt; sie wurde im Strafverfahren freigesprochen. Zwei Jahre zuvor war bereits ein anderes Kind an Vernachlässigung gestorben.

Das Kind im **Fall 5 Tab. VIII**, länger als ein Jahr mit verdünnter Büchsenmilch ernährt, starb zum Skelett abgemagert. Die mit der Aufklärung befaßten Laien nahmen zunächst eine Mißbildung — auf extrem dünnem Hals ein großer Kopf — an und hielten eine Obduktion nicht für erforderlich. Die Mutter, eine staatlich geprüfte Kinderpflegerin, gab zunächst bei der polizei-

lichen Vernehmung mit der Äußerung: „Ich hoffte, daß das Balg krepiert"
die Tötungsabsicht zu, die sie nach einjähriger Untersuchungshaft mit den üblichen Schutzbehauptungen bestritt. Weder waren Arzt noch Mütterberatung,
wie in fast allen einschlägigen Fällen, in Anspruch genommen worden. Ursächlich waren Eheprobleme.

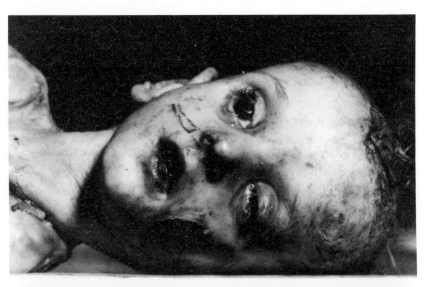

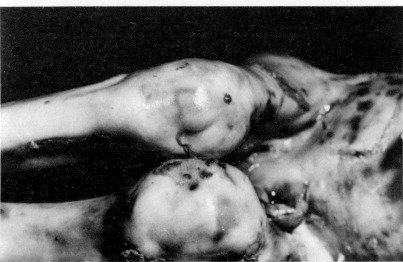

*Abb. 12: 14 Monate alter Junge, hochgradig abgemagert, Gewicht 4400 Gramm.
(12a und 12b). Zunächst war Mißbildung angenommen worden.*

Das Kind im **Fall 6 Tab. VIII** (Abb.: 12 a, b) war das 6. einer 27 Jahre alten Frau, deren Eheman seinen geringen Verdienst als Bauhilfsarbeiter in Alkohol umsetzte. Zur Zeit der Tat war die Kindesmutter erneut gravide. Nach ihren eigenen, nicht widerlegbaren Angaben hatte sie während der Schwangerschaft das jüngste Kind völlig vergessen. Die größeren Kinder waren schon in der Lage, in der Nachbarschaft Brot zu erbetteln. Es wurde nur die Kindesmutter angeklagt. Der Mann und Vater des Kindes wurde nicht zur Rechenschaft gezogen.

Besonderer Erwähnung bedarf **Fall 8 Tab. VIII:** Der 23 Jahre alte Hilfsarbeiter hatte jede nur erdenkliche Mühe unternommen, um die Schwangerschaft bei seiner Ehefrau zu stören. Während der Ehe mit ihrem Mann, der wegen Unzucht mit Kindern vorbestraft war, und insbesondere während der Schwangerschaft hatte die Frau ein „Martyrium" durchzumachen. Kurz vor der Entbindung mußte sie in der Nacht 28 Kilometer zu Fuß gehen, mehrfach Geschlechtsverkehr über sich ergehen lassen, ehe die Wehen einsetzten und Zwillinge geboren wurden. Die Geburt verlief komplikationslos. Der Ehemann drängte am 3. Tag auf die Entlassung von Mutter und Kindern aus dem Krankenhaus, um zu Hause die Ernährung der Kinder übernehmen zu können. Er bereitete selbst die Nahrung aus 50 g Wasser mit wenig Milchpulver zu in der Hoffnung, die Kinder würden an der Mangelernährung sterben. Bei der Geburt wog ein Kind 2400 g bei einer Körperlänge von 49 cm und einem Kopfumfang von 34 cm. Das 2. Kind hatte ein Gewicht von 2900 g bei einer Länge von 50 cm und einen Kopfumfang von 34 cm. Beide Kinder waren lebhaft und gesund. Nach knapp drei Wochen verstarb das 1. Kind. Das 2. Kind, das mit dem Zwilling völlig unterernährt, verschmutzt, mit Ekzemen bedeckt, in stinkende, urindurchtränkte Kleidung eingehüllt in stationäre Behandlung gebracht worden war, überlebte.

Im **Fall 12 Tab. VIII** hatte das Kind, völlig verschmutzt, in hohem Grade vernachlässigt und unterkühlt, mehrere Tage, ohne Nahrung, in einem unbezogenen, mit Urin durchnäßten Bett gelegen. Die Eltern, Vater mehrfach vorbestraft, Mutter von ihm völlig abhängig, zudem träge und faul, hatten sich um das Kind einfach nicht gekümmert.

Das Kind in **Fall 13 Tab. VIII**, trotz seines Alters von inzwischen sieben Monaten niemals aus der verschmutzten Wohnung gekommen, stinkend und schmutzstarrend, unterernährt und unterkühlt, im urindurchtränkten Bett liegend, hatte zusätzlich noch eine Rachitis. Die Eltern verhielten sich dem Tod des Kindes gegenüber völlig gleichgültig.

Strafverfahren nicht erforderlich! Verfahren eingestellt! Freispruch!

Eine Mutter **(Fall 16 Tab. VIII)** hatte ihr 3. Kind, das an Händen und Füßen Frostbeulen, Schwellungen und Erfrierungen 1. bis 2. Grades zeigte, nach ihren eigenen Angaben stets in 19 Grad kaltem Wasser gebadet. Ein Strafverfahren wurde nicht für erforderlich erachtet.

Das Kind im **Fall 17 Tab. VIII** war das 2. nichteheliche einer noch jungen Mutter, die von einem Italiener geschwängert und dann verlassen worden war. Zunächst gab die Frau an, durch das Schreien des Kindes beim Lesen von Illustrierten gestört worden zu sein und mit dem Ausruf: ,,Willst du wohl endlich ruhig sein!'' ein Kissen auf das Gesicht des Kindes geworfen zu haben in der Hoffnung, daß es ersticke. Das Kind habe zwei- bis dreimal gezappelt, dann sei es ruhig gewesen. Am Morgen habe es tot unter dem Kissen gelegen. Später bestritt die Kindesmutter diese Angaben, obwohl nach Zeugenaussagen das Kind meist unversorgt, unterernährt, verschmutzt, in uringetränktem Bettzeug gelegen haben soll, das nasse Oberbett fast auf dem Gesicht, so daß Mitbewohner vor Gericht äußerten, das Kind müsse erstickt sein. Die Kindesmutter wurde in der Hauptverhandlung auf Kosten der Staatskasse freigesprochen.

Im **Fall 18 Tab. VIII** soll das Kind, stets in urindurchtränktem Bettzeug und Windeln liegend, von seiner Mutter, die erneut schwanger war, nie versorgt worden sein. Nach Angaben von Zeugen habe sich die Mutter aber auch nicht um ihre anderen Kinder gekümmert; sie seien stundenlang allein in der Wohnung gelassen worden. Schon einige Monate vor seinem Tode soll das verstorbene Kind völlig unterernährt, verschmutzt und voll Ekzemen im Krankenhaus behandelt worden sein und sich dort sehr gut erholt haben. Trotzdem wurde das Verfahren gegen die Mutter eingestellt.

Das Kind in **Fall 20 Tab. VIII** soll ununterbrochen geschrien, sich in äußerst schlechtem Ernährungs- und Pflegezustand mit Urinekzem befunden und eine Rachitis gehabt haben. Zirkulär um seinen Bauch war eine Nabelbinde so eng gebunden, daß der Bauch die Weite des Kinderhalses hatte und die Bauchorgane zusammengepreßt gegen das Zwerchfell gedrückt waren. Magen- und Darmkanal waren völlig leer. Das Verfahren — die Kindesmutter wurde zunächst wegen unterlassener Hilfeleistung beschuldigt — wurde eingestellt.

Im **Fall 21 Tab. VIII** hat die 28jährige Kindesmutter zugegeben, sich beim Stillen des Kindes auf dessen Bauch gestützt und ,,versehentlich'' auch mit dem Ellenbogen an den Kopf des Kindes gestoßen zu haben. Kind und Wohnung waren ebenso wie die übrigen Kinder völlig verdreckt und verkommen. Der Vater des Kindes befand sich zur Tatzeit in einer Strafvollzugsanstalt.

Die Kindesmutter in **Fall 23 Tab. VIII** wollte angeblich durch die Vernachlässigung des jüngsten Kindes ihren Ehemann, der weder arbeitete noch sich um die Familie kümmerte, ärgern. Später hat sie dieses ,,Geständnis'' widerrufen und die übliche Schutzbehauptung, das Kind habe nicht essen wollen, vorgebracht. Das Kind wurde völlig unterkühlt, hochgradig abgemagert, bedeckt

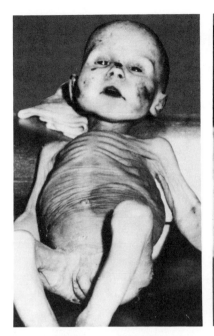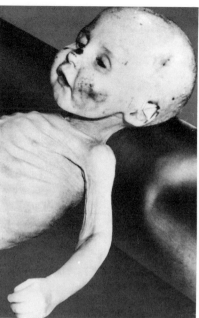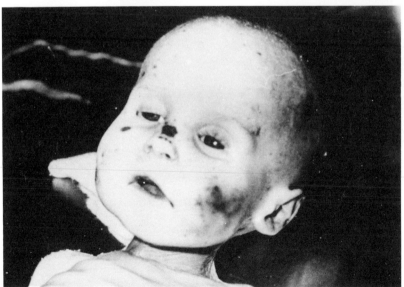

Abb. 13: Junge, 5 Monate, 2975 Gramm, abgemagert und völlig verschmutzt. Mit Körpertemperatur von 21 °C ins Krankenhaus eingewiesen — nach 2 Tagen gestorben (13a, 13b, 13c).

mit Ekzemen, Schmutzkrusten und Kratzspuren und einer Körpertemperatur von 21 Grad in ein Krankenhaus eingewiesen, wo es nach zwei Tagen starb (Abb.: 13 a, b, c). Der Vater des Kindes wurde auch in diesem Fall nicht zur Rechenschaft gezogen, obwohl erwogen wurde, ihn im Gerichtssaal — er saß im Zuhörerraum — zu verhaften.

Im **Fall 25 Tab. VIII** waren die sozialen Verhältnisse nicht so katastrophal wie bei den übrigen Fällen. Beide Eltern waren gelernte Schneider und arbeiteten zu Hause. Dabei vegetierte das Kind — es handelte sich um das 1. Kind der Eltern — in einem dunklen Nebenraum dahin. Es wurde trotz seines Alters von zwei Jahren nur mit verdünnter Büchsenmilch ernährt (Abb.: 14). In der 1. Instanz erfolgte die Verurteilung der Eltern wegen fahrlässiger Tötung. In der 2. Instanz ließ die Kindesmutter durch ihren Anwalt vortragen, sie sei nicht in der Lage, Muttergefühle aufzubringen. Man berief sich auf die Arbeiten von *Spitz*. Trotz des Einwandes wurde die Berufung verworfen. Während das Verfahren lief, hat die Kindesmutter ein weiteres Kind geboren, das einigermaßen gut gepflegt ist. Die beiden Eheleute sind inzwischen geschieden.

Eine Kindesmutter **(Fall 28 Tab. VIII)** war angeblich wegen des geringen Einkommens des Mannes nachts als Bardame tätig und deshalb tagsüber nicht in der Lage, die Kinder — ein Zwillingspärchen — zu versorgen. Die Kinder sollen anfangs Tag und Nacht geschrien haben, weder gebadet noch regelmäßig

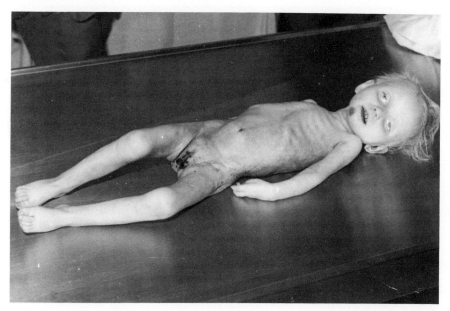

Abb. 14: 25 Monate altes Mädchen, infolge Vernachlässigung und Unterernährung (4200 Gramm) gestorben.

gefüttert, auch nicht an die frische Luft gebracht worden sein. Der 2. Zwilling hat noch lebend in Krankenhausbehandlung und später zu Pflegeeltern gegeben werden können (Abb.: 15).

Das fünf Wochen alt gewordene Kind im **Fall 31 Tab. VIII** hatte noch zusätzlich zu den übrigen Erscheinungen der Vernachlässigung eine Mullbinde mehrfach so fest um den Bauch gewickelt, daß — wie im Fall 20 — die Organe zusammengepreßt, Magen- und Darmkanal völlig leer waren.

Im **Fall 34 Tab. VIII** veranstaltete der Kindesvater, wenn er überhaupt mal zu Hause war, in der ohnehin engen Wohnung entweder Trinkgelage oder er schlief. Im übrigen mußte die 21 jährige Mutter mit ihren vier Kindern in zwei Räumen eines Stadtwohnheims zurechtkommen. Der Ehemann soll seine junge Frau stets herumkommandiert und auch geschlagen haben. Sie, die schon in der Jugend von einem Onkel mehrfach mißbraucht worden war, war diesem rüpelhaften „Despoten" nicht gewachsen. Gerade in diesem Fall ist nicht verständlich, daß, obwohl sich der Mann überhaupt nicht um die Familie kümmerte, nur die Mutter wegen der Vernachlässigung ihres 4. Kindes zu drei Jahren Jugendstrafe verurteilt wurde.

Die 23 Jahre alt gewordene Frau im **Fall 39 Tab. VIII** hat erst nach der Geburt des Kindes den Haushalt vernachlässigt, dem Kind keine Nahrung gegeben und geäußert, sie wolle es umbringen, weil sie das Kind nicht leiden könne. Sie wolle lieber wieder arbeiten. Später soll sie sogar angegeben haben, das Kind mit einer Nabelbinde erdrosselt und ihm Gift beigebracht zu haben. Weil der Totenschein einen „natürlichen Tod" auswies, erfolgte die Beerdigung. Nach einer Anzeige durch die Schwester der Kindesmutter wurde die Exhumierung

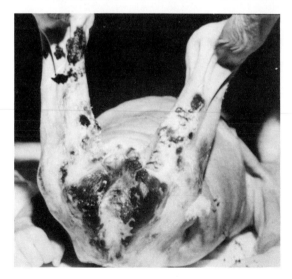

Abb. 15:
Hochgradig abgemagertes (2450 Gramm) und ver schmutztes Mädchen von 4 Monaten mit Urinekzem.

des Kindes angeordnet. Die Obduktion ergab eine hochgradige Abmagerung — 2600 g bei einer Körperlänge von 51 cm; demnach 200 g weniger als bei der Geburt — und einen schlechten Allgemeinzustand. Toxikologisch konnten keine Fremdsubstanzen nachgewiesen werden. Die Frau wurde wegen einer Schwangerschaftspsychose gem. den Voraussetzungen des § 20 StGB für schuldunfähig erklärt und das Verfahren eingestellt. Zu bemerken ist, daß die Kindesmutter ihr 2. Kind, einen 2 Monate alt gewordenen Knaben, durch stumpfe Gewalt ebenfalls getötet hat (Fall 48 Tab. I) und inzwischen zu 12 Jahren Freiheitsentzug verurteilt worden ist.

Die 21jährige Mutter im **Fall 42 Tab. VIII** ließ ihr zweites Kind, eine Frühgeburt, wegen ständiger Ehestreitigkeiten verhungern. Der Vater, Aushilfskellner, ein Trinker, kümmerte sich weder um die Mutter noch um das Kind, das im Alter von fünf Monaten hochgradig abgemagert, verschmutzt, mit einem ausgedehnten Urinekzem, ungepflegt und ausgetrocknet tot in seinem Bettchen aufgefunden wurde.

Ein an den Folgen der Vernachlässigung verstorbenes Kind **(Abb.: 16 — Fall 48 Tab. VIII)** war das 3. aus der 2. Ehe der Kindesmutter, die aus 1. Ehe schon zwei Kinder hatte. Der Mann, in 3. Ehe mit der Kindesmutter verheiratet, hatte aus seiner 1. Ehe noch drei Kinder, so daß im ganzen acht Kinder von

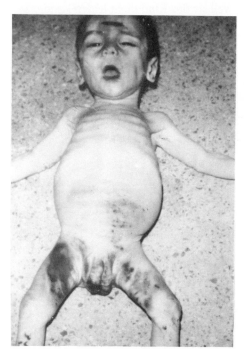
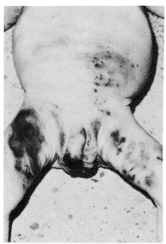

Abb. 16: An den Folgen von Vernachlässigung verstorben: 3 Monate alter Junge (16a), Teilaufnahme (16b).

der Frau, die ständig von ihrem Ehemann mißhandelt und verprügelt wurde, zu versorgen waren. Die große Familie war in einem Stadtwohnheim untergebracht.

Im **Fall 53 Tab. VIII** handelt es sich um das erste Kind einer 19jährigen unverheirateten Mutter, die erneut gravide war. Wohnung und nähere Umgebung des Kindes waren schmutzig, ärmlich und ungepflegt. Das Kind, das im Alter von 13 Monaten starb, war hochgradig abgemagert, ausgetrocknet, zeigte Spuren von Verbrühungsfolgen und ein ausgedehntes Urinekzem. Magen und Darmkanal waren völlig leer. Dieser jungen Frau wurde vom Jugendamt die Fähigkeit, ein Kind aufzuziehen, abgesprochen. Sie wurde zu einem Jahr Jugendstrafe mit Bewährung verurteilt. Für das inzwischen geborene zweite Kind — ebenfalls vernachlässigt und abgemagert — wurde der Kindesmutter die elterliche Sorge entzogen und das Kind Pflegeeltern zur Betreuung übergeben.

Eine 20jährige Kindesmutter **(Fall 54 Tab. VIII)** hatte ihre nichtehelich geborenen Zwillinge völlig vernachlässigt und unzureichend ernährt. Das Mädchen starb, während der Zwillingsbruder noch lebend in Krankenhausbehandlung überwiesen werden konnte. Zu bemerken ist, daß die Zwillinge nach der Geburt noch zwei Monate lang in einer Klinik hatten verbleiben müssen und die Mutter ihre Kinder kaum zu sehen bekam. Dieser Umstand hat nach unseren heutigen Erkenntnissen wahrscheinlich wesentlich dazu beigetragen, daß die noch sehr junge Mutter — wie auch in anderen ähnlich gelagerten Fällen — kaum zu mütterlichem Verhalten fähig war. (In diesem Zusammenhang sei auf die Arbeit von v. *Schilling*, 1975, hingewiesen).

Das nichteheliche Kind einer Jugoslawin **(Fall 55 Tab. VIII)**, Mutter von drei nichtehelichen und einem ehelichen Kind, war bei Pflegeeltern untergebracht, die selbst 10 Kinder zu versorgen hatten und sich so gut wie gar nicht um das noch zusätzlich anvertraute Kind kümmern konnten, wurde, bis zum Skelett abgemagert, tot in eine Klinik eingeliefert.

3. Übereinstimmungen und Besonderheiten in den untersuchten Fällen

In all den mehr oder weniger ausführlich dargelegten Fällen lassen sich folgende Übereinstimmungen erkennen: Bei den Opfern handelt es sich ausschließlich um Kleinkinder **(Übersicht 19)**. In keinem der Fälle ist zu Lebzeiten des Kindes Anzeige erstattet worden, obwohl einige Kinder bereits vorher wegen Vernachlässigung den Eltern entzogen worden waren. Der Verdacht auf eine Vernachlässigung mit Todesfolge oder den Tod durch Nahrungsentzug ist erst durch das Ergebnis der Leichenöffnung aufgekommen. Magen-Darmkanal sind entgegen den Angaben der Kindesmütter über letzte Nahrungsaufnahme häufig leer. In den meisten Fällen haben sich der Nahrungsentzug und die Vernachlässigung über eine größeren Zeitraum erstreckt. Weder ärztliche Hilfe noch die für alle zugängliche Mütterberatungsstelle sind in Anspruch genommen worden.

Übersicht 19 Alter der Opfer

	Alter der Opfer von tödlicher Vernachlässigung	Anzahl
1	bis 1 Mon.	5
2	1 – 2 Monate	9
3	2 – 3 Monate	5
4	3 – 4 Monate	10
5	4 – 5 Monate	8
6	5 – 6 Monate	6
7	6 – 7 Monate	3
8	7 – 8 Monate	2
9	8 – 9 Monate	0
10	9 – 10 Monate	3
11	10 – 11 Monate	1
12	11 – 12 Monate	3
13	12 – 13 Monate	0
14	13 – 14 Monate	1
15	14 – 15 Monate	1
16	18 Monate	1
17	2 Jahre	3
18	5 Jahre	1
19	Zusammen	62

Die an Vernachlässigung und Unterernährung gestorbenen Kinder sind häufig das letzte Kind einer größeren Geschwisterreihe, sie stammen durchweg aus ungünstigen sozialen Verhältnissen. In den meisten Fällen sind Wohnung und unmittelbare Umgebung verschmutzt und in jeder Weise unzulänglich, die Zustände oft unbeschreiblich.

Einige besondere Umstände bei Vernachlässigung sind in **Übersicht 20** aufgeführt. Häufig wohnen die Eltern mit drei und mehr Kindern in einem einzigen Raum eines Stadtwohnheimes (20 Fälle). Häufiger als in der Durchschnittsbevölkerung sind die gestorbenen Kinder nichtehelich geboren. Bei unserem Kollektiv waren es 16 der 61 Kinder = 26 v. H. Oft sind die Mütter gezwungen, einer Erwerbstätigkeit nachzugehen und auch aus diesem Grunde nicht in der Lage, sich ausreichend um ihre Kinder zu kümmern. Auch sonst sind die Familienverhältnisse schlecht, die Kindesmütter undifferenziert, zu jung und unfähig, einen Haushalt zu führen und Kinder zu betreuen, die Väter Trinker, faul, arbeitsscheu oder arbeitslos und oft ebenfalls zu jung für ihre Vaterrolle. Sie kümmern sich überhaupt nicht oder nur sehr selten um ihre Familien.

In **Übersicht 21** ist das Alter der jeweiligen Kindesmutter der Anzahl der Kinder bzw. der Stellung des verstorbenen Kindes in der Geschwisterreihe gegenübergestellt. Zwei 17jährige hatten bereits zwei Kinder, drei der 20jährigen Kindesmütter je zwei Kinder und eine sogar schon drei Kinder zu betreuen. Eine 21jährige mußte trotz ihres jugendlichen Alters unter den mißlichsten Umständen bereits vier Kinder versorgen. Sie wohnte mit den Kindern und dem Ehemann in zwei völlig verschmutzten Räumen eines Stadtwohnheimes.

Eine 24jährige Frau hatte bereits acht Kinder, das jüngste davon verhungerte. Eine 23jährige mußte für sieben Kinder sorgen, während der arbeitsscheue Ehemann sich überhaupt nicht um seine Familie kümmerte. Die große Familie lebte in einem einzigen Raum unter unbeschreiblichen Verhältnissen. Obwohl schon mehrfach von dritter Seite auf diese Familie aufmerksam gemacht worden war, half niemand der überlasteten jungen Frau.

Die meisten Mütter hatten trotz der relativ großen Kinderzahl das 30. Lebensjahr noch nicht erreicht, wie die Übersicht 21 aufweist (53 = 87 v. H.).

Die Lebensumstände der Familien mit vernachlässigten Kindern oder solchen, die an den Folgen der Vernachlässigung und Unterernährung gestorben sind, zeigen in bezug auf die katastrophalen sozialen und familiären Verhältnisse Übereinstimmungen (Übersicht 20). Häufig sind die Väter und Ehemänner Alkoholiker und arbeitsscheu oder arbeitslos.

Eine 26jährige Frau, die fünf eheliche Kinder und ein nichteheliches Kind zu versorgen hatte, war zum Zeitpunkt der Tat in zweiter Ehe mit einem arbeitslosen Gelegenheitsarbeiter, der gerne Alkohol trank, verheiratet. Arbeitslosenunterstützung und gelegentlicher Verdienst reichten für den Unterhalt

Übersicht 20   Besondere Umstände

	Besondere Lebensumständer gefährdeter Familien	Anzahl
1	Zigeunerlager	1
2	1 Raum f. mehrere Personen	20
3	„katastrophale" Verhältnisse	16
4	bereits 1 Kind mißhandelt	7
5	bereits 1 Kind vernachlässigt	12
6	Zwillingskind	5
7	Kindesmutter erneut schwanger	9
8	Kindesmutter geisteskrank, Suizidversuch	2
9	Kindesmutter träge	7
10	Kindesmutter zur Prostitution gezwungen	1
11	Kind nichtehelich	16
12	Alkohol	6
13	Kindesvater arbeitet nicht, faul	13
14	Kindesvater kümmert sich nicht um Familie	25
15	Kindesvater vorbestraft	8
16	Kindesvater arbeitslos	2
17	Eltern machen sich nichts aus Kindern	6
18	Eltern getrennt lebend	5
19	Ehemann gestorben	1
20	Kindesmutter mehrere Ehen	10
21	Kindesvater mehrere Ehen	5

Übersicht 21   Alter der Kindermütter und Zahl ihrer Kinder

Alter der Mutter	Anzahl der Kinder												Zus.
	1	2	3	4	5	6	7	8	9	10	11	12	
17	2												2
18													0
19	1	1											2
20	2	3	1										6
21	1	2	3	1									7
22	2		4	1									7
23	2	4	1	1	1		1						10
24			2	1				1					4
25	1	1	1										3
26			1	2	1								4
27		1		1	1								3
28		1	1	1									3
29			1		1	1							3
> 30		1	2		1	1			2			1	8
Zus.	9	16	15	6	7	4	1	1	2			1	62

der großen Familien nicht aus. Als Mutter von sechs Kleinkindern konnte sie beim besten Willen einer Erwerbstätigkeit nicht nachgehen. Dem Tod des Säuglings stand sie ebenso gleichgültig gegenüber wie der Tatsache, daß noch ein zweites eineinhalb Jahre altes Kind hochgradig abgemagert in Klinikbehandlung gegeben werden mußte (Fall 29 Tab. VIII).

Hingegen mußte eine 29jährige Frau, weil ihr Mann nicht arbeitete, trotz ihrer drei kleinen Kinder als Arbeiterin den Lebensunterhalt für die Familie verdienen (Fall 33 Tab. VIII) ebenso wie eine 21jährige Frau, die drei kleine Kinder zu versorgen hatte (Fall 1 Tab. IX). Haushalt und Kinder waren völlig vernachlässigt. Der sieben Wochen alte Säugling verhungerte. Die Frau war zweifellos mit ihren 21 Jahren den an sie gestellten Anforderungen nicht gewachsen. Hinzu kam die Sorge, daß ihr Ehemann von dem von einem anderen Mann gezeugten, inzwischen von der Täterin geborenen Kinde erfahren könne.

Neun der 61 Frauen waren zum Zeitpunkt der Tat erneut schwanger so wie eine 27jährige, die über ihren eigenen Beschwerden ihr sechstes Kind, das 13 Monate alt geworden war, völlig vergaß (Fall 6 Tab. VIII, Abb.: 12).

Wahrscheinlich spielt der Alkoholismus eine noch weit größere Rolle als sich aus Übersicht 20 ergibt, denn in der Regel wird die Neigung, Alkohol über das übliche Maß zu konsumieren, verschwiegen. Gerade bei Vernachlässigung spielt der Alkoholismus auch der Kindesmütter in zunehmendem Maße eine Rolle so wie bei der zur Tatzeit 37 Jahre alten Frau, Mutter von neun Kindern, mit einem Alkoholiker verheiratet, die in der letzten Zeit vor dem Tode des jüngsten Kindes selbst angefangen hatte, Alkohol zu trinken (Fall 23 Tab. VIII), ganz ähnlich wie die 36 Jahre alt gewordene Frau (Fall 3 Tab. IX), Mutter von sieben ehelichen und zwei nichtehelichen Kindern. Eine Kindesmutter, die z. Z. des Todes ihres Kindes keine finanziellen Sorgen hatte, war Alkoholikerin und von ihrem Ehemann geschieden. Eine andere 24 Jahre alte Mutter von vier Kindern, hatte bereits acht Suicidversuche hinter sich gebracht (Fall 50 Tab. VIII).

Eine Frau ist schon kurze Zeit nach der Entbindung vom letzten Kind von ihrem Ehemann zur Prostitution gezwungen worden. Deshalb hat sie, nach ihren eigenen Angaben und den Ermittlungsergebnissen, für den schließlich verhungerten Säugling nicht sorgen können. Der Ehemann der Frau, der Vater des Kindes, kümmerte sich noch weniger um den Säugling (Fall 5 Tab. IX).

Bemerkenswert ist, daß in fast allen Fällen nicht nur die Verhältnisse z. Z. des Todes des betroffenen Kindes in der Familie schlecht waren, sondern daß auch die Kindesmutter aus ungünstigen häuslichen Verhältnissen stammt. Sie hat oft nur die Sonderschule absolviert oder die Volksschule nicht abgeschlossen, auch sonst keine weitere Ausbildung erhalten. Einige sind selbst nicht ehelich geboren oder haben einen Elternteil als Kind verloren. Andere sind in frühester Jugend von einem männlichen Angehörigen — in der Regel handelt es sich dabei um den Vater — sexuell mißbraucht worden. 10 der Mütter hatten trotz ihres jugendlichen Alters bereits eine gescheiterte Ehe hinter sich.

| Nur eine kleine Zahl täglich vorkommender Fälle wird bekannt |

Abgesehen davon, daß es sich bei den Opfern der Vernachlässigung ausschließlich um Kleinkinder handelt (Übersicht 19), wodurch sich schon bestimmte Gegebenheiten erkennen lassen, stimmen die erhobenen Befunde im wesentlichen überein. In der Regel zeigen die Kinder die typischen Symptome der Unterernährung und der Vernachlässigung wie Greisengesicht, faltige, trockene, schuppende Haut ohne Unterhautfettgewebe, eingesunkene Augen, völlig fehlende Fettdepots, fehlender Wangenfettpfropf, Urinekzem mit Ulzerationen im Bereich von Gesäß, der Oberschenkel sowie der Genitalien, hochgradige Verschmutzungen und Verkrustungen der Haut sowie verfilzte Haare. Nicht selten kommen noch Zeichen lokaler Unterkühlungen I. und II. Grades im Bereich der Gliedmaßen und des Gesichtes vor, vor allem dann, wenn die Kinder in völlig durchnäßtem Zustand unter nassen Kissen und in unterkühlten Räumen aufgefunden werden.

Die erhobenen Befunde berechtigen, selbst unter Berücksichtigung der Tatsache, daß auch Ernährungsstörungen im Kleinkindes- oder Säuglingsalter relativ schnell zu Exsikkose und Abmagerung führen, von einer strafbaren Vernachlässigung und Unterernährung zu sprechen. Dabei soll noch einmal hervorgehoben werden, daß es sich bei den mitgeteilten Fällen nur um eine kleine Zahl der vermutlich täglich tatsächlich vorkommenden handelt, weil gerade bei der körperlichen Vernachlässigung mit Verhungern und Unterkühlungen die Dunkelziffer noch weitaus größer ist als bei der aktiven Mißhandlung von Kindern.

4. Fragliche Vernachlässigung mit Todesfolge

In Tabelle X sind die wichtigsten Daten von 19 Fällen fraglicher Vernachlässigung mit Todesfolge zusammengestellt. Die soziologischen Gegebenheiten stimmen im wesentlichen mit den 61 schon zitierten Fällen überein. Diese Feststellung gilt sowohl für die bei den Kindern erhobenen körperlichen Befunde als auch für das soziale Umfeld und das Verhalten der Eltern. Trotz schwerwiegenden Verdachts hat die Vernachlässigung nicht mit der erforderlichen Sicherheit als Todesursache nachgewiesen und deshalb auch kein Strafverfahren in die Wege geleitet werden können.

Auch unter den nichttödlich verlaufenen Fällen von Mißhandlung oder Vernachlässigung (Tabelle: IV) befinden sich verhungerte, hochgradig abgemagerte und verschmutzte Kleinkinder mit den entsprechenden Symptomen. Es handelt sich dabei vor allem um den Knaben Fall 2 Tab. IV, dessen Zwillingsschwester an den Folgen der Unterernährung gestorben ist, der sich inzwischen in einem Heim befindet, Fall 5 Tab. IV, das nichteheliche Kind einer 22jährigen Mutter, Fall 10 Tab. IV, in welchem das eineinhalbjährige Mädchen schmutzig, hochgradig abgemagert, das Gewicht eines Säuglings hatte (Abb.: 17), sowie um die Fälle 11 und 12 Tab. IV, in denen die Kinder nicht viel besser aussahen als ihre verstorbenen Zwillingspartner. Das nichtehelich geborene 2jährige Kind (Fall 15 Tab. IV), das sich zunächst in einem Heim be-

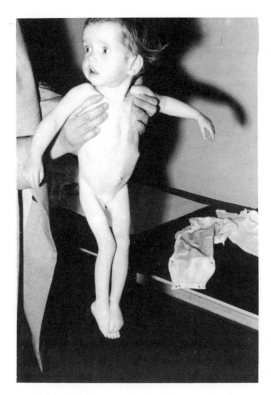

Abb. 17: 18 Monate altes Mädchen hatte das Gewicht eines Säuglings.

funden hatte, mußte völlig vernachlässigt und abgemagert wieder in einem Heim untergebracht werden. Auch die 2- und 1jährigen Geschwister (Fall 33 Tab. IV), völlig verschmutzt, abgemagert mit Unterkühlungserscheinungen, gehören dazu. Der Vater, ein Alkoholiker, arbeitete überhaupt nicht, so daß die Mutter trotz ihrer 4 Kinder täglich 14 Stunden außer Haus einer Erwerbstätigkeit nachgehen mußte. Das 3jährige Mädchen türkischer Eltern (Fall 37 Tab. IV), hochgradig abgemagert, zeigte zusätzlich noch zahlreiche Narben und Hämatome. Die Eltern meinten: ,,Krank egal, tot egal". Der nichtehelich geborene 4 Monate alte gewordene Knabe (Fall 44 Tab. IV) war ebenso verwahrlost wie sein verstorbener Zwillingsbruder. Das zwei Monate alte erste Kind der ständig betrunkenen Eltern (Fall 48 Tab. IV) war hochgradig abgemagert und völlig verschmutzt.

5. Rechtliche Wertung — Nachweis-schwierigkeiten

Die rechtliche Wertung und Beurteilung der böswilligen Vernachlässigung von Kindern, Jugendlichen und Gebrechlichen, die der Fürsorge und Obhut des

Betreffenden unterstehen und von diesem an der Gesundheit geschädigt werden, erfolgt in der heutigen Zeit, um nochmals darauf hinzuweisen, nach § 223 b StGB. Hat die Person, deren Obhut ein Pflegebefohlener unterstellt ist, diesen so schwer geschädigt, daß er den Tod erleidet, so hat der Täter sich nicht nur nach § 223 b StGB und § 170 StGB (Gefährdung von Kindern) zu verantworten, sondern auch noch nach den Paragraphen, welche die Tötungsdelikte ahnden.

Böswillig handelt, wer „trotz klarer Erkenntnis seiner Pflicht, für die qualifizierte Personengruppe zu sorgen, den Fürsorgeberechtigten aus verwerflichen Beweggründen — Haß, Bosheit, Lust an fremdem Leid, Rache, Geiz — an seiner Gesundheit schädigt". Bemerkenswert ist, daß eine Pflichtverletzung aus Schwäche oder Gleichgültigkeit, Furcht oder Sorge um die Erhaltung der eigenen Existenz nicht ausreicht, um sich im Sinne des § 223 b StGB straffällig zu machen. Es muß ein Verschulden nachgewiesen werden.

Wenn schon der Nachweis des Verschuldens bei der Kindesmißhandlung, dem aktiven Handeln, oftmals große Schwierigkeiten bereitet, so ist der Nachweis der Vernachlässigung noch bedeutend schwieriger, nicht nur, weil auch dieses Delikt sich vorwiegend in der Intimsphäre der Familie abspielt. Der Nachweis eines Zusammenhangs zwischen Vernachlässigung und Tod läßt sich ohne das Geständnis des Täters fast nie erbringen. Es gibt innere Erkrankungen, die gerade beim Kleinkind zu extremer Abmagerung und Exsikkose in gleichem Maße führen können, wie bei vorsätzlicher Vernachlässigung und beim Verhungernlassen. Zwar genügt für die Verurteilung der bedingte Vorsatz, und die Strafverfolgungsbehörde ist auch in diesem Falle nicht auf einen Strafantrag angewiesen. Diese Erleichterung der Strafverfolgung vermag aber den Bereich der ärztlichen Aufklärung nicht abzuschwächen.

Wenn das Kind an den Folgen einer Unterernährung oder anderen Symptomen einer Vernachlässigung stirbt, wird häufig als **Schutzbehauptung** eine Ernährungsstörung angegeben und erklärt, das Kind habe keine feste Nahrung zu sich nehmen wollen und ständig erbrochen. Diese Behauptungen lassen sich nicht ohne weiteres widerlegen; weder der Arzt noch der Pathologe, erst recht nicht der Kriminalbeamte oder der Richter werden in solch einem Fall den Verdacht auf eine vorsätzliche Tötung hinreichend begründen können. Es bleibt allenfalls die „fahrlässige Tötung" oder die „Körperverletzung mit Todesfolge" oder der Vorwurf der unterlassenen Hilfeleistung, die auch darin gesehen werden kann, daß nicht rechtzeitig ärztliche Hilfe herbeigeholt oder die Mütterberatung, die jedem freisteht, in Anspruch genommen worden ist.

Die Strafen, die für die Vernachlässigung mit Todesfolge ausgesprochen worden sind, reichen für anscheinend völlig gleichen Tatbestand von lebenslangem Freiheitsentzug (Fall 8 Tab. VIII) über 6 Jahre (Fall 23 Tab. VIII), 3 Jahre und 2 Jahre Freiheitsentzug bis zum Freispruch oder gar zur Einstellung des Verfahrens. Hinzu kommen die Fälle, in denen überhaupt kein Strafverfahren eröffnet worden ist. Unverständlich erscheint aber die Tatsache, daß, auch wenn in den kinderreichen Familien letzten Endes der Kindesvater für die Erwerbstätigkeit zuständig ist, in der Regel nur die Kindesmutter bestraft wird. Selbst in Fall 8 Tab. VIII wurde die Kindesmutter, die gerade während der letzten Schwangerschaft ein Marthyrium mit ihrem Mann durchzumachen hatte, mit 6 Jahren Freiheitsentzug bestraft, ebenso wie eine Kindesmutter (Fall 23 Tab. VIII) trotz katastrophaler Zustände, nachdem das 9. und damit jüngste Kind der Familie an den Folgen der Vernachlässigung und von Mangelernährung gestorben war.

Auch die Bestrafung einer 23jährigen ledigen Mutter mit 8 Jahren Freiheitsentzug gegenüber der Beurteilung anderer Fälle ist kaum verständlich, zumal die Kindesmutter, als die Schwangerschaft bekannt wurde, von ihren Eltern aus der Wohnung gewiesen worden war (Fall 45 Tab. VIII).

Eine 26jährige Mutter, die mittlerweile 6 Kinder hatte und unter katastrophalen Verhältnissen mit ihren Kindern in 2 Zimmern ohne die notwendigen Nebenräumlichkeiten leben mußte, wurde mit 12 Jahren Freiheitsentzug außergewöhnlich hart bestraft, zumal sich der Ehemann überhaupt nicht um die Familie kümmerte. Als bei der Geburt des letzten Kindes die Wehen einsetzten, weigerte er sich sogar, eine Hebamme herbeizuholen. Laut Polizeibericht rannte die Schwangere allein in der Nacht umher, um Hilfe zu suchen. Bei der richterlichen Vernehmung war der Ehemann nicht einmal in der Lage, die Vornamen seiner 5 noch lebenden Kinder, die sich inzwischen in einem Heim befinden, zu nennen. In diesem Falle fragt man sich mit gutem Recht, ob 12 Jahre Freiheitsentzug ausschließlich für die Kindesmutter, während der Vater der Kinder überhaupt nicht belangt wurde, im Vergleich zu den in anderen ähnlichen Fällen üblichen Urteilen als angemessen angesehen werden kann. Auch die geringfügige Bestrafung eines relativ gut situierten Gastwirtehepaares zu einer Geldbuße von DM 1000,—, zahlbar in 20 Raten —, ist dagegen im Verhältnis, erstaunlich (Fall 40 Tab. VIII).

Im großen und ganzen ist das Strafmaß bei Vernachlässigung mit Todesfolge relativ geringfügig, schon wegen der Schwierigkeit, den Nachweis des Kausalzusammenhangs zwischen Vernachlässigung und Tod des betreffenden Kleinkindes mit der erforderlichen Sicherheit nachzuweisen, selbst dann, wenn bei ersten Vernehmungen Äußerungen über Tötungsabsichten gemacht worden sind oder der Tod des Kindes zumindest in Kauf genommen worden ist. Im übrigen werden bei langjährigem Freiheitsentzug der Eltern die verbleibenden Kinder am härtesten betroffen. Trotzdem sind machmal junge und nichteheliche Mütter ohne Hilfe von außen vor kaum zu bewältigende Probleme gestellt, wie z. B. die 24jährige Lehrerin, die sich in Frankfurt (1974) wegen Vernachlässigung ihres Säuglings vor dem Schwurgericht verantworten mußte und verzweifelt ausrief: „Wie jede alleinstehende Mutter mußte ich arbeiten. Wäre ich zu Hause geblieben, hätte ich meine Arbeit verloren und damit die Existenzgrundlage für uns beide." Dieselbe Gesellschaft, die alleinstehende und arbeitende Mütter mit ihren Kindern vegetieren lasse, „sitzt heute über sich und nicht über mich zu Gericht", womit die junge Frau sicher nicht Unrecht hat.

Schließlich begünstigt die Hilflosigkeit des Opfers, fast nur Kleinkinder (Übersicht 19), gerade bei der Vernachlässigung die Verschleierung des tatsächlichen Sachverhalts. In der Regel wird in einschlägigen Fällen Nahrung nicht vollständig entzogen, sondern oft geringfügige, weder qualitativ noch quantitativ ausreichende Menge gegeben. Die Inanition entwickelt sich dabei langsamer als beim plötzlichen vollständigen Entzug der Nahrung, weil eine gewisse Anpassung an die verringerte Kalorienzufuhr erfolgt. Die Stoffwechselvorgänge werden verlangsamt. Die Veränderungen an den Organen, teilweise auch bei der Obduktion nachweisbar, erreichen dabei ein viel größeres Ausmaß als beim vollständigen Nahrungsentzug. Zunächst werden Fett und Muskulatur abgebaut, das Längenwachstum geht sogar eine Zeitlang weiter, nach vielen Wochen dauernder Unterernährung wird auch das Längenwachstum reduziert.

Der Zustand des Hungerns und der Unterernährung wird häufig sogar vom Arzt, sofern ihm das Kind von den plötzlich ängstlich gewordenen Eltern überhaupt vorgestellt wird, verkannt. Diese Verkennung hat vor allem dann schwerwiegende Folgen, wenn fälschlicherweise eine akute Ernährungsstörung angenommen und deshalb Nahrungsentzug als Therapie eingeleitet wird. Gerade dystrophische und atrophische Säuglinge können durch weiteres Hungern auf das Schwerste geschädigt werden und dann erst recht unter den Erscheinungen eines Kollapses zugrundegehen.

Auch die Tatsache, daß das Gedeihen des Kleinkindes im übrigen weit mehr als beim Erwachsenen von der richtigen Zusammensetzung der Nahrung abhängt, macht in einschlägigen Fällen strafrechtliche Verfolgung fast unmöglich. Darin liegen die ganz besonderen Schwierigkeiten für den Nachweis der vorsätzlichen oder fahrlässigen Tötung durch Verhungernlassen, bei dem es sich um ein Delikt handelt, das durch Unterlassen verwirklicht wird.

Schwerwiegend kommt hinzu, daß Unterernährung und Vernachlässigung ein Kind nicht nur für den Augenblick, sondern falls sie überlebt werden, für viele Jahre danach schädigt, wenn nicht sogar für sein ganzes Leben. Sie führen zu bleibenden Hirndefekten und Störungen in der Intelligenzentwicklung (von *Harnack* 1964, *Kempe* und *Gross* 1980). Auch von *Piers* (1976) werden durch Vernachlässigung und Hungern geschädigte Kinder beschrieben, die selbst durch Überführen in günstiges Milieu den körperlichen und geistigen Rückstand nicht mehr aufzuholen fähig waren.

Vierter Teil
Der sexuelle Mißbrauch von Kindern

1. Schwierigkeit, diese Delikte überhaupt zu erkennen — Dunkelziffer — Literatur — strafrechtliche Subsumierung

Der sexuelle Mißbrauch jeglicher Art stellt eine weitere Gewalt gegen das Kind dar, auch wenn die Ansichten dazu, wie weit es sich bei sexuellen Handlungen an Kindern, die vom Streicheln, Küssen, Betasten und Beißen zum vollendeten Geschlechtsverkehr, zur Schwängerung oder sogar zur Tötung führen können, um Gewalttaten handelt, weit auseinanderklaffen.

In der Bundesrepublik Deutschland werden nach Angaben des Bundeskriminalamtes Wiesbaden jedes Jahr rd. 60 000 Sittlichkeitsdelikte begangen; davon sind etwa 18 000 Kinder betroffen. Die Dunkelziffer ist, wie bei diesem Delikt überhaupt, bei den an Kindern begangenen Unzuchtshandlungen besonders hoch. Man schätzt, daß noch etwa sechs- bis achtmal mehr Kinder betroffen sind, als bekannt wird. Die Gründe dafür sind vielgestaltig. Häufig ist ein Kleinkind, zu Aussagen noch nicht fähig, Opfer der Tat. Das größere Kind scheut sich, Angaben zu machen, vor allem dann, wenn der Vater — wie beim Inzest — als Täter infrage kommt. Das Kind läuft sogar Gefahr, für den Zerfall der Familie und für die nach der Verurteilung des Vaters aufkommende Not verantwortlich gemacht zu werden. Das Kind wird als der schuldige Teil angesehen und manchmal sogar als ,,kleine Hure" oder als phantasievolle Lügnerin bezeichnet. Das Verhalten der Mütter, die häufig von den sexuellen Handlungen wissen und sie sogar billigen, ist in diesen Fällen kaum verständlich.

Die Opfer werden selten oder überhaupt nicht dem Arzt in seiner Praxis vorgestellt, schon aus der Sorge heraus, es könnten Anzeigen erfolgen. Nachfolgende Untersuchungen, Begutachtungen und Vernehmungen im Ermittlungsverfahren gegen den Täter werden für die ganze Familie als peinlich und unangenehm angesehen und sollen deshalb vermieden werden.

Sexueller Mißbrauch mit anschließender Tötung des Opfers ist aus rechtsmedizinischer Sicht schon deshalb von besonderer Bedeutung, weil Opfer und Täter häufig zunächst unbekannt sind und erst durch die Leichenöffnung nicht nur die Tötungsart geklärt, sondern auch der sexuelle Mißbrauch aufgedeckt wird.

Sexuell motivierte Tötung bei Kindern kommt zwar nicht allzu häufig vor, stellt aber in jedem Falle eine Gewalt gegen das Kind dar, deren sexuelle Komponente nur allzu leicht übersehen wird. Unzuchthandlungen wird ohnehin **keine** besondere Bedeutung beigemessen, vor allem, wenn körperlich erkennbare Folgen fehlen.

Der Rechtsmediziner wird mit dem sexuellen Mißbrauch an Kindern in der Regel nur bei tödlichen Folgen oder bei einer Schwängerung des Kindes befaßt. Entsprechend sind die Berichte im Schrifttum relativ dürftig. Aus älterer Zeit handelt es sich dabei fast nur um Mitteilungen von Einzelfällen — *Walter* (1909), *v. Sury* (1919). Von *Hennes* (1950) wird ein Fall mitgeteilt, in dem ein 27jähriger landwirtschaftlicher Arbeiter nach einem Sittlichkeitsdelikt an einem achtjährigen Mädchen das Kind nicht nur drosselte, sondern, bevor er es ins Wasser warf, die Scheide mit einem Bleistift durchbohrte. *Feix* (1967) beschreibt mehrere sexuell motivierte Tötungsverbrechen in der DDR. Von den sieben weiblichen Opfern, über die *Hildebrand* (1976) berichtet, war ein Kind sechs Jahre alt.

Aus neuerer Zeit stammen einzelne Berichte über tödliche Sexualverbrechen an Minderjährigen von *Reh* u. *Schübel* (1972), *Heyden* (1976), *Schweflinghaus* (1980). *Bernet* (1978) teilt einen Fall mit, in dem ein 37jähriger seine 14jährige vorher narkotisierte Stieftochter sexuell mißbraucht hat; das narkotisierte Mädchen starb mittelbar an den Folgen der Äthylchloridnarkose.

Über sonstige Folgen sexuellen Mißbrauchs von Kindern gibt es Untersuchungen u. a. von Kriminologen, Kriminalisten, Psychologen, Juristen, Rechtsmedizinern und Psychiatern. Dazu gehören die Arbeiten des älteren Schrifttums von *Orel* (1932), *Nass* (1954), *Landis* (1956), *Geisler* (1959), *Matthes* (1961), *Brunold* (1962), *Friedmann* (1962), *Weiss* (1963), *Becker* (1964), *v. Hentig* (1964). Auch zu diesem Problemkreis sind die Veröffentlichungen fast unübersehbar geworden. Einige befassen sich mit den Opfern, insbesondere Kindern (*Wyss* 1967; *Niemann* 1974; *Jaffé* et al. 1975; *Everett* et al. 1977; *Groth* et al. 1977; *Brant* u. *Tisza* 1977; *Smith* et al. 1979; *Puxon* 1979), andere mehr mit der Täterpsychologie (*Prahm* 1974; *Wille* 1967; *Fisch* 1971; *Walmsley* 1977; *Ehebald* 1977) oder mit dem Problem der Pädophilie an sich (*Teufert* 1971; *Herbold* 1977; *Paul* 1977; *Corstjens* 1979) und den Täter-Opfer-Beziehungen (*Klose* 1967; *Mergen* 1972) oder den notwendigen ärztlichen Untersuchungen (*Volk* und *Hilgarth* 1979; *Hiersche* u. *Hiller* 1980), um nur einige der Autoren zu nennen.

Der sexuelle Mißbrauch von Kindern wird, sofern überhaupt erkannt, nach § 176 StGB, derjenige von Schutzbefohlenen nach § 174 StGB strafrechtlich geahndet. Blutschande oder Inzest wird nach § 173 StGB, sexueller Mißbrauch Widerstandsunfähiger, zu denen letzten Endes auch Kinder gehören, nach § 179 StGB strafrechtlich verfolgt.

Dazu ist zu bemerken, daß Begriffe wie Unzucht, Notzucht, Gewaltunzucht, Blutschande u. a. durch die Strafrechtsreform und nach der Neufassung des Strafgesetzbuches entfallen sind. Man spricht nunmehr von Sexualfreiheitsdelikten oder von Delikten gegen die sexuelle Selbstbestimmung, für Kinder nicht zutreffend, schon weil sie überhaupt nicht in der Lage sind, sexuell frei zu entscheiden.

2. Sexualdelikte mit Todesfolge aus eigener Praxis

Die im Institut für Rechtsmedizin in den letzten Jahren obduzierten und begutachteten einschlägigen Fälle sind in ihren wichtigsten Daten in Tab. XI aufgeführt. Es sind nur solche erfaßt, bei denen unmittelbar vor, während oder nach der Tötung sexuelle Handlungen stattgefunden und die Ermittlung zu damit übereinstimmenden Ergebnissen geführt haben. Neben Verletzungen der Genitalien sprechen auch Bißwunden, Blutunterlaufungen im Bereich der Mammae oder anderen erogenen Zonen: Oberschenkel, Oberbauch, Hals, Ohren für sexuell motivierte Tötungen.

Es handelt sich um 30 Fälle. Obwohl nur Kinder als Opfer einbezogen werden sollten, sind auch zwei 17jährige (Fälle 27 und 29 Tab. XI) erfaßt. Im ersten Fall handelt es sich um ein 17jähriges, 159 cm großes, im ganzen noch kindliches Mädchen, zurückhaltend, ohne jeden Männerkontakt; das Mädchen im zweiten Fall war seit früher Kindheit vom eigenen, von seiner Ehefrau geschiedenen, Vater mißbraucht worden. Als das Mädchen beschloß, den Vater zu verlassen — so enden Inzestfälle häufig und bleiben deshalb unbekannt —, wurde die Tochter in der Wohnung der Freundin, zu der sie geflüchtet war, vom Vater mit vier Schüssen in den Kopf getötet.

Zu den 30 Opfern von Sexualdelikten mit Todesfolge gehören 24 Mädchen und sechs Knaben. Vier der Knaben wurden Opfer eines einzigen Täters, ein 16jähriges Mädchen dasjenige von drei Tätern. Entgegen den Behauptungen vieler Autoren, daß die leichtsinnige Verhaltensweise des späteren Opfers häufig zur Tat führe — *Matthes* (1961), *Schönfelder* (1968), *Steinkopf* (1971), *Teufert* (1971), *Herbold* (1977) — haben nach den Ermittlungsergebnissen in unseren Fällen möglicherweise nur ein 16jähriges Mädchen (Fall 23 Tab. XI) — der Fall ist bis heute unaufgeklärt geblieben — und die 16jährige im Fall 28 Tab. XI, von drei Jugendlichen zunächst zum Alkoholtrinken animiert und später mißbraucht, in etwa Veranlassung zur Tat gegeben, erstere weil sie wahrscheinlich freiwillig mit in den Wald, dem späteren Tatort, gegangen ist, die zweite, weil sie sich auf eine Trinkerei mit den drei jungen Männern eingelassen hatte.

Im übrigen handelt es sich bei den Opfern sexuell motivierter Tötungen um vier Kinder im Vorschulalter, die beim Spielen plötzlich und unvermutet von einem fremden Mann attackiert, mißbraucht und getötet worden sind (Fälle 7, 17, 18, 25 Tab. XI) und drei Kinder im 1. Schuljahr (Fälle 4, 6, 22 Tab. XI). Von einer Mitwirkung oder sogar einem aktiven positiven Verhalten der Kinder bei sexuellen Manipulationen dem Täter gegenüber kann überhaupt keine Rede sein.

Das sechsjährige Mädchen im Fall 7, das beim Rollschuhlaufen seinem Täter buchstäblich in die Arme rollte, ist nach Zeugenaussagen von ihm mit Gewalt auf dem Fahrrad mitgenommen, später gewürgt, sexuell mißbraucht und in einen Fluß geworfen worden. Ein Rollschuh war schon bei der Fahrt verlorengegangen. Der Tatverdächtige, ein Hilfsarbeiter, hat zunächst ein Geständnis abgegeben, es dann widerrufen, aber zugegeben, das Kind unsittlich berührt zu haben. Im übrigen hat er sich wegen der Tötung eines vierjährigen Kindes vor einem anderen Gericht verantworten müssen.

Über das vierjährige Kleinkind im Fall 28 Tab. XI, das dem Täter beim Spielen mit einem gleichaltrigen Jungen rein zufällig begegnet ist, soll sich der Täter gestürzt, ihm den Pullover vom Leib gerissen, die Hände gefesselt, die Hose ausgezogen und diese als Knebel in den Mund gesteckt haben. Nach sexuellem Mißbrauch hat der Mann nach dem eigenen Geständnis beschlossen, das Kind zu töten: er hat es gewürgt, gedrosselt und es dann an einem Baum aufgehängt. Der Spielkamerad — ein vierjähriger Junge — ist anschließend von dem gleichen Täter als Zeuge der Tat ebenfalls getötet worden. Das kleine Mädchen zeigte, abgesehen von den Folgen der Strangulation, ausgedehnte Einrisse und Blutungen im Genitalbereich. Dieses Kind hat sicher nicht durch sein Verhalten zur Tat beigetragen, wenn eine solche Behauptung überhaupt bei einem so kleinen Mädchen aufgestellt werden kann. Das gleiche gilt von dem sechsjährigen Mädchen im Fall 25 Tab. XI, das von einem einschlägig vorbestraften 54jährigen erschlagen und sexuell mißbraucht worden ist, ebenso wie für das fünfjährige zierliche Mädchen im Fall 17 Tab. XI, bei dem zusätzlich noch eine Blutalkoholkonzentration von 1,66‰ hat nachgewiesen werden können. Die Tat ist noch unaufgeklärt. Als Täter wurde zunächst ein Mann, der 10 Morde, u.a. auch an einem vierjährigen Mädchen, gestanden hat, verdächtigt. Das Kind befand sich auf dem Wege zur Wohnung der Großeltern, 300 Meter von der elterlichen Wohnung entfernt.

Auch das sieben Jahre alte zierliche Mädchen im Fall 22 Tab. XI, das sogar versucht hatte, vor dem Hausbewohner, der es sexuell mißbraucht und dann getötet hat, wegzulaufen, hat durch sein Verhalten keinerlei Anlaß zur Tat gegeben.

Ein achtjähriges Mädchen (Fall 4 Tab. XI) wurde von seinem Halbbruder, einem 21jährigen vorbestraften Hilfsarbeiter, durch Genuß von Johannisbeerwein unter eine Alkoholkonzentration von 1,59‰ gebracht, ehe er nach seiner eigenen Einlassung versucht hat, das achtjähige Mädchen zu mißbrauchen. Anschließend hat er das Kind gewürgt, stranguliert, an einem Baum aufgehängt und dann versucht, die Leiche des Mädchens durch Verbrennen — Übergießen mit Benzin und Anstecken — zu beseitigen, was ihm aber nicht gelungen ist. Wahrscheinlich ist das achtjährige Kind vertrauensvoll und nichts Böses ahnend mit seinem Bruder, der von vornherein den Vorsatz gehabt hat, das Kind zu mißbrauchen, mitgegangen. — Bei der Obduktion haben wir nicht nur Strangulationsmerkmale am Hals, sondern auch eine frische Defloration mit Blutungen bis in den After reichend und eine Bißspur am rechten Arm gefunden (Abb.: 18a, b).

Der 62jährige „Onkel Karl", Freund der Kindesmutter, soll das achtjährige Mädchen im Fall 6 Tab. XI mißbraucht und anschließend getötet haben. Das Kind wurde unweit seiner Wohnung erschlagen mit frischen Verletzungen in der Vagina sechs Tage nach der Vermißtenmeldung aufgefunden. Dieser Mann, ein Analphabet, hat nur das Betasten der Genitalien und des Körpers des Kindes zugegeben.

Auch für die älteren Kinder läßt sich ein aktives Mitwirken bei der Tat ausschließen. Letzten Endes hat gerade das heftige Wehren der Mädchen gegen den sexuellen Mißbrauch den Täter zur Tötung veranlaßt. Die 14jährige Schülerin im Fall 1 — jeweils Tab. XI — wurde beim Milchholen von einem Mitschüler verfolgt, wegen ihrer Weigerung mit einem sog. Engländer erschlagen und dann als Sterbende mißbraucht. Im Fall 2 soll der Täter ein wegen mehr-

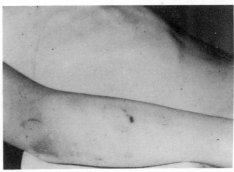

Abb. 18: Achtjähriges Mädchen, defloriert, gewürgt, aufgehängt (18a), Bißringe an den Armen (18b).

facher Sexualmorde zur Rechenschaft gezogener fremder Mann gewesen sein; die Tat hat bis heute nicht zweifelsfrei aufgeklärt werden können. Im Fall 9 ist überhaupt kein Verfahren eingeleitet worden, obwohl nach Zeugenangaben der Vater des ertrunkenen und vorher unter Alkoholeinwirkung stehenden Mädchens seine Tochter häufig sexuell mißbraucht haben soll. Die Ermittlungsakten waren plötzlich verschwunden.

Das 14 Jahre alt gewordene, aus geordneten Verhältnissen stammende Mädchen im Fall 10 Tab. XI wurde 100 Meter vom Elternhaus entfernt mit entblößtem Unterleib stranguliert aufgefunden. Nach den Angaben der Eltern soll die Tochter — es war März und kühl — mit Pullover, Hose und Mantel bekleidet gewesen sein, so daß die Kleidung sicher keinen Anlaß zur Tat gegeben hat. — Nach seinem eigenen Geständnis ist der Täter unvermutet über das sich wehrende Mädchen hergefallen, hat es zur nächsten Bank geschleift, zum Geschlechtsverkehr gezwungen und es anschließend durch Drosseln, Würgen und durch Schläge auf den Kopf getötet, um die Sexualstraftat zu verdecken. Nach der Tat hat der Täter noch DM 20,— aus dem Geldbeutel des Mädchens entwendet.

Auch eine 13jährige Gymnasiastin (Fall 15 Tab. XI) hat dem Täter bewußt keinerlei Anlaß zur Tat gegeben. Der Täter, ein Bauarbeiter, der gegenüber der elterlichen Wohnung tätig war, hatte das junge Mädchen schon eine Weile beobachtet und ihm auf dem Schulweg aufgelauert. Er ist von hinten über das Mädchen hergefallen, hat es entkleidet, gewürgt und mißbraucht.

Das Opfer im Fall 16 Tab. XI, inzwischen 16 Jahre alt und durch ungünstige soziale Verhältnisse bedingt nicht ganz unwissend, wurde im Schlaf von seinem 20jährigen Bruder, der unbedingt mit der Schwester den Geschlechtsverkehr ausüben wollte, getötet. Weil der Täter wußte, daß seine Schwester nicht einverstanden gewesen wäre, schlich er sich mit einem Hammer in der Hand an das Bett des schlafenden Opfers, schlug mehrfach auf den Kopf des Mädchens ein, schlitzte mit einem Messer den Schlüpfer auf und übte an dem sterbenden Mädchen den Geschlechtsverkehr aus. In der Scheide konnten massenhaft Spermien nachgewiesen werden. Der während der Tat wach werdende 14 Jahre alte Bruder wurde von dem 20jährigen als Tatzeuge getötet.

Eine 13jährige Schülerin (Fall 20, jeweils Tab. XI) wurde auf dem Weg von der Schule nach Hause von einem 17jährigen, ihr vom Ansehen bekannten Tankwart, zum Geschlechtsverkehr gezwungen und anschließend zur Verdeckung der Sexualstraftat durch Würgen, Knebeln und Drosseln getötet. Das Mädchen zeigte nicht nur frische Verletzungen und Blutungen im Genitalbereich, sondern auch Abwehrspuren an den Händen.

Die 13jährige Schülerin im Fall 21 wurde von ihrem Vater, der sich Sorge über den Verbleib seiner sonst so pünktlichen Tochter machte, in einem Waldstück in der Nähe des Bahnhofs entkleidet und erdrosselt aufgefunden. Bei der Obduktion wurden eine frische Defloration und erhebliche Blutungen nachgewiesen. Der als Täter verdächtige 22jährige ledige Hilfsarbeiter mußte im Strafverfahren mangels Beweise freigesprochen werden, so daß auch diese Straftat unaufgeklärt geblieben ist, ebenso wie die Taten in den Fällen 23 und 26. Bei der Obduktion im letzten Fall konnten an der mumifizierten Leiche des 15jährigen Mädchens Blutungen, vor allem über der Innenseite der Oberschenkel und der Kniegelenke, festgestellt werden. Der Unterleib war entblößt und der Pulli über den Kopf gezogen, als die Leiche auf einem Felde aufgefunden wurde. Schon die Fundsituation ergab den berechtigten Verdacht auf ein Sexualdelikt. Im übrigen soll das Mädchen mit einer Freundin in Begleitung zweier Männer gesehen worden sein.

Besonders grausam verlief die Tat im Fall 28. Die 16jährige, zierlich und jünger aussehend, wurde von drei Jugendlichen aufgefordert, mit ihnen Alkohol zu trinken. Mit dem alkoholbeeinflußten Mädchen trieben die drei jungen Männer zunächst ein makabres Spiel, indem sie abwechselnd in ein Bierglas urinierten und das Glas von dem Mädchen austrinken ließen. Im Verlaufe des Abends wurde beschlossen, das Mädchen auf dem Heimweg sexuell zu mißbrauchen. Die drei Jugendlichen bemühten sich, der ziemlich schnell nach Hause Eilenden zu folgen. Fast wäre es der 16jährigen sogar gelungen, unbehelligt die Wohnung ihrer Eltern zu erreichen. Kurz vorher wurde sie von den Dreien eingeholt, mit dem Messer bedroht, gezwungen, sich zu entkleiden, ehe sie sexuell mißbraucht wurde. Die Sorge, das Opfer könne Anzeige erstatten, führte zu der Äußerung: ,,Dann machen wir sie eben kaputt." Die ersten Stiche wurden von einem Jugendlichen, Metzger von Beruf, der ein Messer bei sich hatte, geführt, die beiden anderen Täter folgten dann dem Beispiel. Gegen die Übermacht von drei kräftigen jungen Männern hatte die 16jährige keinerlei Chancen. Weil sie noch röchelte, wurde die Sterbende in den Fluß geworfen, aus dem die Leiche erst 6 bis 7 Tage später geborgen wurde. Bei der Obduktion konnten 14 Stiche und ein Halsschnitt festgestellt werden, aus denen die 16jährige verblutet ist.

Bei der 12jährigen im Fall 30 handelte es sich um eine Schülerin, die auf dem Schulweg von einem zwar erst 16 Jahre alten, aber 182 cm großen und 127 kg schweren Hilfsarbeiter, der dreimal wegen Sittlichkeitsdelikten aufgefallen war, überfallen wurde. Gegen diesen großen, kräftigen Mann hatte das Mädchen keinerlei Chance.

Nicht nur die Kinder im Vorschulalter, sondern auch die über 12jährigen sind demnach von dem Ereignis überrascht und meist von fremden Personen überfallen, mißbraucht und getötet worden.

Bei den sechs Knaben, die Opfer eines Sexualdelikts geworden sind, handelt es sich im Fall 3 Tab. XI um einen neunjährigen Jungen, der nach dem Geständnis des 64jährigen Täters zunächst sexuell mißbraucht, anschließend getötet und vergraben worden ist. Die Leiche des geistig retardierten Kindes wurde erst mehrere Wochen nach der Tat und nach langwierigen Ermittlungen aufgefunden, zumal die Tat zunächst von dem Täter abgestritten worden war. Bei dem zweiten männlichen Opfer, einem Schüler (Fall 8 Tab. XI), waren vier Jahre vor der Tötung homosexuelle Handlungen vorangegangen. Aus diesem Grunde wurde auch der mittlerweile 16jährige mit einbezogen. Der Täter, ein der Familie bekannter Studienrat, der dem Jungen Nachhilfeunterricht geben sollte, mißbrauchte das damals erst 11jährige Kind. Aus Sorge, nunmehr entdeckt zu werden, hat der Mann den Jungen erschossen.

Die übrigen vier Knaben sind Opfer eines einzigen Täters geworden. Ihre Leichen wurden — teils skelettiert — erst längere Zeit nach der Tötung aufgefunden. Der Täter, ein Jugendlicher, zum ersten Mal im Alter von 15 Jahren als Täter in Aktion getreten, mißbrauchte seine Opfer, knebelte und fesselte sie, fügte ihnen Schädelhirntraumen zu, onanierte vor den Gefesselten oder über den schon Getöteten. Der Täter soll die Opfer auch gewürgt und ihnen postmortal, möglicherweise auch vorher, die Genitalien abgeschnitten haben. Im einzelnen wird zu diesen Fällen auf die Arbeit von *Reh* und *Schübel* (1972) verwiesen.

3. Erfahrungen aus den besprochenen Fällen

Diese zitierten Fälle sexuellen Mißbrauchs mit anschließender Tötung des Opfers bestätigen, daß Opfer von Sexualtätern bei Kindern wie bei erwachsenen Personen vorwiegend weiblichen Geschlechts sind (**Übersicht 22**).

In der Regel erfolgt der sexuelle Mißbrauch vor der Tötung des Opfers. Die eigentlichen Tötungsarten und Todesursachen ergeben sich aus **Übersicht 23**. Im Anschluß an den sexuellen Mißbrauch wurden sieben Mädchen erdrosselt und erwürgt, vier gewürgt und dann ertränkt. Drei Mädchen und zwei Knaben wurden durch Einwirkung stumpfer Gewalt, fünf weitere durch stumpfe Gewalt in Kombination mit einer Strangulation und fünf Kinder durch Würgen oder Drosseln getötet. Ein junges Mädchen verblutete an den zahlreichen Stich- und Schnittverletzungen, während ein Knabe und ein Mädchen erschossen wurden.

Die Ergebnisse der Ermittlungen und der Obduktion sowie der sich daran anschließenden weiteren Untersuchungen sprechen dafür, daß die Tötung der Mädchen in der Regel zur Verdeckung des sexuellen Mißbrauchs erfolgt ist. Auch der Vater im Fall 29 Tab. XI wurde wahrscheinlich nicht nur von Eifersucht, sondern vielmehr von der Angst motiviert, der Inzest mit der Tochter könnte bekannt werden. Diese Feststellung gilt auch für die unerwartete Reaktion des Täters im Fall 8, der seinen langjährig homosexuell mißbrauchten Schüler unvermutet erschoß.

Übersicht 22 Opfer bei Sexualdelikten mit Todesfolge

Alter in Jahren	weibl.	männl.	zus.
4	1	—	1
5	1	—	1
6	2	—	2
7	1	—	1
8	2	1	3
9	—	1	1
10	—	—	—
11	—	2	2
12	2	—	2
13	3	1	4
14	4	—	4
15	3	—	3
16	3	1	4
17	2	—	2
Zus.	24	6	30

Zum Geschehen und Tatablauf in den Fällen 11 bis 14 Tab. XI lassen sich schon wegen der Beschaffenheit der Leichen, die beim Auffinden teils skelettiert, teils schon ziemlich faul waren, keine verbindlichen Angaben machen. Im übrigen wird nochmals auf die Arbeit von *Reh* und *Schübel* (1972) verwiesen.

Bei den Tätern handelt es sich in erster Linie um völlig fremde Personen. Es folgen Vater oder Bruder, Hausbewohner, Mitschüler, Lehrer sowie ein vom Ansehen bekannter Mann. Die Stellung des Täters zum Opfer ergibt sich aus Übersicht 24.

Übersicht 23 Tötungsarten bei sexuell motivierter Tötung

Nr.	Tötungsarten	Anzahl der Opfer weibl.	männl.	Zus.
1	Erdrosseln u. Erwürgen	7	—	7
2	Würgen u. Ertränken	4	—	4
3	Schädel-Hirn-Trauma	3	2	5
4	Erschießen	1	1	2
5	Schädelzertrümmerung u. Strangulation	4	1	5
6	Erwürgen	1	2	3
7	Erdrosseln	2	—	2
8	Erstechen, Verbluten	1	—	1
9	fraglich (mumifiziert)	1	—	1
10	Zusammen	24	6	30

Übersicht 24 Sexuell motivierte Tötungen

Nr.	Täter Stellung zum Opfer	Opfer Anzahl	weibl.	männl.	zus.
1	Vater	2	2	—	2
2	Bruder	2	2	—	2
3	Mitschüler	1	1	—	1
4	Bekannter	1	1	—	1
5	Lehrer	1	—	1	1
6	Hausbewohner	3	3	—	3
7	Fremder	15	11	5	16
8	nicht aufgeklärt	4	4	—	4
9	Zusammen	29	24	6	30

Auffallend ist die relativ große Zahl der unaufgeklärten Fälle. Von den wenigen sexuell motivierten Tötungen sind vier Fälle bis heute überhaupt nicht aufgeklärt worden (Fälle 2, 17, 23, 26); zweimal (Fälle 7 u. 21) ist der zunächst Verdächtige mangels Beweises freigesprochen worden. Gegen den Vater (im Fall 9) ist ebenso wenig wie gegen ,,Onkel Karl" (im Fall 6 jeweils Tab. XI) ein Strafverfahren eröffnet worden.

4. Der Inzest

Bei den Sexualdelikten gegen das Kind spielt der Inzest eine besondere Rolle. Täter sind Vater oder Bruder, Opfer sind häufig Mädchen. Man schätzt, daß etwa Dreiviertel der Inzestfälle auf Vater-Tochter-Beziehungen entfallen.

Das Rechtsgut, das der Inzest verletzt, sind Ehe und Familie, aber auch die psychische Integrität des mißbrauchten Partners.

Der Geschlechtsverkehr zwischen nahen Verwandten gilt im europäischen Raum seit Menschengedenken als verabscheuungswürdig, aber auch die meisten Naturvölker haben eine solche Sexualbetätigung tabuisiert, wodurch die ,,natürliche Inzestschranke" erhalten bleiben soll. Exogene Faktoren verschiedener Art, im besonderen Maße die der Erziehung, spielen dabei eine wichtige Rolle. Grundsätzlich gilt das Verbot des Geschlechtsverkehrs zwischen Verwandten in gerader Linie und zwischen Geschwistern der Sicherung der Familie und der Verhütung ernster Konfliktsituationen, die das Zusammenleben unerträglich machen könnten. Das gilt vor allem schon wegen ihrer sozialen Konsequenzen für den Inzest zwischen Vater und Tochter.

Der Inzest soll entgegen den tatsächlichen Gegebenheiten (*Rennert* 1957; *Fikentscher* u. a. 1978; *Weiss* 1979; *Trube-Becker* 1979) kaum eine Rolle spielen, und es werden sehr zu Unrecht sogar Änderungen der einschlägigen Strafbestimmungen vorgeschlagen (*Heinz* 1972; *Kerscher* 1973; *Herbold* 1977), abgesehen von den Forderungen der Pädophilen, die entsprechenden Strafbestimmungen ganz aufzuheben.

Beim Inzest handelt es sich um ein Delikt, das vor allem dann, wenn ein Kind Opfer der Tat geworden ist, einhellig von Familienmitgliedern verschwiegen wird. Infolge dessen sind sowohl in der Literatur als auch in der Kriminalstatistik kaum realistische Angaben darüber zu erhalten. Im übrigen wird diese Form des sexuellen Mißbrauchs in keiner Statistik als eigenständiges Delikt aufgeführt.

Aus den Angaben der polizeilichen Kriminalstatistik Nordrhein-Westfalen aus dem Jahre 1980 ergibt sich lediglich, daß 150 weibliche und 53 männliche Kinder bis zum Alter von sechs Jahren Opfer eines Delikts gegen die sexuelle Selbstbestimmung geworden sind. Bei den sechs- bis 14jährigen erhöht sich dieser Anteil sogar auf 3389 bzw. 897 Opfer (**Übersicht 25**). Als Täter werden beim sexuellen Mißbrauch von Kindern 1789 Männer und 19 Frauen ausgewiesen, ein Verhältnis von 99 : 1 Prozent (**Übersicht 26**).

Übersicht 25 Sexualstraftaten gegenüber Kindern

	Straftat	Alter u. Geschl. der Opfer					
		< 6		6 – 14		14 – 18	
		w	m	w	m	w	m
1	Sex. Nötigung	2	—	25	11	258	21
2	Sex. Mißbrauch	147	52	3258	874	—	—
3	Vergewaltigung	—	—	33	—	445	—
4	Sexualmord	1	—	1	—	—	—
5	gegen sex. Selbstbestimmung	150	53	3389	897	882	62

Polizeil. Kriminalstatistik NRW 1980

Übersicht 26 Sexueller Mißbrauch von Kindern

Täter und Tatverdächtige	Anzahl der Täter	
	v. H.	abs.
weiblich	1,0	19
männlich	99,0	1789
Insgesamt	100,0	1808

Polizeil. Krininalstatistik NRW 1980

Gerade in Gerichtsverfahren, zu denen es hin und wieder kommt, entsteht nicht nur der Eindruck, daß es sich beim Inzest um ein sehr seltenes Ereignis handelt, sondern es kristallisieren sich auch bestimmte Vorstellungen über Täter-Opfer-Persönlichkeiten sowie über das Milieu heraus. Dazu ist festzustellen, daß Inzest in allen sozialen Kreisen vorkommt, was auch durch eigene Untersuchungen (*Trube-Becker*, noch nicht veröffentl.) Bestätigung erhalten hat.

Nur dann, wenn es auch zu anderen Zeichen der Gewalteinwirkung oder zu erheblichen Verletzungen der Genitalorgane kommt, die eine ärztliche Behandlung unerläßlich machen, wird ein solcher Fall aufgedeckt. Ich verweise in die-

115

sem Zusammenhang besonders auf Fall 58 Tab. IV (Abb. 19a, b, c) in dem ein neun Monate altes Kleinkind, das den Entwicklungsstand eines sechs Monate alten Kindes hatte, mit eingerissenen Genitalorganen — Vagina und After waren kloakenförmig zerstört — erst etwa vier Wochen nach der Tat von seiner Mutter und deren Freund zu einer Operation in Krankenhausbehandlung gebracht wurde. (*Dr. Mühlenberg*, Krefeld)

Inzwischen hat der Fall — sowohl der leibliche Vater als auch der Freund der Kindesmutter gehörten zum Täterkreis — durch die Aufmerksamkeit einer Kinderkrankenschwester geklärt werden können. Der Schwester fiel das Verhalten des Freundes der Kindesmutter, der das Kleinkind regelmäßig besuchte, auf. Er nahm das Kind aus dem Bett, knutschte es ab und drückte es, küßte es auf alle Körperpartien und betätigte sich dabei an seinem Hosenschlitz. Diese Information führte zu nochmaliger intensiver Vernehmung des Mannes, der die Tat zunächst bestritt. Hausdurchsuchungen brachten außerdem eigentümliche Gewohnheiten des Täters zutage: es wurde das Foto eines Nachbarkindes, das von den Eltern schon längere Zeit vermißt worden war, gefunden, aber auch andere Hinweise sprachen dafür, daß sich der Mann auch mit Säuglingen und Kleinkindern anderer Eltern — eigene Kinder hatte er nicht — allzu intensiv befaßt hat und durch solche Betätigung auch zu sexueller Erregung gelangt ist.

Inzwischen ist das Verfahren abgeschlossen. Unter dem Druck der ihn belastenden Ermittlungsergebnisse gestand der Täter die Tat und wurde zu neun Jahren Freiheitsentzug verurteilt.

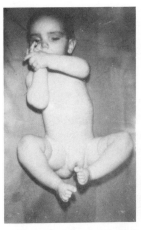 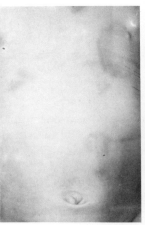 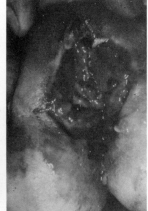

Abb. 19: 9 Monate altes Mädchen, Entwicklungsstand eines 6 Monate alten Säuglings (19a), mit Bißringen unterhalb der linken Brustwarze (19b) und kloakenförmig eingerissenen Genitalien (19c).

116

Das Kind, das sich inzwischen bei Pflegeeltern befindet, soll sich gut entwickelt haben, aber immer noch unter den Folgen des sexuellen Mißbrauchs leiden. Während der Klinikbehandlung mußte ein Anus praeter angelegt werden, der bislang noch nicht hat zurückverlegt werden können. Zur Wiederherstellung der Genitalorgane sind nach ärztlicher Information weitere Operationen erforderlich.

Für die Mitteilung dieses Falles, die fotografischen Aufnahmen und die weiteren Informationen sei Herrn Dr. *Mühlenberg*, Städtische Kinderklinik Krefeld, herzlich gedankt.

Auch das zweijährige Kind im Fall 42 Tab. IV, das vorher mehrfach wegen Mißhandlungsfolgen in klinischer Behandlung war, zeigte außer zahlreichen Hämatomen, Schürfwunden und Kratzern als Folge des sexuellen Mißbrauchs einen tiefreichenden Aftereinriß.

Das mittlerweile 15 Jahre alt gewordene Mädchen im Fall 3 Tab. IV wurde seit Jahren von seinem Vater mißbraucht. Erst äußerlich erkennbare Verletzungsspuren und Hämatome haben die Umgebung auf den sexuellen Mißbrauch durch den Vater des Kindes aufmerksam gemacht.

Weder Lehrer noch Hausmeister haben eingegriffen

Der sexuelle Mißbrauch eines siebenjährigen Mädchens durch den Stiefvater (Fall 24 Tab. IV) ist erst zutage getreten, als der Tod des zwei Jahre alten Brüderchens Ermittlungen und rechtsmedizinische Untersuchungen erforderlich machten. Das Mädchen befand sich in einem sehr schlechten Allgemeinzustand, war verängstigt und verstört. Angst und innere Nöte hatten dazu geführt, daß das Kind — Schülerin des 1. Schuljahres — von seiner Mutter kaum betreut, sich abends voll bekleidet zu Bett legte, um morgens rechtzeitig in die Schule zu kommen. Da es keine Uhr besaß, stand es oft zwei bis drei Stunden vor Unterrichtsbeginn hungrig und frierend vor dem Schultor. Weder Hausmeister noch Lehrer, von denen das Kind beobachtet worden war, haben eingegriffen. Erst als Mitschüler sich über den üblen Geruch, der von der unsauberen Kleidung des Kindes ausging, beschwerten, nahm sich eine Lehrerin des Kindes an. Das Kind, mittlerweile in einem Heim untergebracht, hat sich zu einem aufgeweckten, interessierten Mädchen entwickelt.

Besonders typisch für den Verlauf vieler Inzestfälle ist Fall 51 Tab. IV. Das inzwischen 16jährige Mädchen war von frühester Kindheit an von seinem Vater sexuell mißbraucht worden. Der Vater, ein Despot, gegen den kein Familienmitglied ankam, hatte das Kind zum Geschlechtsverkehr gezwungen. Später wurde das Mädchen geprügelt und letztlich gewürgt. Durch den Kontakt mit Schulfreundinnen bestärkt, den der eifersüchtige Vater nicht hat verhindern können, und aus der Erkenntnis heraus, daß das Verhalten des Vaters ihr gegenüber nicht einwandfrei sei, fing das Mädchen allmählich an, dem Vater den Geschlechtsverkehr zu verweigern.

Bei der Untersuchung wurden ausgeprägte Würgemale am Hals und Bißspuren an mehreren Stellen der Extremitäten und der Brust festgestellt. Die obere Körperhälfte war übersät mit Petechien. Aus einem Geschlechtsverkehr mit ihrem Vater will das Mädchen auch einmal gravide gewesen sein und die Frucht abgetrieben haben.

Dieser Fall ist gerade deshalb typisch für den Verlauf vieler Vater-Tochter-Inzestfälle, weil es mit dem Heranwachsen der Tochter gelingt, auch außerhalb der Familie Verbindungen anzuknüpfen oder Freunde zu gewinnen und sich ihnen anzuvertrauen. In ihrem Entschluß bestärkt, findet sie dann den Mut, die väterliche Wohnung zu verlassen, wodurch die inzestuösen Handlungen zwischen Vater und Tocher zwangsläufig aufhören, es wird nie mehr von der Tat gesprochen, die dann natürlich in keiner Statistik auftaucht und schon gar nicht strafrechtlich verfolgt werden kann.

Eigentümliche Einstellung der Verfolgungsorgane

Daß inzestuöser Mißbrauch durch den Vater für das Opfer tödlich enden kann, zeigen unsere Fälle. Zu den von uns obduzierten Opfern von Mißhandlungen mit Todesfolge gehören vier Kleinkinder, die von ihrem Vater sexuell mißbraucht worden sind. Besonders eindrucksvoll ist in dieser Hinsicht Fall 57 Tab. I (Abb. 20a, b): Das fast dreijährige Mädchen wurde übersät mit striemenartigen Spuren, vor allen Dingen im Bereiche des Unterbauches und der Innenseite der Oberschenkel, sowie zahlreichen Hämatomen, ausgedehnten Genitalverletzungen und Blutungen in der Umgebung des Anus in Klinikbehandlung gebracht. Das Kind starb an den Folgen eines subduralen Hämatoms, das sich nach den Einwirkungen stumpfer Gewalt auf den Kopf gebildet hatte.

Im Strafverfahren gegen den Pflegevater, der schon einschlägig aufgefallen sein soll, hat der sexuelle Mißbrauch angeblich nicht mit der erforderlichen Sicherheit nachgewiesen werden können. Sachverständige aus Klinik und Rechtsmedizin haben indessen in der Hauptverhandlung die Spuren eindeutig als Folgen sexuellen Mißbrauchs gewertet. Das dreijährige Mädchen soll sich die Spuren eigenhändig beigebracht haben, es habe häufig an den Genitalien ,,gefummelt'' und soll sogar einen viereckigen Bauklotz in den After eingeführt haben!? Die Striemen sollen von Peitschenschlägen durch den fünfjährigen Bruder herrühren!? Dennoch, solchen Einlassungen des Angeklagten ist das Gericht voll und ganz gefolgt.

Dazu ist zu bemerken, daß Kinder im Alter zwischen vier und sechs Jahren zwar aus Neugierde Interesse an ihren Genitalien zeigen, sich aber dabei nicht

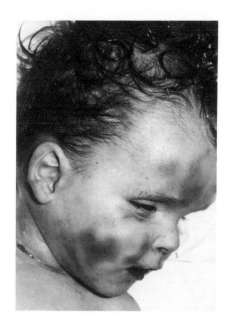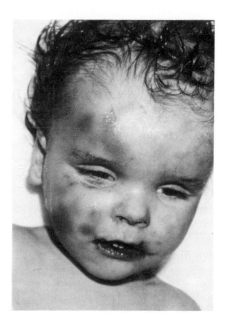

Abb. 20: 18 Monate alter Junge mit u.a. zahlreichen Hämatomen frischer und älterer Natur im Gesicht und am Kopf (20a), Hirnödem und Blutungen (20b).

derart wie das von uns begutachtete Kind verletzen. Dazu sind sehr schmerzhafte Manipulationen erforderlich. Spielerisches Betasten oder „Befummeln" bei sog. Doktorspielen hätten niemals ausgereicht, die bei dem Kinde erhobenen Befunde hervorzurufen. Aus rechtsmedizinischer Sicht muß davon ausgegangen werden, daß es sich bei den Verletzungsmustern um Folgen von Genitalmanipulationen durch erwachsene Personen gehandelt hat. Trotzdem war von sexuellem Mißbrauch des Kindes überhaupt keine Rede.

Es ist eigentümlich, mit welcher Diskretion Ermittlungsbehörden und sogar die Gerichte gerade den Inzest behandeln. Entweder man glaubt dem Mädchen nicht, stellt es als Lügnerin hin, zumal der Vater in den meisten Fällen die Tat abstreitet, oder mißt dem Geschehen — dies vor allem bei Kleinkindern, die zur Aussage selbst nicht fähig sind — keine Bedeutung bei.

Nach Überzeugung von *Kempe* (1980) haben Inzestfälle in den USA in den letzten Jahren beträchtlich zugenommen, was höchstwahrscheinlich auch für den europäischen Bereich gilt. Ursächlich seien die Veränderung des Familienlebens: steigende Scheidungsziffern, Geburtenkontrollen, Abtreibungen und eine tolerantere Einstellung zu sexuellen Handlungen zwischen nicht verwandten Haushaltsmitgliedern, die aus geschiedenen oder getrennten Ehen kommen. Dies treffe sowohl für Stiefvater-Stiefkinder- als auch für Stiefgeschwister-Beziehungen zu, die zwar als Familie leben, aber nicht blutsverwandt sind.

Daß der Inzest zwischen Geschwistern auch zu einem tödlichen Ende führen kann, zeigen unsere Fälle 4 und 16 Tab. XI). Im Fall 4 wurde das Kind getötet, um den sexuellen Mißbrauch durch den Halbbruder zu verdecken. Bißringe am Arm und andere Abwehrspuren sprechen dafür, daß das Kind sich während der Tat heftig gewehrt hat. Der 20jährige Bruder im Fall 16 Tab. XI hat, um den Fall noch einmal ins Gedächtnis zurückzurufen, das schlafende und damit wehrlose Mädchen zunächst getötet, um an der Sterbenden den Geschlechtsverkehr ausüben zu können (vgl. auch S. 108 u. 109).

Auch andere Fälle unseres Kollektivs zeigen, daß Inzest keineswegs — wie neuerdings vielseitig behauptet — ohne Gewalt vonstatten geht. Zwar ist die Autorität des Vaters ein wirksamer Faktor, um die zunächst oft noch sehr jungen Mädchen gefügig zu machen. Erst später, wenn die Mädchen älter werden und aus dem Hause drängen, werden sie mit Gewalt vom Vater mißbraucht, so im Fall 29 Tab. XI, in dem das Mädchen sogar mit dem Tode gebüßt hat.

Andererseits können sich Vater-Tochter-Inzestfälle über viele Jahre bis ins Erwachsenenalter der Tochter erstrecken, wie einige von uns begutachtete Fälle zeigen. Die inzwischen 20 Jahre alt gewordene Tochter eines Arbeiters hatte während des inzestuösen Verhältnisses mit ihrem Vater fünf lebensfähige ausgetragene Kinder geboren, die jedesmal kurz nach der Geburt mit Wissen sowohl des Erzeugers — Vater und Großvater — als auch der Mutter getötet und im Garten verscharrt wurden. Die junge Frau hatte nachweislich keinerlei Gelegenheit, mit einem anderen Mann den Geschlechtsverkehr auszuüben, schon weil der eifersüchtige Vater täglich seine Tochter zur Arbeitsstelle brachte und sie pünktlich von dort wieder abholte. Die Mutter war, wie in vielen solcher Fälle, über das Verhältnis zwischen Vater und Tochter durchaus orientiert und sogar damit einverstanden.

Auch Ärzte glauben kaum an solche Möglichkeiten

Mir sind außerdem mehrere einschlägige Fälle aus der erbbiologischen Praxis bekannt, in denen die Abstammung des Kindes aus einer inzestuösen Verbindung mit dem Vater oder Bruder hat geklärt werden sollen; naturgemäß kann im einzelnen an dieser Stelle darauf nicht eingegangen werden. Trotzdem ist es erstaunlich, daß nach wie vor nicht nur von Laien, sondern auch von Ärzten dem Inzest in der verschiedenen Form, wie er in den Familien vorkommt, mit Unglauben begegnet wird. Deshalb wird auch der Arzt bei körperlichen und psychischen Störungen der Opfer kaum oder gar nicht an die Möglichkeit solcher Gewalttaten denken.

Auch aus der Literatur lassen sich bis in die neueste Zeit nur Einzelbeobachtungen entnehmen. Erst in den letzten Jahren haben Forscher versucht, durch großangelegte Studien und anonyme Befragungen von Frauen Angaben zu inzestuösen Erlebnissen in der Kindheit zu erhalten. Dazu gehört vor allem *Weiss* (1980), der 14 Tage lang einen Telefonanschluß für anonyme Anrufe für Frauen zur Verfügung gestellt hat und über die Flut von Mitteilungen, die noch nicht ausgewertet sind, erstaunt war, ebenso wie *Fikentscher* u. Mitarb. (1978), die 1286 männliche und 1013 weibliche Personen über sexuelle Erlebnisse in der Kindheit befragt haben. Durch diese Untersuchungen haben die vielen längst bekannten Tatsachen bestätigt werden können, daß gerade beim Inzest die Dunkelziffer besonders groß ist und daß Außenstehende nur selten über dieses Delikt etwas erfahren, was aber nicht zu der Annahme führen darf, es spiele kaum eine Rolle und erst recht nicht dazu, die einschlägigen Strafbestimmungen aufzuheben.

Untersuchungen zu den psychischen Folgen des Inzests stammen vor allem aus psychiatrischem Bereich (*Rosenfeld* — 1979; *Powell* 1978; *Männel* 1980).

5. Sexueller Mißbrauch von Kindern durch Fremde

Auch der sexuelle Mißbrauch von Kindern durch fremde Personen ist relativ häufig, viel häufiger jedenfalls, als es den Anschein hat. Die Dunkelziffer ist schon wegen der Ermittlungsschwierigkeiten groß. Opfer dieses Delikts sind nicht selten Kleinkinder, die einmalig einem solchen Erlebnis ausgesetzt worden sind, ohne körperliche Folgen, so daß weder ärztliche noch sonstige Hilfe in Anspruch genommen und mit den psychischen Folgen dieses Delikts erst recht niemand konfrontiert wird. Der Täter bleibt in der Regel unerkannt.

6. Die Pädophilie

Anders verlaufen pädophile Beziehungen zwischen Erwachsenen und Kindern der Altersgruppen der acht- bis 14jährigen (*Potrykus* u. *Wöbke* 1974). Von Pädophilen, dabei handelt es sich um erwachsene Personen — Mann oder Frau —, bei denen sich die Liebesneigung ausschließlich oder überwiegend auf Kinder des anderen oder eigenen Geschlechts vor und im Pubertätsalter richtet, wird sogar die Aufhebung der Paragraphen, welche die sexuellen Handlungen mit Kindern unter 14 Jahren unter Strafe stellen, gefordert. — Ohne näher darauf eingehen zu können, sei der Hinweis gestattet, daß anscheinend harmlose pädophile Handlungen wie Küssen, Streicheln, Betasten des Körpers und der Genitalorgane nur allzu leicht übergehen können in regelrecht ausgeprägte sexuelle Taten bis zum Sexualverkehr. Schon aus diesem Grunde sind die Forderungen der pädophilen Gruppen auch aus rechtsmedizinischer Sicht abzulehnen.

Potrykos u. *Wöbcke* (1974) halten pädophiles Verhalten nicht für geeignet, schwerwiegende Folgen herbeizuführen. Sie sind sogar der Meinung, daß unter Berücksichtigung neuerer Erkenntnisse nur dann gestraft werden dürfe, wenn objektiv nachweisbare Schäden aufgetreten seien, wie es wohl nur bei aggressiven Delikten der Fall sei, während es bei nicht aggressiven Delikten keine Opfer gäbe und demnach auch keinen Schaden, der aus der Tat an sich resultiere. In solchen Fällen sei die Bestrafung der Pädophilen völlig unangebracht.

Wo aber liegt die Grenze zwischen nichtaggressivem und aggressivem Verhalten der Täter?

Brongersma (1980) meint sogar, daß die enorme Anzahl der Kinder, die pädosexuelle Handlungen erleben, deutlich mache, daß es sich dabei um recht alltägliches Vorkommnis handele und daß schädliche Folgen gewöhnlich nicht erkennbar seien (m. E., weil man sich nicht darum kümmert!). Auch Autoren wie *Rasmussen* (1934), *Landis* (1956), *Lempp* (1968), *Burton* (1968), *Bernard* (1970), *Corstjen* (1975) und *Kühn* (1980) kommen zu den übereinstimmenden Schlußfolgerungen, daß von einem Schaden durch den sexuellen Kontakt an sich nichts nachzuweisen sei. Das Kind sei allenfalls traumatisiert durch die Reaktionen der entsetzten Eltern oder infolge der verschiedenen Vernehmungen durch Polizeibeamte, Psychologen und Richter. Dadurch könne das, was als unschuldiges oder etwas ungehöriges Spiel erschienen sei, plötzlich als sehr sündhaft, ekelig oder verbrecherisch angesehen werden. — Dem könnte durch Verfahrensänderungen abgeholfen werden, zumal nach Forschungsergebnissen aus der forensischen Psychologie nur 10 v. H. Kinder lügen.

Aus vielen Gründen kann jedenfalls aus rechtsmedizinischer Sicht den Forderungen der Pädophilen und den damit übereinstimmenden Autoren nicht gefolgt werden. Auch die Folgen nichtaggressiven Verhaltens können gravierend sein, wie Untersuchungen aus jüngster Zeit zeigen (*Powell* 1978, *Mikirtumov* 1979, *Rosenfeld* 1979). Agressives Verhalten kann sogar den Tod des Kindes zur Folge haben, wie einschlägige Fälle erweisen. Im übrigen würden sich nach der Aufhebung der Strafbestimmungen nur allzu bald die Zustände entwickeln, die gerade dazu geführt haben, den sexuellen Mißbrauch von Kindern und Abhängigen unter Strafe zu stellen und wie sie von *de Mause* (1977) aus historischer Sicht so eindrucksvoll beschrieben werden.

Nicht nur in der Antike lebte das Kind in seinen ersten Lebensjahren in einer Atmospäre sexuellen Mißbrauchs, sondern bis ins 19. Jahrhundert hinein — auch in den Ländern Europas. Küssen und Saugen an der Brust des Kleinkindes, Berühren der Hoden, der Brustwarzen und des Penis, Ablecken der Haut mit der Zunge, Spielen mit dem Geschlechtsteil, sogar während einer Eisenbahnfahrt, Analverkehr mit Knaben, die noch nicht 11 Jahre alt waren — der Beischlaf mit Kindern unter neun Jahren galt noch nicht als Sexualakt —,

Verkaufen der Kinder — auch Knaben — in Kinderbordelle und vieles kaum Vorstellbare waren an der Tagesordnung. Nicht nur Eltern, sondern auch Diener und andere Erwachsene bedienten sich des Kindes zur Befriedigung ihrer eigenen sexuellen Wünsche. Alles pädophile Manipulationen, die wir in der heutigen Zeit durch Aufheben der Strafbestimmungen nicht noch fördern sollten.

7. Bißspuren u. a. als Hinweis auf sexuelle Mißhandlung

Vielleicht wird nach diesen kurzgehaltenen Ausführungen verständlich, daß neben den aus rechtsmedizinischer Sicht besonders interessierenden Verletzungen der Genitalorgane auch Bißspuren bei mißhandelten und getöteten Kindern für sexuell motiviert angesehen werden müssen, zumal sie häufig an den Oberschenkeln, den Mammae, der Gesäßgegend oder in der Nähe der Genitalien, also im Bereiche der sog. erogenen Zonen, nachgewiesen werden.

Bißspuren, über die schon mehrfach im Zusammenhang mit der Kindesmißhandlung berichtet worden ist (*Nix* 1958; *Luntz* u. *Luntz* 1973; *Sims* et al. 1973; *Levine* 1973; *Trube-Becker* 1973, 1977; *Wild* 1979; *Endris* 1980) stellen Zeichen sexuell motivierter Handlungen, selbst an Kleinkindern, dar. Dafür sprechen auch einige Mitteilungen aus der älteren Literatur.

Von *Walter* (1909) wird ein jugendlicher Lustmörder beschrieben, der seine Opfer, kleine Jungen, würgte, ihnen Stiche beibrachte und in die Wangen biß. Der Kindesmörder *Griffeths* biß ein kleines Mädchen, als es sterbend auf dem Gesicht lag, in die linke Hinterbacke (*Godwin* 1950). In einem von *Handtke-Zrastrow* übermittelten Fall ist ein Knabe einem pädophilen Notzuchtsakt zum Opfer gefallen. Auf der linken Wange wurde eine Bißspur festgestellt (*v. Hentig* 1958). *V. Hentig-Viernstein* (1925) berichtet über einen Vater, der an seinen Kindern, Mädchen im Alter von 10 und sieben Jahren, unzüchtige Handlungen vornahm und die Kinder dabei in Brust und Gesäß biß.

Schon im Mordprozeß gegen den Marquis de Nayvie sagte die Ehefrau aus, daß ihr Mann beim Mathematikunterricht schlug und auch biß (*Bataille* 1895). *Zerndt* (1964) berichtet von einem Lustmord an einem fünfjährigen Knaben, bei dem zwischen Nabel und Genitalien in der Haut des Unterbauches ein Bißring nachgewiesen wurde.

12 der zu Tode mißhandelten Kinder unserer Zusammenstellung (Tab. I) sowie 7 der mißhandelten ohne Todesfolge (Tab. IV) zeigten u. a. Bißspuren an den typischen Stellen.

Bißmarken sind im übrigen auch bei Sexualtötungen von Erwachsenen gerade in erogenen Zonen häufig anzutreffen (*v. Hentig* 1958; *MacDonald* et al. 1976; *van Hecke* 1966; *Furness* 1969; *Harvey* 1973; *Luntz* and *Luntz* 1973; *Endris* et al. 1975) und erhärten somit die Behauptung, daß auch Beißen sexuell motiviert sein kann. Der Übergang zwischen Küssen und Beißen ist nur fließend. Das gleiche gilt für weitere ähnliche Handlungen, die u.U. zu schwerwiegenden psychischen Folgen führen können.

So sprechen striemenartige Spuren über der Innenseite der Oberschenkel und im Bereich der Genitalorgane, die nur bei gespreizten Beinen erzeugt werden können, für sexuell motivierte Handlungen, ebenso wie ausgedehnte Unterblutungen über der Gesäßgegend. Gerade bei Schlägen auf die Gesäßpartie muß das Kind eine nach vorne gebeugte Haltung einnehmen — das Kleinkind wird entsprechend gehalten —, um so dem Täter seine Gesäßpartie entgegenzustrecken, im Tierreich eine Demutshaltung.

In diesem Zusammenhang sei auf eine Form der Bestrafung von Knaben in der Schule — heute zwar verboten — hingewiesen. Der Lehrer, der seine

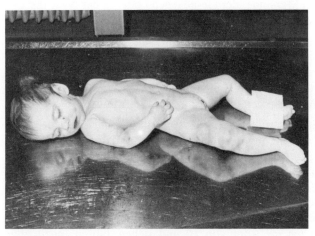

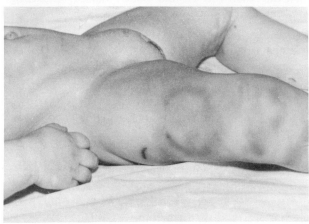

Abb. 21:
Dreijähriges Mädchen
mit subduralem
Hämatom (21a), zahl-
reichen Bißringen im
Bereich der erogenen
Zonen (21b) und
Darmriß.

124

Schüler durch rhythmisches Prügeln strafte, zwang die Knaben sogar — bei Mädchen zwar nicht üblich, weil die sexuelle Motivation wahrscheinlich zu deutlich geworden wäre —, das Gesäß zu entblößen, sich vornüber zu beugen, um es so für die Stockschläge darzubieten. Es wird sogar behauptet, ,,der Überlegene werde so in die Lage versetzt, die sich im Verlaufe der Züchtigung einstellende Rötung der Hinterbacken des Übergelegten zur Kenntnis zu nehmen — jene Rötung, die so lebhaft an den gleichen Effekt beim sexuell erregten Weibchen (Affen) erinnert''. (*Morris* 1968).

Vielleicht werden die entsprechenden Befunde an den kindlichen Opfern der mehr oder weniger ausführlich zitierten Fälle auch als Folgen sexuell motivierter Handlungen verständlicher. — Von Schlägen auf die Gesäßpartie oder dem Beißen in den Bereich der erogenen Zonen ist es nicht mehr weit bis zum regelrechten sexuellen Mißbrauch (Abb. 21 a, b, c, — Fall 28, Abb. 22, — Fall 38 Tab. I).

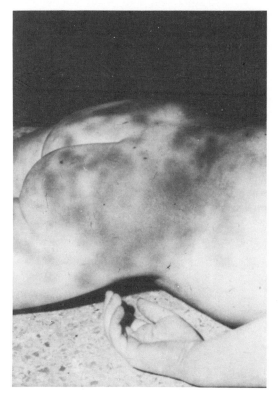

Abb. 22: Zweijähriger Junge mit zahlreichen Hämatomen über Gesäß (!) und Rücken, subduralem Hämatom, Hirnödem.

8. Psychischer Schock als Folgeerscheinung sexuellen Mißbrauchs

Neben körperlichen Folgen verschiedener Art darf der psychische Schock als Folgeerscheinung des sexuellen Mißbrauchs nicht übersehen werden. Nachhaltige negative psychische Auswirkungen auf die Persönlichkeitsentwicklung, vor allem bei Mädchen, — auch im Hinblick auf die spätere Sexualentwicklung und vor allem im Verhalten dem späteren Sexualpartner oder dem Ehemann gegenüber — zeigen, daß pädophile Handlungen keineswegs so harmlos sind, wie in jüngster Zeit immer wieder behauptet wird. Der gleichen Meinung sind auch *Orel* (1932), *Geisler* (1959), *Friedmann* (1962), *Niemann* (1974), der ausgedehnte kriminologische Untersuchungen anhand von Hamburger Gerichtsakten durchgeführt hat, *Scholz* (1975), *Wallace* (1975), *Weiss* (1977), *Puxon* (1979), *Smith* et al. (1979), *Volk* u.a.(1979) und *Kempe* u. *Kempe* (1980), um nur einen Teil der Autoren der zu diesem Gebiet zahlreichen Veröffentlichungen zu zitieren.

Nur in den üblichen Handbüchern ist wenig oder gar nichts über Spätfolgen von Sittlichkeitsdelikten bei Kindern und Jugendlichen zu finden, so daß durchaus der Eindruck entstehen kann, es gäbe überhaupt keine solchen Folgen, der Neigung des Mediziners entgegenkommend, funktionelle, rein seelische Schäden allzu gering einzuschätzen und erst recht nicht als Folgen sexuellen Mißbrauchs im Kindesalter zu werten. Einbegriffen sind auch Psychiater, sofern sie nicht besondere Erfahrungen auf sexualpathologischem Gebiet haben.

Zweifelsfrei gibt es gravierende Spätschäden, dazu gehört u.a. auch die Frigidität, die ohne psychoanalytische Behandlung nicht zu beseitigen sind. Darauf wird u.a. auch von *Friedmann* (1962), *Brunold* (1962, *Levin* et al. (1972) hingewiesen. Um so unverständlicher sind die Bestrebungen pädophiler und damit harmonisierender Autoren, die Strafbestimmungen völlig abzuschaffen. Im übrigen handelt es sich bei den meisten Tätern nicht um echte Pädophile, sondern um solche, die sexueller Betätigung mit Erwachsenen den Vorzug gäben, wenn sie die Gelegenheit und den Mut dazu hätten.

Fünfter Teil

Schweigepflicht und Zeugnisverweigerungsrecht des Arztes bei Delikten gegen das Kind

1. Schweigepflicht und Zeugnisverweigerungsrecht
2. Demonstration: typisch für Lebens- und Leidensweg eines Kleinkindes und typisch für allzu große Duldsamkeit der Ärzte

1. Schweigepflicht und Zeugnisverweigerungsrecht

Es gibt kaum ein Gebiet der ärztlichen Rechts- und Standeskunde, das dem Arzt trotz zahlreicher einschlägiger Veröffentlichungen so viel Schwierigkeiten bereitet wie das der ärztlichen Schweigepflicht, auch im Hinblick auf sein Verhalten bei Gewaltdelikten gegen das Kind.

Nach § 203 StGB wird derjenige bestraft, der **unbefugt** ein Geheimnis offenbart, das ihm in seiner Eigenschaft als Arzt ... anvertraut oder bekanntgeworden ist. Aus dieser Formulierung ergibt sich die Befugnis zur Offenbarung. In erster Linie liegt sie dann vor, wenn der Arzt durch den Patienten, dem Geheimnisherrn, von seiner Schweigepflicht entbunden worden ist.

Die Befugnis zur Offenbarung kann aber auch dann gegeben sein, wenn sie im wohlverstandenen Interesse und mit mutmaßlicher Einwilligung des Patienten geschieht. Diese Auslegung der gesetzlichen Bestimmung ist praktisch von Bedeutung, wenn vom Patienten eine Erklärung seiner Einwilligung, aus was für Gründen auch immer, nicht eingeholt werden kann. Dies ist der Fall bei bewußtlosen und bei narkotisierten Kranken, aber auch bei Kleinkindern. Entscheidend ist in diesen Fällen, ob die Preisgabe des Geheimnisses im Interesse des Patienten liegt und ob nach objektivem Urteil seine Einwilligung zu erwarten gewesen wäre. Die Offenbarung muß demnach im gegebenen Zusammenhang, um rechtmäßig zu sein, im Interesse des mißhandelten oder mißbrauchten Kindes liegen. Es muß auch mit seiner mutmaßlichen Einwilligung gerechnet werden können.

Der Widerstreit um die Preisgabe zweier rechtlich geschützter Güter — der ärztlichen Schweigepflicht einerseits und dem Schutz von Leib und Leben des Patienten andererseits —, der nicht auf andere Weise als durch die Verletzung eines dieser Rechtsgüter gelöst werden kann, muß vom Arzt in eigener Verantwortung nach gewissenhafter Prüfung auf dem Wege der Interessen- und Güterabwägung entschieden werden.

Dabei ist im Hinblick auf die Kindesmißhandlung festzuhalten, daß der Arzt nach der gegebenen Rechtslage zur Anzeige **nicht verpflichtet** ist. Dadurch wird ein ganz besonderes Vertrauen in die ethische Einstellung des Arztes gelegt. Er allein muß entscheiden, ob die Anzeige bei der Polizei **geboten** ist, oder ob zunächst die Möglichkeit besteht, den Schutz des Kindes auf andere Weise zu erreichen, wie etwa durch Rücksprache mit den Eltern über Erziehungsschwierigkeiten, die häufig Anlaß für die Mißhandlung geben, durch Benachrichtigung und Einschalten öffentlicher Fürsorgeeinrichtungen, vielleicht auch durch eigene Hausbesuche, um die häuslichen Verhältnisse in Augenschein zu nehmen und den Zustand der übrigen Kinder unauffällig überprüfen oder sonstige Sorgen der Familie als Folge der Trunkenheit des Vaters oder auch der Mutter in Erfahrung bringen zu können. Dabei ist von Bedeutung, daß Mißhandlung und sexueller Mißbrauch nicht an eine bestimmte soziale Bevölkerungsschicht gebunden sind.

Wichtig für das richtige Verhalten des Arztes ist, daß er seine ärztliche Tätigkeit ernst nimmt und auch die Probleme der Familie mit in den Bereich seiner ärztlichen Tätigkeit einbezieht. Nichts zu tun und das hilflose Kind sich und den Eltern zu überlassen, ist in jedem Falle falsch. Der Arzt ist eine der wenigen Personen, welche die Möglichkeit haben, das Kind in Augenschein zu nehmen und Einblick in Familieninternes zu erlangen. Das Kind kann dem Hausarzt wegen einer akuten Erkrankung vorgestellt werden, und dieser kann so „in seiner Eigenschaft als Arzt" auch den vernachlässigten Zustand des Kindes und die Mißhandlungsspuren erkennen.

Das Kind kann dem Arzt aber auch zugeführt werden, weil es als Folge der Mißhandlung oder Vernachlässigung bedrohliche Krankheitszeichen bietet und die Eltern nun doch von Angst oder Sorge erfüllt, den Arzt aufsuchen. Sie werden, um den Zustand des Kindes zu erklären, die üblichen Schutzbehauptungen für die Spuren von Gewalteinwirkungen oder den schlechten Allgemeinzustand des Kindes vorbringen.

Die dritte Möglichkeit ist dann gegeben, wenn der Arzt anläßlich der Untersuchung eines anderen Familienangehörigen zufällig auf das vernachlässigte oder mißhandelte Kind aufmerksam wird.

Voraussetzung dafür ist aber einmal, daß der Arzt die Symptome der Mißhandlung, Vernachlässigung und des sexuellen Mißbrauchs und die Spuren, die eindeutig darauf hinweisen, kennt und erkennt, zum anderen, daß er darüber unterrichtet ist, in welcher Weise er beim Verdacht auf eine strafbare Handlung dem Kinde gegenüber zur Offenbarung befugt ist, um weiteres Unheil zu verhindern.

Der nur auf Diagnose und Therapie von Krankheit eingestellte und auf dem Spezialgebiet der forensischen Medizin unerfahrene Arzt, erkennt oft Verletzungsspuren nicht als Spuren von Mißhandlung, Vernachlässigung oder sexuellen Mißbrauchs, auch wenn sie noch so typisch sind. Viel eher wird den Schutzbehauptungen der Eltern geglaubt. Allenfalls wird das Kind in ein

Krankenhaus eingewiesen, um dann nach erfolgter Heilung wieder in das gleiche häusliche Milieu entlassen zu werden. Nach Ablauf von einigen Wochen wird es nicht selten in ähnlichem Zustand erneut in die Klinik eingeliefert, um schließlich bleibende Schäden: Erblindung, cerebrale Blutungen, psychische Störungen, körperliche und psychische Retardierungen usw. zu erleiden oder letztlich auf dem Obduktionstisch zu landen.

Für den Arzt liegt — jedenfalls bis vor einigen Jahren — die Mißhandlung eines Kindes außerhalb seiner Lebens- und Vorstellungssphäre. Selbst in klinischen und pädiatrischen Lehrbüchern war bis zum Ende der 60er Jahre kaum etwas über die Folgen von Gewalttaten gegen das Kind zu finden.

Gerade der Arzt aber sollte die Zeichen einer Mißhandlung kennen und sie entsprechend werten. Nicht nur das Erkennen der Spuren als Folgen von Gewalttaten gegen das Kind machen dem Arzt — trotz oft eindrucksvoller Befunde — Schwierigkeiten, sondern auch deren Wertung und ganz besonders sein eigenes rechtes Verhalten. Zunächst wird er bei seinem Patienten die Möglichkeit der Kindesmißhandlung nicht in seine diagnostischen Erwägungen einbeziehen. Er ist allzu leicht geneigt, den Eltern und ihren Schutzbehauptungen Glauben zu schenken. Desweiteren mag er Schwierigkeiten mit den Eltern und Unannehmlichkeiten mit den Behörden befürchten. Im übrigen verweist er auf seine ärztliche Schweigepflicht, nicht wissend, daß nach § 203 StGB **nur die unbefugte Offenbarung** strafrechtlich verfolgt wird.

Außerdem sind die Opfer, die in seiner Praxis anfallen, in der Regel Kleinkinder, die sich auch dem Arzt gegenüber noch nicht äußern können. Die Folgen von Gewalteinwirkungen am größeren Kind wird der Arzt weit weniger zu sehen bekommen, weil das Kind der ärztlichen Untersuchung und Behandlung, jedenfalls durch Eltern, nicht zugeführt wird.

Zu der Frage, ob der Arzt überhaupt eine rechtlich bedeutsame Verpflichtung gegenüber einem Kind oder Minderjährigen zur Verschwiegenheit hat, läßt sich feststellen, daß das ärztliche Berufsgeheimnis nicht ausschließlich vom Zustandekommen eines Behandlungsvertrages zwischen Arzt und Patient, zu dessen Abschluß ein Minderjähriger nicht ohne weiteres imstande ist, abhängt. Wenn das Kind aus eigenem Antrieb den Arzt aufsucht, ist Voraussetzung für das Zustandekommen des strafrechtlich geschützten Vertrauensverhältnisses, daß es in der Lage ist, die heilende und helfende Tätigkeit des Arztes zu erkennen. Diese Voraussetzung ist beim Jugendlichen im allgemeinen schon lange vor der Volljährigkeit gegeben — er kann selbst entscheiden —, wogegen das Kleinkind, überwiegend Opfer der Mißhandlungen und Vernachlässigung, diese Erkenntnismöglichkeit nicht ohne weiteres hat, wenngleich von einem bestimmten Alter an es rein intuitiv erfassen kann, daß ihm geholfen werden soll und daß vielleicht der ,,Onkel Doktor'' der einzige ist, der ihm helfen kann.

Der Arzt ist nach derzeit geltendem Recht auch dann zum Schweigen verpflichtet, wenn ihm ein Geheimnis in seiner Eigenschaft als Arzt nicht nur anvertraut, sondern auch in anderer Weise bekanntgeworden ist, z.B. anläßlich des Besuches in der Familie zur Behandlung eines anderen erkrankten Familienangehörigen.

Arzt soll helfen und heilen, nicht leiden lassen

Er hat schließlich das Berufsgeheimnis auch zu wahren, wenn der Behandlungsvertrag zugunsten des Kindes von einem Dritten abgeschlossen wird. Bedeutsam ist in diesem Zusammenhang, daß Kleinkinder zum Arzt gebracht werden, so daß der Geheimnisherr nicht das Kind, sondern der Elternteil des Kindes ist, der das Kind dem Arzt zuführt. Daraus entsteht für den Arzt eine zusätzliche Schwierigkeit. Er fühlt sich den Eltern, die das Kind in die Sprechstunde bringen, um die Folgen der Mißhandlung oder einer akuten Erkrankung behandeln zu lassen, gegenüber verpflichtet.

Der Arzt sollte sich aber nicht starr auf diese Verpflichtung berufen. Er sollte wissen, daß der Arzt helfen und heilen, nicht aber leiden lassen soll.

Die getroffene Entscheidung wird, ob sie nun für oder gegen die Wahrung des Berufsgeheimnisses ausfällt, dann keiner gerichtlichen Nachprüfung unterliegen und insbesondere nicht der strafrechtlichen Kritik ausgesetzt sein, wenn der Arzt sie entsprechend begründen kann.

Amerikanische Autoren haben gerade im Hinblick auf die Kindesmißhandlung die Anzeigepflicht gefordert, was im Jahre 1964 zu einer entsprechenden gesetzlichen Regelung geführt hat. Diese Regelung hat sich kompromißlos zu der Auffassung bekannt, daß der Arzt weiteren Schaden verhüten soll. Darüber hinausgehende Verpflichtungen den Eltern gegenüber sollen keine wesentliche Rolle spielen. Jenen Einwänden, daß Kinder mit dem Älterwerden die Erkenntnis erlangen könnten, die Offenbarung durch den Arzt hätte nicht mehr in ihrem Interesse gelegen, weil aufgrund ihrer Aussagen die Eltern zu langjährigem Freiheitsentzug verurteilt worden seien, wird gegenüber den Folgen der Mißhandlungen nur eine untergeordnete Bedeutung zugemessen.

Niederländische Experten halten es im Gegensatz zu der Regelung in den USA für besser, den Arzt nicht gesetzlich zur Anzeige von Mißhandlungen zu verpflichten. Sie haben ein Gremium geschaffen, das jederzeit um Rat gefragt werden kann, wodurch die Verantwortung für die Behandlung einschließlich der Bemühungen, Wiederholungen der Mißhandlung zu verhindern sowie die Wahrung des Berufsgeheimnisses in der Hand des Arztes bleiben würden.

Für die Bundesrepublik Deutschland gilt, daß jede Anzeigeverpflichtung letzten Endes nur das Verhältnis zwischen Arzt und Patient stören würde. Den gefährdeten Kindern würde dadurch nicht geholfen. Sie würde nur dazu führen, den Weg des Kindes zum Arzt noch stärker zu blockieren, als es heute leider schon der Fall ist. Der Arzt muß möglichst lange und das Gericht möglichst spät, erst im Falle der sicheren Erfolglosigkeit fürsorgesicher, pädagogischer oder humanitärer Einflußnahme zuständig sein.

Arzt soll freie Entscheidung haben

Wir sollten uns deshalb zu der herrschenden Regelung bekennen, die dem Arzt weder die Verpflichtung zum Schweigen noch zur Anzeige auferlegt, sondern die **freie Entscheidung des Arztes** gewährleistet. Sie wird bei verantwortungsbewußter Handhabung dem Einzelfall in bester Weise gerecht, selbstverständlich unter Voraussetzung dessen, daß der Arzt auch die Spuren der Gewalteinwirkung als solche erkennt.

Weil es aber im Gegensatz zu anderen Ländern in der Bundesrepublik Deutschland keine allgemeine Meldepflicht für äußerlich erkennbare Spuren von Mißhandlungen (Hämatomen, Frakturen u. a.) gibt, wird die Forderung erhoben, schon beim Verdacht auf körperliche Mißhandlung, Vernachlässigung und sexuellen Mißbrauch oder Zeichen sonstiger Gewalttaten gegen das Kind, erfahrene Fachkräfte wie Sozialarbeiter, Ärzte des Gesundheitsamtes, insbesondere Rechtsmediziner, die sonst nur mit der Obduktion befaßt werden, zuzuziehen, ihnen das Kind vorzustellen, damit die Befunde dokumentiert, fotografiert und bewertet werden können.

Dieses Verfahren hätte nicht nur den Vorteil, dem Arzt in der Praxis Mühe, Schwierigkeiten und Gewissenskonflikte zu ersparen, sondern die Befunde wären für weitere Ermittlungen brauchbar erfaßt. Relativ kurzgefaßte ärztliche Atteste oder in Kliniken gefertigte fotografische Aufnahmen lassen in der Regel bei späteren Ermittlungen kaum bindende Schlüsse zu.

Vor allem aber könnten durch rechtzeitiges Eingreifen, Milieuwechsel, Gespräche mit den Eltern, Einschalten von Sozialarbeitern — die Mütterberatung könnte in die elterlichen Wohnungen verlegt werden — bleibende Schäden oder sogar der Tod des Kindes vermieden und weitere Kinder der Familie vor ähnlichen Schäden geschützt werden.

Der Arzt sollte sich vergegenwärtigen, daß Mißhandlungen und Vernachlässigungen und auch andere Einwirkungen im Kindesalter weitreichende Folgen haben können. Es muß nicht nur zu mehr oder weniger deutlich ausgeprägten körperlich erkennbaren Spuren, die wieder abheilen, kommen, sondern bleibende Hirnschädigungen, Lähmungen, Debilität, Verkrüppelungen als Folge multipler Frakturen und auch der Tod des Kindes können die Folge sein. Viele psychische Störungen sind auf Mißhandlungen im Kindesalter zurückzuführen. Wir wissen schließlich, daß es auch zu seelischen Mißhandlungsfolgen,

Verhaltensstörungen, Erziehungsschwierigkeiten, Versagen in der Schule und bei der Berufsausbildung, kommen kann, daß sog. Kriminelle nicht selten einem Mißhandlungsmilieu entstammen und daß Alkoholismus und Suizid im Kindes- und Jugendalter ihre Ursache in den verschiedenen Gewalteinwirkungen im Kindesalter haben können.

Schließlich bleibt dem Arzt auch die Möglichkeit, eine Krankenhausüberweisung vorzunehmen, schon damit das gefährdete Kind zunächst einmal aus seiner Familie entfernt wird und die diagnostischen Möglichkeiten ausgeschöpft werden können. *Kempe* u. *Kempe* (1980), nach deren Meinung Säuglinge im Alter von unter 6 Monaten keine Unfälle herbeiführen und sich nicht selbst verletzen, sind der Ansicht, daß bei dem Verdacht einer Mißhandlung der Arzt das Kind in ein Krankenhaus einweisen und den Eltern ggf. sagen sollte, das Kind müsse behandelt und beobachtet werden oder, es seien zur Klärung des Krankheitsbildes noch einige Tests notwendig. Während dieser Zeit könnten Fürsorgeinstanzen eingreifen. Es müsse in allen Fällen sorgfältig geprüft werden, ob das betreffende Kind wieder zurück zur Familie oder in eine Pflegestelle eingewiesen werden solle. Entscheidend sei u. a., ob ein Elternteil selbst als Kind wiederholt geschlagen worden sei, ob Geisteskrankheiten oder Depressionen vorliegen oder bereits der Verdacht auf Mißhandlung geäußert worden sei, und ob das Kind von einem Elternteil besonders streng gezüchtigt werde.

Auch sei die Behandlung mißhandelnder Eltern, so *Kempe* u. *Kempe*, erforderlich, die sich über mehrere Jahre erstrecken könne und die auch nur in einem Teil der Fälle zum gewünschten Erfolg führe. Für die Betreuung der gefährdeten Kinder seien Notfallkinderheime einzurichten.

Für den Krankenhausarzt gilt im Hinblick auf die Schweigepflicht grundsätzlich das gleiche wie für den Arzt der freien Praxis, mit der Einschränkung, daß er den Eltern des Kindes gegenüber weit weniger verpflichtet ist und deshalb frei und unabhängig entscheiden kann.

Schutz der Kinder im Vordergrund

In diesem Zusammenhang sei darauf hingewiesen, daß auch Ärzte ebenso wie Angehörige zur Zeugnisverweigerung vor Gericht nach §§ 52, 53, 54 StPO berechtigt sind über alles das, was ihnen in ihrer Eigenschaft als Arzt anvertraut oder zugänglich gemacht worden ist. Voraussetzung ist, daß der Angeklagte Patient des Arztes gewesen ist, also ein Arzt-Patient-Verhältnis bestanden hat. Vor jeder Aussage als Zeuge oder Sachverständiger muß der Arzt durch den Angeklagten, seinem ehemaligen Patienten, von seiner Schweigepflicht entbunden werden, andernfalls kann er sich auf sein Recht berufen, die Aussage zu verweigern. Letzten Endes ist der Arzt nicht dazu aufgerufen, seinem Patienten zur Verurteilung zu verhelfen, er sollte vorher eingreifen, nämlich dann, wenn es noch nicht zu bleibenden Schäden und zum Tode des betreffenden Kindes gekommen ist.

Im Vordergrund des ärztlichen Handelns sollte der Schutz des Opfers, hier des Kindes, stehen. Darauf sollte der Arzt seine ganze Kraft und sein Augenmerk lenken und nicht zu leichtfertig den Schutzbehauptungen der Eltern glauben, sondern Spuren von Gewalteinwirkungen mit größtmöglichem Mißtrauen begegnen.

2. Demonstration: Typisch für Lebens- und Leidensweg eines Kindes und typisch für allzu große Duldsamkeit des Arztes

Fall 20 Tab. I (Abb. 20a, b) zeigt in besonderem Maße, zu welchem Leidensweg für ein Kind die Unsicherheit der behandelnden Ärzte führen kann: Das Kind, drittes einer gut situierten Familie, war spontan in einer Klinik geboren worden. Schon neun Tage nach der Entlassung von Mutter und Kind war die erneute Aufnahme des Säuglings — wegen Erbrechen und Verweigerung der ihm dargebotenen Nahrung — in ein Krankenhaus erforderlich geworden. Zwei Monate später erfolgte Entlassung in gutem Allgemeinzustand.

Nach knapp drei Wochen wieder Einweisung in Krankenhausbehandlung: allgemeine Blässe, drei Hämatome über der linken Wange. Nach 13 Tagen Entlassung nach Hause, Gewichtszunahme von 300 g. Erster Verdacht der Mißhandlung.

Schon wenige Tage später Einweisung in eine Universitätsklinik. Befund: positiver Babinski, große, gespannte Fontanelle, Stauungspapille, Fraktur im rechten Scheitelbein, subdurales Hämatom. Absaugen von 200 ml serösblutiger Flüssigkeit. Während der Behandlung gute körperliche und psychische Entwicklung, kein Erbrechen, Gewichtszunahme, fröhliches Wesen, normaler Kopfumfang. Entlassung nach fünfwöchiger Behandlung im guten Allgemeinzustand. Gewicht 5750 g.

Nach 24tägiger Betreuung durch die Mutter zweite Aufnahme in die Universitätskinderklinik mit Zeichen der Hirndruckerhöhung und Hämatomen im Bereich des Kopfes und des Körpers. Erneut Absaugen von 250 ml blutig-seröser Flüssigkeit. Wiederum gute körperliche und psychische Weiterentwicklung. Nach sechswöchigem Klinikaufenthalt Entlassung nach Hause im guten Allgemeinzustand. Gewichtszunahme 1 kg.

Knapp vier Wochen später dritte Aufnahme in die Kinderklinik. Angeblich soll das Kind beim Baden der Mutter aus der Hand gerutscht und mit dem Kopf gegen den Badewannengriff gefallen sein. Befund: Über dem Gesicht zahlreiche tiefblaue konfluierende Flecken, akute Hirndrucksymptome, tonisch-klonische Krampfanfälle, frische, breitklaffende Fraktur des Hinterhauptbeins, frisches subdurales Hämatom, ödematöse Papillen mit Blutungen. Entlastungspunktion von frischem Blut. Infusionen. Allmählich Besserung sowohl des körperlichen als auch des psychischen Zustandes. Gewichtszunahme. Resorption der Blutungen im Augenhintergrund. Entlassung des Kindes etwa sechs Wochen später in gutem psychischen und körperlichen Allgemeinzustand. Gewicht 7450 g. Es wurde nunmehr auch von seiten der Univ.-Kinderklinik der Verdacht auf eine Mißhandlung geäußert.

Nach knapp vierwöchiger Betreuung durch die Mutter vierte Aufnahme in die Kinderklinik in schwerkrankem Zustand. Angeblich Erbrechen, Gewicht um 1 kg auf 6400 g reduziert. Hämatome über der linken Bauchseite, über dem Gesäß sowie den Wangen. Frisches subdurales Hämatom. Röntgenologisch: verheilende Frakturen im Bereich des Schädels. Kapillarresistenz normal. Gerinnungsphysiologische Untersuchungen o.B. Wiederum entwickelte sich das Kind, das angeblich nichts bei sich behalten konnte, nach Überwinden des schweren Krankheitszustandes psychisch und körperlich gut. Gewichtszunahme. Acht Wochen später Entlassung zur Großmutter. Vier Tage danach Kontrolluntersuchung. Befund unauffällig. Das Kind begann zu sprechen.

Nach vier Wochen 2. Kontrolluntersuchung. Gewicht 10150 g, Körperlänge 78 cm. Das Kind sollte nun zur Mutter zurück, nachdem es sich bei der Großmutter gut entwickelt hatte.

Der nächste Untersuchungstermin, vier Wochen nach der 2. Kontrolluntersuchung angesetzt, wurde von der Mutter nicht wahrgenommen. Die Großmutter äußerte ihre Sorgen über das Verhältnis zwischen Mutter und Kind. Sowohl von seiten der Kinderklinik als auch von seiten der Großmutter wurde eine Heimunterbringung für angebracht gehalten, zu der es nicht mehr kommen sollte. Sechs Wochen nach dem Vorschlag, das Kind in einem Heim unterzubringen, wurde es tot ins Rechtsmedizinische Institut eingeliefert.

Bei der Obduktion wurden zahlreiche Hämatome frischer und älterer Natur im Bereiche des Gesichtes und des Kopfes, ein hochgradiges Hirnödem, Fettembolien, teils frische, teils ältere Blutungen zwischen Dura und Gehirn, die letzten Endes als Todesursache anzusehen waren, festgestellt.

Zu bemerken ist, daß auch der Hausarzt der Familie das Kind zwischenzeitlich mehrfach gesehen und ebenfalls den Verdacht einer Mißhandlung geäußert hatte. Er ging sogar so weit, bei der Kindesmutter, die inzwischen erneut schwanger war, eine Interruptio vorzuschlagen.

Der Lebens- und Leidensweg dieses Kindes ist als typisch zu bezeichnen für das, was ein Kleinkind infolge der Unduldsamkeit seiner Mutter, aber auch der zu großen Vorsicht und Duldsamkeit der Ärzte den Sorgeberechtigten gegenüber zu erleiden hat.

Dieser kurz zitierte Fall zeigt zudem die bei Kindesmißhandlungen immer wieder festgestellte Tatsache, daß

- mißhandelte Kinder unter mehreren, sonst gut versorgten Geschwistern vorkommen können;
- die Mißhandlungen nicht an ein asoziales Milieu gebunden sind;
- einmal mißhandelte Kinder immer wieder Opfer von Mißhandlungen werden;
- sich die Opfer von Mißhandlungen in Krankenhaus- und Klinikbehandlung, nachdem sie die ersten schwerwiegenden Krankheitssymptome überstanden haben, gut entwickeln, demnach nicht an einer unheilbaren Krankheit leiden und deshalb die Entfernung des Kindes aus dem ursprünglichen Milieu geboten ist.

Er zeigt aber auch Hilflosigkeit und Unsicherheit der Ärzte, die zwar schon frühzeitig den Verdacht auf eine Mißhandlung hatten, sich auch bemühten, weiteres Unheil von dem Kinde abzuwenden, trotzdem aber nicht zielstrebig genug eingegriffen haben.

Dennoch: Freispruch

Vollständigkeitshalber sei zu diesem Fall bemerkt, daß gegen die Mutter zwar eine Hauptverhandlung vor dem Schwurgericht eröffnet wurde, das Verfahren aber mit einem Freispruch endete, obwohl das Schwurgericht der Überzeugung war, daß das Kind — das inzwischen 17 Monate alt geworden war — nicht eines natürlichen Todes gestorben ist: ... „Danach ist festzustellen, daß eine oder mehrere erwachsene Personen auf das Kind, insbesondere auf dessen Kopf, mit stumpfer Gewalt eingewirkt haben...". „Der Ehemann der Angeklagten, ihre Eltern sowie die das Kind behandelnden Ärzte ... haben unter Berufung auf ihr Zeugnisverweigerungsrecht nach § 52,1 Nr. 2 u. 3, § 53, Abs. 1, Nr. 3 StPO die Aussage verweigert. Für das Schwurgericht hat auch keine Veranlassung bestanden, die das Kind außerdem behandelnden Ärzte als Zeugen zu vernehmen, weil sie das Kind mindestens vier Monate vor seinem Tod nicht mehr ärztlich betreut haben."

Abgesehen davon, daß die letztgenannten Ärzte sich nicht auf das Zeugnisverweigerungsrecht berufen, sondern über den Krankheitsverlauf, die Symptome, die das Kind immer wieder gezeigt hat, sowie ihre Vermutungen und ihre fehlgeschlagenen Bemühungen ausgesagt hätten, ist das Schwurgericht fälschlicherweise davon ausgegangen, daß ausschließlich die letzte Einwirkung auf den Kopf des Kindes für den tödlichen Verlauf ursächlich gewesen ist, obwohl nach den erhobenen Befunden — Pachymeningitis haemorrhagica — auch die vorangegangenen Gewalteinwirkungen beim Tode des Kindes mitgewirkt haben.

Der Verlauf und das tragische Ende des Geschehens müssen für alle Beteiligten als unbefriedigend und unerfreulich angesehen werden. **Die Sorge der Ärzte, sich im Hinblick auf die ärztliche Schweigepflicht falsch zu verhalten, hat trotz des begründeten Verdachts der wiederholten Mißhandlung dazu geführt, nicht energisch genug durchzugreifen und das Kind endlich aus der Familie und damit von der Mutter zu entfernen.**

Sechster Teil
Möglichkeiten und Überlegungen zur Prophylaxe

I Körperliche Mißhandlung
1. Zusammenfassung
2. Das Elternproblem — Die vaterlose Gesellschaft — als Ansatz für Prophylaxe
3. Das Problem ist das Erkennen der Mißhandlung
4. Das Züchtigungs-,,recht'' (-unrecht) gegenüber Kindern
II Die übrigen Formen der Gewalt gegen Kinder
1. Die vorsätzliche Tötung von Kindern
2. Der erweiterte Suicid
3. Tötung von Kindern durch psychotische Eltern
4. Die Vernachlässigung von Kindern
5. Der sexuelle Mißbrauch von Kindern
III Schlüsselfigur jeder Prophylaxe ist der (behandelnde) Arzt (auch der im Krankenhaus)
IV Die Sorge um die Kinder wird bleiben
V Wichtigste bereits vorhandene Prophylaxe: die Privatinitiative — sie muß gefördert werden.

Wirksame Prophylaxe setzt voraus, daß Ursachen und Verlauf einer ,,Krankheit'' — hier der Gewalt gegen das Kind — ebenso wie die Symptome soweit wie möglich erkannt und erfaßt werden. Deshalb seien zum Schluß noch einmal die wichtigsten Fakten zusammenfassend dargestellt.

I Körperliche Mißhandlung

1. Zusammenfassung

a) Körperliche Mißhandlung von Kindern kommt in **allen sozialen Schichten,** vor. Die Abgrenzung zur sog. Züchtigung kann aus den bereits dargelegten Gründen Schwierigkeiten bereiten.

Nach wie vor ist die Züchtigung ein Bestandteil der ,,elterlichen Gewalt'' — heute ,,elterliche Sorge'' —, von der in allen sozialen Schichten ausgiebig Gebrauch gemacht wird. Sogar die Überschreitung der Züchtigung bis zur körperlichen Mißhandlung wird, schon weil der Übergang fließend und nicht scharf abgrenzbar ist und sich nach dem jeweiligen Rechtsempfinden richtet, allseitig toleriert. Die ,,Täter'', häufig die Eltern, berufen sich darauf, in ihrer Kindheit selbst geprügelt und körperlich gezüchtigt worden zu sein, was ihnen nicht geschadet hätte — Kinder benötigten hin und wieder eine Tracht Prügel, um zu erkennen, was Recht und was Unrecht sei. Wesentlich ist aber allein, ob ein Kind in Angst vor seinen Eltern oder in einer Atmosphäre des Vertrauens und der Zuneigung aufwächst.

Wie sich auch aus unserer Zusammenstellung der Mißhandlungsfälle mit Todesfolge und denjenigen ohne tödlichen Ausgang ergibt, stammen die Opfer nicht nur aus Problemfamilien oder aus sog. asozialem Milieu. Die Verteilung ist ähnlich wie diejenige der sozialen Schichten überhaupt.

Wenn es den Anschein hat, als seien Kinder aus schlecht gestellten sozialen Verhältnissen häufiger betroffen, so findet sich eine Erklärung in der Tatsache, daß Problemfamilien oder Familien, in denen schon Mißhandlungen vorgekommen sind, Jugendämtern, Sozialarbeitern, Gesundheitsämtern bereits bekannt sind, und man deshalb eher geneigt ist, diesen Familien größere Aufmerksamkeit entgegenzubringen, während es für alle Beteiligten viel schwieriger sein kann, in Verhaltensstörungen der Kinder gut situierter Eltern Folgen von körperlichen oder seelischen Mißhandlungen zu erkennen. Im übrigen sind die Methoden dieser Eltern viel raffinierter und, abgesehen davon, daß sie sich häufig im seelischen Bereich abspielen, nicht ohne weiteres als Mißhandlungen zu erkennen.

b) Opfer von tödlichen Mißhandlungen, aber auch von solchen mit schwerwiegenden bleibenden Folgen sind relativ häufig Säuglinge und Kleinkinder. Es kann auch nur ein Kind von mehreren, sonst gut versorgten Geschwistern — aus was für Gründen auch immer — mißhandelt werden. Geschwister können sich sogar an dieser Mißhandlung beteiligen.

c) Einmal mißhandelte Kinder werden in der Regel immer wieder Opfer von Mißhandlungen, bis es zu bleibenden Folgen: Hirnschäden, geistig-seelische Störungen, Mißgestaltungen nach schlecht verheilten Frakturen, Erblindungen oder sogar zum Tode des Kindes kommt.

d) Die Tatsache, daß sich Opfer von Mißhandlungen, nachdem sie die ersten Krankheitssymptome überstanden und noch keine bleibenden Schäden erlitten haben, in Krankenhaus- und Klinikbehandlung gut erholen und weiterentwickeln, spricht in der Regel gegen eine schwerwiegende Krankheit, eine Blutungsneigung, eine abnorme Knochenbrüchigkeit oder ein sonst unheilbares Leiden als Ursache für die gezeigten Symptome. Deshalb ist die Entfernung des Kindes aus dem ursprünglichen Milieu — der Familie — geboten, schon um weitere Schädigungen zu verhindern.

e) Die Dunkelziffer ist ganz sicher eklatant größer als angenommen, weil Opfer häufig Säuglinge und Kleinkinder und noch nicht fähig sind, sich zu äußern oder sich hilfesuchend an Nachbarn, Lehrer und Verwandte zu wenden. Die angegebenen Zahlen schwanken. Dabei ist zu bemerken, daß alle bisher veröffentlichten oder zitierten Statistiken völlig unbrauchbar sind, schon weil nur ein Bruchteil der tatsächlich geschehenen Fälle erkannt und erfaßt wird.

f) Als Täter wird in erster Linie die Mutter zur Rechenschaft gezogen. Sie allein ist nach wie vor für das Wohl des Kindes verantwortlich, auch dann, wenn sie unter mißlichen Umständen, ohne partnerschaftliche Hilfe durch den Ehemann oft eine große Anzahl von Kindern zu betreuen hat. Dadurch überfordert oder auch sonst unwissend über Kinderbetreuung oder unfähig, ein Kind zu erziehen, werden Ärger und Emotionen auf das Kind übertragen und an ihm als dem wehrlosen Familienmitglied abreagiert. Der geringste Anlaß kann dann — nicht nur bei der Mutter — zu übersteigerten Reaktionen führen.

2. Das Elternproblem — Die vaterlose Gesellschaft — als Ansatz für Prophylaxe

Die physische und psychische Überforderung der Eltern, insbesondere der Mutter, kann ihre Ursache in vielen Faktoren haben. An erster Stelle stehen Eheschwierigkeiten, drohende Ehescheidung oder sogar der Verlust des Partners. Armut, Einsamkeit und Verlassenheitsgefühle, welche vor allem die oft allzu junge Mutter überkommen, wenn der Mann seiner Berufstätigkeit nachgeht, während sie selbst ans Haus gebunden ist, die fehlende Hilfe durch den Partner, der sich um nichts kümmert, führen u. a. zu ungerechtfertigten Emotionen den Kindern gegenüber. Die Ehe ist ganz anders, als die junge Frau sie sich gedacht hat.

Nicht nur junge Väter, selbst erfahrene Ehemänner vergessen, daß auch sie für die Aufzucht der Kinder und ihre Erziehung verantwortlich sind. Ärger mit Polizei, Gerichtsvollzieher und anderen Behörden können die Schwierigkeiten bei der Problembewältigung noch verstärken.

Ähnliche Faktoren treffen für den Vater zu, der sich — von der Arbeit ermüdet nach Hause kommend — nach wie vor berechtigt fühlt, von Kindergeschrei nicht behelligt zu werden. Eine solche Einstellung der Väter ist bis in die höchsten sozialen Kreise zu verfolgen. Hinweise auf wissenschaftliche Tätigkeit, übergroße berufliche Belastung, auf die Arbeitsteilung ,,drinnen und draußen" ermöglichen den Vätern das gute Gewissen, Verpflichtungen gegenüber den Kindern auf die Mütter zu delegieren und die Berechtigung, nach Arbeitsschluß die Stammkneipe aufzusuchen und erst dann nach Hause zu kommen, wenn die Kinder, bereits von der Mutter versorgt, schlafen — Fakten, die zu recht den Begriff ,,vaterlose Gesellschaft" ausfüllen.

So meint *Helge Pross* sehr richtig: ,,Männer identifizieren sich so wenig mit der Vaterrolle, daß sie ihnen während der Tätigkeit in Betrieben, Behörden, Parteien und Parlamenten kaum gegenwärtig ist. Zahlreiche Entscheidungen von Vätern an ihren Arbeitsplätzen außerhalb der Familie getroffen, fallen ... zum Nachteil der Kinder aus. Die Entscheidungen z. B. über Raumplanung, Wohnungsbau, Verkehrswesen werden gefällt, als ob es keine Kinder gäbe."

3. Das Problem ist das Erkennen der Mißhandlung

Bei all diesen ursächlichen Gegebenheiten, die noch weiter ausgeführt werden könnten, müßten prophylaktische Maßnahmen ansetzen. Diese Forderung gilt sowohl für kindergerechte Wohnungen — es wird an den Bedürfnissen der Kinder vorbeigebaut —, für ausreichende Spielmöglichkeiten, für helfende Gespräche mit Sozialarbeitern oder anderen Fachkräften über Erziehungsschwierigkeiten oder sonstige Nöte. Ganz besonders ist auch in diesem Zusammenhang wieder der Arzt aufgerufen. Er müßte mehr Zeit für die Sorgen und Nöte seiner Patienten aufbringen, in Zukunft sicher nicht allzu schwierig, wenn die ,,Ärzteschwemme'' auf uns zukommen wird.

Zudem sollten Ärzte, Sozialarbeiter und Jungendämter bei körperlicher Mißhandlung Schutzbehauptungen gegenüber nicht allzu leichtgläubig sein, gerade weil sie zu weiteren Schwierigkeiten bei der Ermittlung des tatsächlichen Tatbestandes führen können.

Obwohl die Schutzbehauptungen oftmals aufgrund der erhobenen Befunde aus rechtsmedizinischer Sicht widerlegt werden, ergeben sich bei der Rekonstruktion des Tathergangs für die Ermittlungsbehörden große Schwierigkeiten. In ,,dubio pro reo'' wird für den Täter entschieden.

Untersuchungen von *Nau* (1964) haben gezeigt, daß die kriminogene Wirkung solcher Kindheits- und Jugenderlebnisse, wie die Kindesmißhandlung sie darstellt, nur dann erfolgreich bekämpft werden kann, wenn die Mißhandlung frühzeitig entdeckt, der Motiv- und Ursachenkomplex psychiatrisch aufgeklärt und das geschädigte Kind sofort in eine harmonische Familiensituation oder eine andere menschliche Gemeinschaft sinnvoll eingegliedert wird, so daß sich die weitere Reifung in Geborgenheit vollziehen kann.

Der Warnung von *Giesen* (1979), sich zu hüten, in jedem blauen Fleck bei einem Kinde schon Zeichen einer Kindesmißhandlung zu wittern und daraus voreilig auf mißhandelnde Eltern, Pflegepersonen oder Erzieher zu schließen, kann zwar zugestimmt werden, die Behauptung aber: ,,viele der in Umlauf gesetzten unglaublichen und von den Massenmedien heute so gern auch noch aufgebauschten Zahlen über angebliche Kindesmißhandlungen beruhen auf wissenschaftlich dürftigem, ja fragwürdigem Material, auch häufig mit viel zu kleinen Zahlen arbeitenden statistischen Angaben mit ungeklärtem Vorverständnis und der inzwischen beliebten Methode sog. Hochrechnungen, die den Bereich wissenschaftlicher Nachprüfbarkeit, jedenfalls in vorliegendem Problemkreis, endgültig hinter sich lassen und sich deshalb schon von selbst verbieten müßten, aber aus dem Arsenal der Dunkelzifferargumentation eher noch gespeist werden'', entbehrt jeder Berechtigung.

Denn dieser inhaltsreiche Satz ergibt sich aus der Praxiserfahrung eines Pädiaters, der auch bei ,,ausgeprägter Sensibilität'' nicht sogleich in jedem einmaligen elterlichen Affektausrutscher eine Kindesmißhandlung zu diagnostizieren bereit ist und in einer repäsentativen Großstadtpraxis den letzten Fall echter Kindesmißhandlung vor 13 Jahren (!) zu diagnostizieren hatte.

Gerade darin aber liegt das Dilemma. Kinderärzte bekommen mißhandelte Kinder überhaupt nicht zu sehen. Sie werden weder von den Eltern in die kinderärztliche Praxis gebracht, noch anläßlich der Erkrankung eines anderen Kindes in Augenschein genommen. Schwer verletzte Kinder kommen mit den üblichen Schutzbehauptungen begleitet ins Krankenhaus, andere sterben an den Folgen. Die weniger schwer verletzten Kinder vegetieren, immer wieder geprügelt oder vernächlässigt, in der Familie dahin, bis die Einschulung, die zu Kontakt mit anderen Personen führt, die körperlichen Mißhandlungen reduzieren oder sich auf sexuellen Mißbrauch oder seelische Mißhandlungsformen verlagern. Bei diesen Opfern handelt es sich um Kinder, die letzten Endes das Elternhaus vorzeitig verlassen und im Alkohol oder in Drogen Trost suchen. Aber diese ,,Kinder" bekommt der Pädiater erst recht nicht in seiner Sprechstunde zu sehen.

Deshalb ist der weiteren Erfahrung jenes Pädiaters, der statt zahlreicher mißhandelnder Eltern und ihrer Opfer viel eher überbesorgte Eltern, die bei jeder Kleinigkeit mit ihrem Kind den Arzt aufsuchen und schlechten Gewissens meinen, etwas falsch gemacht zu haben, aus seiner Sicht durchaus zuzustimmen. Damit ist aber die Tatsache, daß Kinder aller Altersstufen und aus allen sozialen Schichten stündlich und täglich mißhandelt, geprügelt, vernachlässigt und sexuell mißbraucht werden, nicht aus der Welt.

Es ist sicher nicht von ungefähr, daß in pädiatrischen Arbeiten und Lehrbüchern der Kinderheilkunde bis vor etwa 10 Jahren so gut wie gar nichts über die Symptome körperlicher und seelischer Mißhandlungen zu finden ist. Trotzdem kann sogar der Argumentation von *Giesen,* daß es in Westeuropa noch nie eine vergleichsweise so große Zahl von Kindern gegeben habe, denen es so gut wie in der heutigen Zeit gehe, beigepflichtet werden, vor allem dann, wenn die Geschichte der Kindheit, die grausame Behandlung und Ausbeutung sowie der sexuelle Mißbrauch der Kinder durch Erwachsene früherer Zeiten berücksichtigt werden.

Schließlich werden auch von *Giesen* (S. 31) die Ursachen der niedrigen Aufklärungsquote, die Befunde bei mißhandelten Kindern und ein Teil der Faktoren, die eine Diagnose der Kindesmißhandlung oder Vernachlässigung erschweren und auf die seit vielen Jahren schon von Rechtsmedizinern, Kriminalisten und auch von Juristen hingewiesen worden sind, diskutiert.

4. Das Züchtigungs-,,recht" (-unrecht) gegenüber Kindern

Aus diesen zusammenfassenden Darlegungen ergibt sich bei der körperlichen Mißhandlung die unabdingbare Forderung, das Züchtigungsrecht der Eltern oder sonst Erziehungsberechtigter dem Kinde gegenüber endgültig abzuschaffen.

Die körperliche Züchtigung eines Kindes ist stets ein Akt der physischen Gewalt seitens des Stärkeren gegen den Schwächeren und in jedem Falle eine Körperverletzung. Die Rechtswidrigkeit dieser Körperverletzung ist aber nach den derzeitigen rechtlichen Bestimmungen auszuschließen, solange dem Täter ein Züchtigungsrecht zusteht. Die Züchtigung sollte angemessen sein, heißt es. Der Begriff „angemessen" wird dabei aber nicht definiert. Die Angemessenheit wird allein bestimmt durch das allgemeine Sittengesetz, so daß der autoritären Gewalt der Eltern kaum eine Grenze gesetzt ist.

Unfaßbar

Unfaßbar aber ist, um nochmals darauf hinzuweisen, den Eltern bei der Erziehung von Säuglingen und Kleinstkindern ein körperliches Züchtigungsrecht zuzubilligen. Einen Säugling mit Stöcken oder Fäusten zu prügeln, ihn gegen die Wand zu werfen, den Kopf auf die Wickelkommode zu schlagen, ihn zu schütteln, weil er schreit oder weil er eingenäßt hat, ist sicher nicht „angemessen" und stellt in jedem Falle eine schwere Körperverletzung dar, die zu gravierenden Folgen für das spätere Leben des Kindes oder sogar zum Tod des Säuglings führen kann.

Hier wäre die Aufklärung der Eltern ganz besonders vonnöten.

Als erstes Land der Welt hat Schweden durch ein Gesetz vom 1. Juli 1979, das vom Parlament fast einstimmig verabschiedet wurde, den Eltern das Recht entzogen, ihre Kinder körperlich zu züchtigen. Das Gesetz verbietet ihnen und Erziehern die Zufügung jeglicher physischer oder psychischer Schmerzen, so geringfügig oder vorübergehend sie auch sein mögen. Danach sind der beliebte „Klaps", die Ohrfeige, die „gesunde" Tracht Prügel ebenso verboten wie die brutale körperliche Mißhandlung.

Auch für die Bundesrepublik Deutschland hat man versucht, eine ähnliche Regelung zu schaffen. Das lange Zeit umstrittene Gesetz zur Neuregelung des Rechts der elterlichen Sorge ist am 1. 1. 1980 in Kraft getreten. Damit ist eine lebhaft geführte rechtspolitische Diskussion — jedenfalls vorläufig — beendet worden.

Ein Hauptanliegen der Reform war es, den Ausdruck „elterliche Gewalt" gegen den Ausdruck „elterliche Sorge" auszuwechseln.

Als allgemeines Leitbild für die Eltern-Kind-Beziehung ist § 1618a BGB in das Gesetz aufgenommen worden, in dem es heißt: „Eltern und Kinder sind einander beistands- und rücksichtswürdig". Das Kind wird demnach als gleichberechtigter Partner angesehen. Eltern sollten wissen, daß Kinder nicht ihr Eigentum, sondern daß sie ihrer Fürsorge anvertraut sind. Nicht „das Recht der Stärkeren" soll gelten. Wenn Kinder bewußt oder unbewußt mißhandelt oder vernachlässigt werden, muß das Recht des Kindes Vorrang vor dem Elternrecht haben. Im Gesetz heißt es weiter, daß „entwürdigende Erziehungsmaßnahmen unzulässig sind".

Von vielen mit der Neubildung des Gesetzes Befaßten, insbesondere auch von Vertretern des Kinderschutzbundes, wurde ein Verbot von Gewaltanwendung und körperlicher Züchtigung jeglicher Art in das Gesetz einzubringen gefordert, was aber nicht gelungen ist. Die meisten Juristen vertreten nach wie vor die Auffassung, daß die Eltern durchaus das Recht zur körperlichen Züchtigung haben. Wenn aber aus Hass, Unbeherrschtheit oder aus Unkenntnis und schließlich aus eigenem Erleben in der Kindheit immer wieder geprügelt und die Züchtigung als berechtigtes Erziehungsmittel angesehen wird, müssen zum Schutz des Kindes und um die Folgen für das Kind und somit der heranwachsenden Generation zu verhindern, Maßnahmen getroffen und den Eltern bessere Kenntnis im Umgang mit Kindern verschafft werden.

Trotz des Verbots „entwürdigender" Erziehungsmaßnahmen wird nach wie vor sowohl im Elternhaus als auch in der Schule geprügelt und körperlich gezüchtigt.

Prügel, Stockschläge und Ohrfeigen gehören in einer Regensburger Sondervolksschule für Lernbehinderte zum pädagogischen Alltag. Ein 13jähriger Schüler soll von dem Rektor an den Haaren gepackt und so heftig mit dem Kopf auf die Schulbank geschlagen worden sein, daß er geblutet habe. An den Mißhandlungen habe sich auch die Ehefrau des Rektors, die ebenfalls an der Schule unterrichtet, beteiligt. Ein Turnlehrer soll einen 14jährigen Jungen so brutal mit einem dicken Holzstab „verdroschen" haben, daß der Arzt später einen 15 cm langen blutunterlaufenen Striemen am Oberschenkel und eine Prellung am Unterarm festgestellt hat. Der Kinderschutzbund hat Anzeige erstattet (Süddeutsche Zeitung vom 7. 4. 1979).

Umfragen im Vereinigten Königreich von Großbritannien und Nordirland aus dem Jahre 1977 bei Lehrern aller Schularten und Schulstufen haben einen ungewöhnlich hohen Anteil von Personen ergeben, die für die Beibehaltung oder auch die Neueinführung der mit Stock und Rute vollzogenen Prügelstrafe an Schülern sind. Somit findet die Prügelstrafe in England als dem einzigen Land Westeuropas entgegen den Empfehlungen der eigenen Law Commission auch im Verstoß gegen die Menschenrechtsdeklaration aus dem Jahre 1948 in weiten Kreisen Zustimmung (Frankfurter Allgemeine Zeitung, 3. September 1977 und 19. Januar 1978).

Trotz der gesetzlichen Neuregelung muß nach einer Entscheidung des Oberlandesgerichts München eine Mutter sogar ihr Kind mit Zuchtmitteln dazu zwingen, den von ihr geschiedenen Vater zu besuchen. Weil die 11 und 13 Jahre alten Kinder ihren leiblichen Vater nicht sehen wollten, wurde der Mutter aufgetragen, ,,notfalls durch Zuchtmittel ... die kindlichen Gefühle gegenüber dem umgangsberechtigten Vater zu wecken und den Widerstand der Kinder zu überwinden''(!). Die Kinder, die ihren Vater seit neun Jahren nicht mehr gesehen hatten, wurden nicht einmal zur Verhandlung geladen, mit der Begründung, Kinder dieses Alters hätten nicht die erforderliche ,,Persönlichkeitsreife''. Auch einer anderen Mutter wurde von dem gleichen Richter unter Androhung von Strafe aufgetragen: ,,Notfalls durch Einsatz von Zuchtmitteln'' ihren 11jährigen Sohn G. auf Liebe zum Vater zu trimmen''.

Wenn man, abgesehen von Entscheidungen bayerischer Gerichte zum Züchtigungsrecht von Lehrern, solche Urteile liest, erhebt sich die berechtigte Frage, warum überhaupt Gesetze geschaffen werden und welchen Sinn sie haben sollen, wenn selbst Richter sie nicht beachten.

So widerspricht auch der Bundesgerichtshof in Karlsruhe mit einer grundsätzlichen Entscheidung derjenigen des Oberlandesgerichts München: In stundenlangen Gesprächen hatte ein Vater versucht, den Kindern (17, 16 u. 13 Jahre alt) klarzumachen, daß er im Recht und die Mutter im Unrecht sei. Diese Auseinandersetzungen stürzten die Kinder in schwere Konflikte, so daß sie von ihrem Vater nichts mehr wissen wollten. Den Vater, der mit Hilfe des Familiengerichts versuchte, sein Besuchsrecht zu erzwingen, beschied der Bundesgerichtshof, daß zwar grundsätzlich ein Besuchsrecht gegeben sei, daß man aber unter den heutigen Verhältnissen ein Kind im fortgeschrittenen Alter nicht ohne weiteres zwingen könne, einen ungeliebten Elternteil zu besuchen. (Kinderschutz aktuell 2, 1980, S. 21.)

Prügel bewirken nach allgemeiner Auffassung beim Kind, je nach Mentalität und Sensibilität, Einschüchterung, Ablehnung oder Haß, auf jeden Fall aber unterbinden sie die Entwicklung eines Vertrauensverhältnisses zwischen Kind und Erzieher, eine unabdingbare Voraussetzung für die pädagogische Einflußnahme auf den heranwachsenden jungen Menschen.

Wegen der körperlichen und seelischen Folgen des Prügelns sollte ebenso wie in Schweden auch in der Bundesrepublik Deutschland die körperliche Züchtigung eines Kindes grundsätzlich verboten und stattdessen Ursachenforschung betrieben werden. In diesem Bereich liegen für alle damit befaßten Personen noch viele Möglichkeiten; dann erst kann erfolgreiche Prophylaxe betrieben werden.

Voraussetzung für den Erfolg aber ist, die mitmenschlichen Beziehungen zu bessern. Nicht nur Institutionen wie Jugendamt, Gesundheitsamt und sonstige Behörden, sondern auch Nachbarn, Verwandte, Lehrer, Mitschüler, insbesondere der Arzt sind aufgerufen, wachsam zu sein, auf Mißhandlungsspuren und Verhaltensstörungen bei Kindern, Schwierigkeiten der Eltern bei der Erziehung und im partnerschaftlichen Bereich zu achten, um notfalls im Interesse des Kindes und vielleicht auch der Eltern, helfend eingreifen zu können. Andernfalls sind sämtliche noch so wohlgemeinten Präventivmaßnahmen und Hilfsangebote für Eltern und Kinder völlig illusorisch.

Prügeln kann und darf nicht das Recht der Eltern sein, selbst wenn *Giesen* (1979) meint, ,,daß auch Härte zu jener Elternliebe gehört, ohne die ein Kind nicht gedeihen kann. Kinder, die auf ihr Fordern nie ein elterliches »Nein« gehört haben, die nicht verzichten gelernt haben, wachsen häufig mit unrealistischen und egoistischen Vorstellungen in eine höchst realistische Erwachsenenwelt hinein, unfähig, die fehlende Kindheitserfahrung dann noch nachzuholen.'' Dem kann durchaus zugestimmt werden. Das — aus was für Gründen auch immer — verzogene Kind zeigt später Persönlichkeits- und Sozialisationsprobleme, eine schon längst bekannte Tatsache. Zwischen maßloser Verwöhnung und sinnlosem, unberechtigtem Prügeln liegen aber alle Möglichkeiten der Erziehung, auch diejenige, liebe- und verständnisvoll auf ein Kind einzugehen und es konsequent zu behandeln.

Unsere Fälle zeigen aber auch, daß alle Hilfsangebote und prophylaktische Maßnahmen wie Sorgentelefon, Kinderschutzbund, Elternschulung, Beratung durch Arzt und Sozialarbeiter und vieles mehr sinnlos sind, wenn das Kind nicht in der Lage ist, Gebrauch von diesen Möglichkeiten zu machen, und die Eltern diese Einrichtungen nicht kennen oder sie sogar ignorieren und davon überzeugt sind, im ,,Recht'' zu sein.

Übrigens Kinderschutzbund: Der Kinderschutzbund arbeitet zwar in fast allen größeren Städten, er verfügt aber nur über den 10. Teil des Mitgliederbestandes der Tierschutzvereine. Damit ist schon vieles gesagt, ohne daß es langer Ausführungen bedarf.

II Die übrigen Formen der Gewalt gegen Kinder

1. Die vorsätzliche Tötung von Kindern

Kriminologisch und rechtlich ist die vorsätzliche Tötung von Kindern, wie die Ausführungen im zweiten Teil zu III zeigen, häufig nicht deutlich von der Mißhandlung mit Todesfolge abzugrenzen. Sie unterscheidet sich von der Kindesmißhandlung mit Todesfolge im Grunde allein dadurch, daß die Tötungsabsicht zugegeben wird. In der Regel wird schon während der Ermittlungen, vor allem wegen der Einlassung des jeweiligen Täters und der Tatortsituation, eine vorsätzliche Tötung angenommen. Die soziologischen Gegebenheiten, wie sie sich aus Übersicht 15 erkennen lassen, sind denjenigen bei Mißhandlung ähnlich: Besonders hoher Anteil der getrennt lebenden Eheleute, eheliche Zerwürfnisse und das asoziale Verhalten der Väter bzw. Ehemänner.

145

Ist die Absicht der Tötung erwiesen, muß das Gericht auf Mord oder Totschlag erkennen. Als Motive für die Tötung überwiegen partnerschaftliche Probleme und Schwierigkeiten, die für Außenstehende häufig überhaupt nicht erkennbar, also nicht rechtzeitig prophylaktisch angegangen werden können. Trotzdem haben prophylaktische Maßnahmen, die zur Verhütung der Mißhandlungen von Kindern gelten, auch hier grundsätzliche Bedeutung.

2. Der erweiterte Suicid

Auch der erweiterte Suizid ist in der Regel ein Ausdruck zerrütteter Lebens- und Eheverhältnisse oder psychischer Störungen und sogar der Geisteskrankheit eines Beteiligten. Beim erweiterten Suizid zeigt sich eine besonders enge Verflechtung von in der Persönlichkeit liegenden und äußeren Faktoren. Dazu gehören Schulden, Familien- und Ehekonflikte, Haß und Aggressionen gegen andere Personen, insbesondere gegenüber dem Partner. Auch der Selbsthaß kann zur Auslöschung des eigenen Lebens und desjenigen der am wenigsten abwehrfähigen Opfer, der Kinder, führen. Es ist nicht nur die Tötung des Kindes, sondern auch die eigene ernsthaft gewollt.

In diesen Fällen, die in der Regel unvermutet und für die Außenwelt nicht erkennbar, zum tragischen Verlauf führen, könnte allenfalls ein Gespräch mit anderen Personen wie Arzt, Sozialarbeiter oder am Sorgentelefon über Schwierigkeiten und Probleme, das in der Regel mit dem eigenen Ehepartner nicht möglich ist, den tragischen Ausgang verhindern helfen; denn auch beim erweiterten Suizid sind in erster Linie Eheprobleme, Depressionen als Folge der Vereinsamung und auch Schulden Motive zur Tat (Übersicht 18, S. 112).

Suizidabsichten werden dann, wenn die Ehepartner den Suizid nicht gemeinsam planen, nur dem Ehepartner gegenüber geäußert, der diese Äußerungen aber nicht beachtet.

Mit hoher Wahrscheinlichkeit hätte in Fall 10 (Tab. VI) bei größerer Aufmerksamkeit und Verständnis des Jugendamtes das tragische Ende verhindert werden können. Der Großmutter sollte das inzwischen sechs Jahre alte Enkelkind, das seit der Geburt von ihr betreut worden war, abgenommen und zu den Eltern, die das Kind kaum kannten, zurückgebracht werden. Das Kind fühlte sich bei der Großmutter zu Hause und wollte selbst nicht zu den Eltern zurück. Das Elternrecht hat wieder einmal über Liebe, Zuneigung und das Wohl des Kindes gesiegt.

Auch der tragische Verlauf im Fall 13 Tab. VI hätte verhindert werden können, schon deshalb, weil es sich bei dem Kindesvater um einen Arzt gehandelt hat, der die Depressionen und subjektive Überforderung der Kindesmutter, die bereits drei Suizidversuche unternommen hatte, gekannt hat.

3. Tötung durch psychotische Eltern

Die Tötung eines Kindes durch psychotische Eltern stellt in erster Linie ein ärztliches Problem dar, und deshalb ist die Prophylaxe **eine ärztliche Aufgabe**. Leider werden die Symptome nur allzu leicht übersehen. Diese Feststellung bestätigt in besonderem Maße **Fall 5 Tab. VII.** Die Kindesmutter hatte sich bereits seit drei Jahren in ärztlicher Behandlung befunden und dem Arzt gegenüber u. a. auch über Angstzustände, Stimmenhören, Klopfgeräuschen, Schwierigkeiten mit Nachbarn und Verfolgungsideen gesprochen. Solche für die Schizophrenie typischen Krankheitszeichen werden nicht nur von seiten der praktischen Ärzte, sondern auch bei stationärer Behandlung, gelegentlich sogar in Fachkliniken, vor allem aber bei der Beurteilung durch Gesundheitsämter, worauf von *Cabanis* (1970) hingewiesen wird, nicht ernstgenommen.

Nicht nur die Prodromalstadien, sondern auch manifeste Schizophreniesymptome werden als erlebnisreaktive einfühlbare Ängste, Wahnideen als skurrile Vorstellungen verkannt. Um Fehldiagnosen zu vermeiden, muß während Ausbildung und Fortbildung der Ärzte immer wieder auf die Anfangssymptome einer Schizophrenie hingewiesen werden. Es sollte auch die Aufgabe der mit psychiatrischer Ausbildung betreuten Institutionen sein, auf die Bedeutung einer psychotischen Erkrankung, auch im Hinblick auf die Gefahr für ein Kind, aufmerksam zu machen und nicht noch zur Verharmlosung der entsprechenden Krankheitssymptome beizutragen. Die Gefährdung durch die Kranken und die Gefahr für die Umgebung werden leider oft erst zu einem Zeitpunkt offenbar, in dem ein Kind bereits Opfer psychotischer Eltern geworden ist. Im gleichen Maße sollten Depressionen endogener oder reaktiver Art hinreichend Beachtung finden, zumal Depressionen Folgen der Vereinsamung sein und so zum auslösenden Faktor für die Tötung eines Kindes werden können.

Auch der Ehepartner — **im Fall 9 Tab. VII** handelte es sich sogar um einen Arzt — sollte die Beschwerden und Äußerungen der Ehefrau ernst nehmen. Ein solches Verhalten könnte zumindest in einem Teil der Fälle den tragischen Ausgang verhindern.

4. Die Vernachlässigung von Kindern

Trotz der mißlichen Verhältnisse bei der Vernachlässigung eines Kleinkindes — allzu jugendliches Alter der Eltern, insbesondere der Kindesmutter, Faulheit, Arbeitsunlust, Trunksucht, Arbeitslosigkeit des Kindesvaters, völlig vernachlässigte Umgebung, unzureichende Wohnung — geschieht zur Prophylaxe und Verbesserung der Familienverhältnisse relativ wenig, obwohl in diesen Fällen die rechtzeitige Betreuung durch Sozialarbeiter oder die Einweisung des Kleinkindes in eine Klinik weitere Schäden relativ leicht hätte verhindern helfen können. Gerade bei der Vernachlässigung von Kleinkindern, dem indolenten und passiven Verhalten der Eltern ihren Kindern gegenüber, wird der Zustand des Kindes sowohl vom klinisch-praktisch tätigen Arzt als auch vom Psychiater oft nicht als Folge von Vernachlässigung angesehen.

Arbeiten aus rechtsmedizinischem Bereich haben bei Klinikern bisher wenig Resonanz gefunden. Die Sorge vor einer Verschlechterung des Eltern-Kind Verhältnisses sowie Probleme zur ärztlichen Schweigepflicht und das Kausalitätsbedürfnis aller Beteiligten mögen dabei mitwirken, ein aktives Vorgehen der Ärzte bei Prophylaxe und Therapie zu verhindern. Auf diese Tatsache wird auch von *Staak, Wagner und Wille* (1967) hingewiesen. Mit Recht wird die Tatsache hervorgehoben, daß unter 21 000 in den Jahren 1956 bis 1965 stationär behandelten Kindern die Diagnose einer aktiven Kindesmißhandlung klinisch nur 7 mal (siebenmal!) gestellt worden ist, während Symptome der Vernachlässigung überhaupt nicht überprüft worden sind. Dabei ist die rechtzeitig einsetzende Klinikbehandlung beim noch lebenden Kind durchaus erfolgreich, so daß sich damit zu befassen lohnt.

Bei dem durch Gleichgültigkeit und Unfähigkeit gekennzeichneten Täterkreis kann schon eine nachdrückliche, in kurzen Abständen durchgeführte Kontrolle durch die Jugendfürsorge genügen, um eine wenigstens dürftige Besserung herbeizuführen, während beim Vorliegen eines intrafamiliären Strukturdefektes, in dem das Kind als Störfaktor empfunden wird und Spannungen unterhält, zumindest eine vorübergehende Heimunterbringung zu empfehlen wäre (*Staak* et al. 1967).

Erst in den letzten Jahren ist erkannt worden, daß bei der Vernachlässigung von Kleinkindern die Mütter relativ jung sind und häufig in den elementarsten Fragen im Umgang mit Kleinkindern keinerlei Kenntnis haben. Weder die Mütter noch die Väter wissen über die einfachsten Dinge der Pflege und der Ernährung sowie der Bedürfnisse eines Säuglings oder Kleinkindes Bescheid. Für jede qualifizierte Tätigkeit wird eine Ausbildung verlangt, nur für diejenige, Eltern zu sein, nicht. Fehlende positive Beeinflussung im Elternhaus müßte gegebenenfalls durch Erziehung und Aufklärung, durch andere Personen oder Gremien, ersetzt werden; dabei genügt nicht allein die sexuelle Aufklärung, wie sie zur Zeit praktiziert wird (*Trube-Becker* 1978).

Die einschlägig zitierten Fälle sollten gerade den Arzt auf die körperliche Vernachlässigung von Säuglingen aufmerksam machen und zeigen, daß bei aller diagnostischer Schwierigkeit bestimmte Symptome geeignet sind, den Verdacht auf Vernachlässigung, vorsätzlich oder fahrlässig herbeigeführt, zu lenken. Vielleicht hätte der Arzt die beste Möglichkeit, Einfluß zu nehmen, um nicht nur den Tod des Kleinkindes zu verhindern, sondern zur Besserung und Veränderung der sozialen und zwischenmenschlichen Beziehungen und zur Aufklärung der oft allzu jungen Eltern beizutragen. Diese Aufgabe ernst zu nehmen, wäre schon deshalb von allgemeinem Interesse, weil unterernährte und in frühester Jugend vernachlässigte Kinder Schäden für das spätere Leben, die irreversibel sein können, davontragen.

Wir sind uns natürlich darüber im klaren, daß es sich bei den zitierten Fällen nur um einen Bruchteil der tatsächlich vorkommenden handelt. Sie sind aber der sichtbar gewordene Teil von Straftaten zum Nachteil meist völlig hilfloser Opfer, verübt von Tätern, die oft genug niedriger Intelligenzquotient, Arbeitsunlust, Trunksucht, jugendliches Alter, subjektiv empfundene Überbelastung, manchmal auch Vergnügungssucht oder Trägheit „auszeichnet", Straftaten zumal, die aufzuklären oft recht schwierig ist.

Gerade für den Arzt, den Sozialarbeiter und für andere sozial engagierte Personen ergibt sich ein großes Wirkungsfeld, helfend einzugreifen und ihre Anstrengungen zu mehren, durch geeignete erzieherische und fürsorgerische Maßnahmen solche Taten weitgehend zu erschweren. Erst dann, wenn alle anderen Möglichkeiten, wirksam zu helfen und positiv einzuwirken, ausgeschöpft sind, könnte eine abschreckende Bestrafung der Täter wirksam sein. Wichtiger als die strafrechtliche Verfolgung ist, um nochmals ausdrücklich darauf hinzuweisen, die Prophylaxe, die nicht früh genug einsetzen kann.

5. Der sexuelle Mißbrauch von Kindern

Jede sexuelle Ausnutzung Minderjähriger sollte, auch bei nichtaggressivem Vorgehen wie beim Vater-Tochter-Inzest, für ungesetzlich angesehen werden, zumal in der Prä- und Frühadoleszenz die Verbindung zwischen physischer Mißhandlung und sexuellem Mißbrauch, wenn auch selten diskutiert, auffallend häufig vorkommt, und es unter den Tätern psychopathische Persönlichkeiten gibt, die Kinder als Objekte betrachten und deshalb ihnen gegenüber häufig gewalttätig werden.

Das Verhalten junger Mädchen, die in der Sicherheit des Familienkreises dazu neigen, ihre Verführungskünste ein wenig auszuprobieren, während sie lernen weiblich zu sein, ist nach *Kempe* und *Kempe* (1980) ganz normal und keine Erklärung für Inzest und erst recht kein Mitwirken bei sexuellen Handlungen mit Erwachsenen, die nicht vom Kinde, sondern — oft nicht ohne Mitschuld der Mutter — vom erwachsenen Mann in Gang gesetzt werden.

Sexueller Mißbrauch führt bei Kindern im Alter von unter fünf Jahren häufig zu Furchtzuständen, Anklammerungsverhalten und sonst einer Form von entwicklungsbedingter Regression, beim Kinde im schulpflichtigen Alter zu Ängstlichkeit, Furcht, Depressionen, Schlaflosigkeit, Hysterie, Gewichtsabnahme (oder auch Zunahme), Versagen in der Schule, Schulschwänzen oder Ausreißen.

Bei Adoleszenten wird nach Untersuchungsergebnissen von *Kempe* Aufbegehren, vor allem gegen die Mutter, die sie nicht beschützt hat, beobachtet.

Kempe meint sogar, Prostitution, kombiniert mit chronischer Depression und sozialer Isolation, zunehmende Auflehnung und Ausreißen von Zuhause seien Folge sexuellen Mißbrauchs. Eine Behandlung sei nur dann möglich, wenn es sich um sexuelle Ausnutzung ohne Gewaltanwendung gehandelt habe, unter der Voraussetzung, daß

— die sexuelle Ausnutzung beendet wird,
— Behörden in den Plan einbezogen werden und der Behandlung zustimmen,
— Staatsanwalt und Gericht der Aufschiebung der Strafverfolgung nicht entgegenarbeiten und die Rehabilitierung unter der Aufsicht von Bewährungshilfe — Instanzen geschähe.

Erst dann, wenn die Behandlung erfolglos sei oder der Erwachsene nicht daran teilnehme, müsse der Strafprozeß wieder aufgenommen werden. Zwar sei Pädophilie nicht zu kurieren, doch sei es häufig möglich, ungesetzliche Handlungen unter Kontrolle zu bringen. Dagegen gäbe es kein sicheres Heilmittel für den aggressiven Soziopathen, der Kinder unter Anwendung von Gewalt sexuell belästige. In vielen Fällen seien das Einsperren oder die Einweisung in eine psychiatrische Anstalt die einzigen Möglichkeiten, das Kind vor weiteren Belästigungen zu bewahren.

Nach einer Vergewaltigung durch fremde Personen braucht das Kind besondere Fürsorge und Betreuung. Manchmal ist sogar ein Krankenhausaufenthalt erforderlich. Die Mutter sollte Zeit für ihr Kind haben, ebenso Ärzte und Schwestern.

Beim **Inzest** sei die Wahrscheinlichkeit größer als beim sexuellen Mißbrauch durch fremde Personen, die drei erwünschten Ziele zu erreichen: Beendigung der Betätigung, individuelle und Gruppenbehandlung, sowohl für das Opfer als auch für die Eltern, Maßnahmen, die dem Opfer helfen, sich als ganzer Mensch weiterentwickeln zu können, wozu auch die Fähigkeit gehöre, Freude an normaler Sexualität zu entwickeln. Beide Eltern müssen gemeinsam den Wunsch haben, Abhilfe zu schaffen und entschlossen sein, entweder ihre Ehe positiver zu gestalten oder die Scheidung einzureichen. Der Erfolg einer Behandlung kann erst dann, wenn das Kind herangewachsen ist und keine emotionellen Schäden davongetragen hat, als gesichert angesehen werden.

Inzestopfer fühlen sich selbst als wertlos, schuldig und von allen Seiten bedroht, vor allem vom Vater und von der Mutter, die ihre Beschützer sein sollten. Deshalb muß das Kind lernen, Selbstvertrauen und Selbstachtung wiederzufinden. Die Erfolgsquote liegt nach den Untersuchungsergebnissen von *Kempe* u. *Kempe* nur bei 20 bis 30%. Wichtiger als die Familien zusammenzuhalten sei deshalb, die Interessen des Kindes wahrzunehmen.

Inzest vor der Adoleszenz, der dann aufhört, scheine weniger folgenschwer als Inzest, der sich in die Adoleszenz hinein weiter fortsetzt. Sehr junge Mädchen könnten aber auch dazu erzogen werden, mit dem Bereiten von Geschlechtslust Anerkennung zu erlangen. Diese Kinder seine besonders gefährdet und würden für die Prostitution vorbereitet.

Der Inzest während der Adoleszenz soll ohne entsprechende Hilfen zu Frigidität, Hysterie, Promiskuität, Phobien, Selbstmordversuchen und psychotischem Verhalten führen. Die Vorgeschichte wird häufig erst viele Jahre später offenbar, weil im allgemeinen niemand außerhalb der Familie von den Geschehnissen Kenntnis erlangt hat.

Nach Überzeugung von *Kempe* u. *Kempe* ist jede sexuelle Ausnutzung schädlich, was aber nicht besage, daß stets Strafmaßnahmen folgen müßten; das Kind aber **müsse** behandelt werden. Für die Gesellschaft sei es viel wichtiger, die Opfer zu behandeln, als die Täter zu bestrafen.

Smith und *Brogdon* (1979) haben sich, obwohl auch in Amerika sehr wenig über Folgen und Behandlung bei Notzuchtvergehen an Kindern geschrieben wird, zur Aufgabe gemacht, den Opfern zu helfen: Sie haben ein Zentrum für Notzuchtopfer geschaffen, in dem allein in der Zeit von Januar bis August 1976 = 577 Vergewaltigungsopfer, davon 154 Kinder und Jugendliche im Alter von zwei bis 16 Jahren, behandelt worden sind. Täter waren häufig die eigenen Väter oder die Freunde der Mütter. Nicht selten waren auch die Mütter der behandelten kindlichen Opfer in ihrer Kinder- oder Jugendzeit Opfer von Notzuchtverbrechen gewesen.

Wer aber hat in der Bundesrepublik Deutschland sich bisher Gedanken über die Notwendigkeit der Behandlung eines Kindes nach sexuellem Mißbrauch gemacht? Erst aus jüngster Zeit (*Beer* 1981) stammen Hinweise, daß ein Kind kein geschlechtsloses Wesen sei und wie wichtig die frühkindliche Sexualerziehung durch die eigenen Eltern, insbesondere die Mutter, ist.

Im Hinblick auf die Aufklärung, den sexuellen Mißbrauch von Kindern und seine Folgen ernst zu nehmen und eine ärztliche Behandlung für erforderlich zu erachten, liegt bei uns noch vieles im argen. Der Prophylaxe und der späteren Behandlung der Opfer (aber auch der Täter) müßte eine größere Aufmerksamkeit entgegengebracht werden.

Zur Prophylaxe gehört in erster Linie die Aufklärung des Kindes. Dabei genügt nicht, vor dem „bösen Onkel" zu warnen oder dem Kind einzubleuen, „geh nie mit einem Fremden". Wie Untersuchungen und auch unsere Fälle zeigen, sind die Täter selten völlig fremde Personen. Wichtig ist das Vertrauen des Kindes zu seinen Eltern, das ihm ermöglicht, von einem sexuellen Erlebnis, gleich welcher Art, zu erzählen, damit sogleich die Polizei unterrichtet und weiterer Schaden an dem Kinde verhindert und ein anderes Kind vor ähnlichen Erlebnissen bewahrt werden kann. Angst und falsche Scham sollten nicht dazu führen, die Anzeige zu unterlassen.

Auch mögliche Zeugen, die einschlägige Beobachtungen machen, sollten unverzüglich die nächste Polizeidienststelle, das Jugendamt oder den Kinderschutzbund informieren. Durch ein solches Verhalten der Erwachsenen könnten Kinder geschützt und vor sexuellen Belästigungen bewahrt werden. Auf keinen Fall aber dürfen die einschlägigen Gesetze im Strafgesetzbuch abgeschafft werden.

III Schlüsselfigur aller Prophylaxe ist der Arzt

Die beschriebenen Fälle der Mißhandlung und Vernachlässigung von Kindern ebenso wie auch der sexuelle Mißbrauch von Knaben und Mädchen sollten Anlaß geben, vermehrt das Interesse von Ärzten, Sozialarbeitern, Gesundheitsbehörden oder anderen Gremien und Institutionen, die der Förderung eines geordneten menschlichen Zusammenlebens dienen, auf die sozial-medizinisch so bedeutsamen Probleme zu lenken. Es genügt dabei aber nicht, sich mit der Diagnose zu begnügen.

Die Prophylaxe muß Vorrang erhalten, weil jede Gewalt gegenüber einem Kinde, sowohl im Kleinkindes- als auch im späteren Kindesalter, für die seelische und körperliche Entwicklung des Kindes und damit auch für seine spätere Einstellung zur Gesellschaft und zum Leben von entscheidender Bedeutung ist. Prophylaxe ist aber nur bei rechtzeitigem Erkennen der Symptome und ihrer ursächlichen Faktoren möglich. Dazu sollten Hausarzt, Sozialarbeiter, Gesundheitsbehörden, Kliniken usw. sich im Rahmen der jeweils gegebenen Möglichkeiten anregend, unterstützend und koordinierend zusammenwirken. Zu Recht beanstandet *Köttgen* (1974) die unbefriedigende Zusammenarbeit dieser Institutionen und damit insbesondere die Tatsache, daß einschlägige Hinweise und Anzeigen nur allzu oft keine Reaktionen dieser Stellen auslösen.

Eine der wenigen Personen, welche die Möglichkeit haben, Einblick in das strafwürdige Verhalten der Eltern zu erlangen und den Zustand des Kindes zu erkennen, ist — ich habe bereits darauf hingewiesen — der Arzt. Der aber auf Diagnose und Therapie von Krankheiten eingestellte und auf diesen seiner Tätigkeit im Grunde so fernliegenden Spezialgebiet der forensischen Medizin unerfahrene Arzt erkennt oft sogar typische Spuren nicht als Folge von Gewalttaten oder mangelnder Fürsorge. Viel eher wird den Schutzbehauptungen der Eltern, seinen Patienten, geglaubt und das Kind nach erfolgter Heilung in das gleiche Milieu entlassen, um dann nach Ablauf von einigen Wochen in ähnlichem Zustand wieder in die Klinik eingeliefert zu werden und bleibende Schäden: Erblindung, cerebrale Störungen und psychische Veränderungen oder sogar den Tod zu erleiden. Scheinbar unerklärliche Verhaltensstörungen, Erziehungs-, Lern- und Kontaktschwierigkeiten werden nicht als Folgen körperlicher und seelischer Gewalt, sexuellen Mißbrauchs oder der Vernachlässigung erkannt. Manche dieser Folgezustände hätten bei rechtzeitigem Eingreifen verhindert werden können.

Für den Arzt liegt, jedenfalls bis vor einigen Jahren, jede Gewalttat einem Kinde gegenüber so außerhalb der Lebens- und Vorstellungssphäre, daß es nicht erstaunt, im klinischen und sogar pädiatrischen Lehrbüchern kaum oder nichts über die Folgen von Mißhandlungen und Vernachlässigungen zu finden.

Aber nicht nur das Erkennen der Spuren als Folge von Gewalttaten gegen das Kind oder Unterlassungen notwendiger Betreuung machen dem Arzt trotz oft eindrucksvoller Befunde große Schwierigkeiten, sondern ganz besonders deren Wertung und wie er sich weiter zu verhalten hat.

Zunächst wird er bei seinen Patienten die Möglichkeit, das eigene Kind zu mißhandeln oder zu mißbrauchen, nicht in seine diagnostischen Erwägungen einbeziehen. Des weiteren mag er Schwierigkeiten mit den Eltern und Unannehmlichkeiten mit den Behörden befürchten. Im übrigen verweist er auf die ärztliche Schweigepflicht, nicht wissend, daß nach § 203 StGB **nur die unbefugte Offenbarung** strafrechtlich verfolgt wird. Außerdem sind die Opfer der Mißhandlung und Vernachlässigung in der Regel Kleinkinder, die sich selbst noch nicht äußern können. Die Folgen von Gewalteinwirkungen beim größeren Kind wird der Arzt schon deshalb nicht zu sehen bekommen, weil das Kind der ärztlichen Untersuchung und Behandlung gar nicht zugeführt wird. (Vgl. oben Fünften Teil Nr. 185 ff.).

Keine Meldepflicht — im Gegensatz zu anderen Ländern

Aus diesen Gründen und weil es im Gegensatz zu anderen Ländern (auch der DDR) in der Bundesrepublik Deutschland keine allgemeine Meldepflicht für Spuren von Gewalttaten gegen das Kind gibt, wird die Forderung erhoben, schon beim Verdacht auf körperliche Mißhandlung, Vernachlässigung und sexuellen Mißbrauch erfahrene Fachkräfte, in erster Linie Rechtsmediziner, die in der Regel nur mit der Obduktion befaßt werden, beizuziehen, ihnen das Kind vorzustellen, damit zunächst die Befunde dokumentiert und fotografiert und später ausgewertet werden können. Dieses Verfahren hätte — ich habe schon darauf hingewiesen — nicht nur den Vorteil, dem Arzt in der Praxis Mühen, Schwierigkeiten und Gewissenskonflikte zu ersparen, sondern die Befunde wären für weitere Ermittlungen brauchbar erfaßt. Relativ kurz gefaßte ärztliche Atteste oder in Kliniken gefertigte fotografische Aufnahmen lassen bei späteren Ermittlungen kaum bindende Schlüsse zu.

Wie wichtig die Einbeziehung eines erfahrenen Rechtsmediziners in die Ermittlungen sein kann, zeigen **drei Fälle:**

1) Fall 52 Tab. I:
Nach der Obduktion des zwei Jahre alt gewordenen Knaben, der von seinem Stiefvater mit heißem Wasser übergossen wurde, sind die beiden älteren Ge-

schwister von uns untersucht und bei diesen Kindern ebenfalls Mißhandlungsspuren nachgewiesen worden (Fall 54 Tab. IV). Die beiden Kinder wurden bei
Pflegeeltern untergebracht. Das jüngste Kind ist zwar an den Folgen der Ver-
brühung und stumpfer Gewalteinwirkung gestorben, die Geschwister aber —
ein dreijähriger Junge mit Striemen, Hämatomen und Gliedmaßenschwellun-
gen sowie ein siebenjähriges, unterernährtes anämisches Mädchen, das von
seinem Stiefvater sexuell mißbraucht worden war — konnten noch rechtzeitig
vor einem ähnlichen Schicksal bewahrt werden.

2) Fall 22 Tab. IV:
Durch eine Kriminalpolizeiaußenstelle wurde uns ein 1 1/2-jähriges Mädchen
mit Verbrühungsfolgen über Rücken und Bauch, Hämatomen und einer Bißspur im Gesicht sowie einer Fraktur des linken Oberarmes vorgestellt. Die
Hinzuziehung eines Rechtsmediziners führte zur Einschaltung der Großeltern
in die Betreuung des Kindes, wodurch wahrscheinlich weiterer Schaden hat
verhindert werden und das Kind in der Familie bleiben können.

3) Fall 57 Tab. I:
Dem zweijährigen Mädchen war zwar nicht mehr zu helfen. Der zwei Jahre ältere Bruder, der ebenfalls Striemen und Hämatome aufwies, wurde zunächst
in einer anderen Pflegestelle, später bei der Großmutter untergebracht. Dadurch konnte ein der Schwester ähnliches Schicksal von dem Jungen abgewen-
det werden. Die Behauptung, das Kind sei aggressiv und habe sich stets mit
anderen geprügelt, hat nicht bestätigt werden können.

IV Die Sorge um die Kinder wird bleiben

Zur Förderung der Prophylaxe wurde vom Deutschen Kinderschutzbund der
Vorschlag gemacht, ,,Kinderbeauftragte'' zu schaffen, ausgebildete Fach-
kräfte, die sich sowohl um die kindlichen Belange als auch um diejenigen der
Eltern kümmern sollten. Sie sollten die Probleme mit den Eltern besprechen
und auch die Sorgen und Nöte der Kinder anhören, um ggf. erforderliche
Maßnahmen in die Wege leiten zu können. Trotz des Engagements ist es beim
Vorschlag geblieben.

Um auch in der Bundesrepublik Deutschland, wie von der WHO vorgeschlagen, auf 50 000 Einwohner eine Erziehungsberatungsstelle einzurichten, müßten uns zusätzlich 12 000 Fachkräfte zur Verfügung stehen, die natürlich nicht
vorhanden sind und auch nicht finanziert werden können. Somit bleibt die
Sorge um gefährdete Kinder und Familien nach wie vor der Privatinitiative
überlassen.

In den USA haben sich Selbsthilfegruppen mißhandelnder Eltern — ,,An-
onyme Eltern'' — gebildet. Die Gruppe vermittelt die Erfahrung, daß alle Ge-

fühle berechtigt sind, solange sie in konstruktiver Weise geäußert werden. „Greif zum Telefon statt zum Kind" ist das erste Gebot dieser Gruppen. Mitglieder sollen einander anrufen, wenn sie spüren, daß sie „explodieren" und dem Kind gegenüber rabiat werden könnten. Von Nutzen ist diese Einrichtung wie stets freilich nur bei jenen Eltern, die erkennen, daß die Probleme bei ihnen selbst liegen und nicht bei den Kindern.

Inzwischen hat der Deutsche Kinderschutzbund mehr als 32 Sorgentelefone, die für jedermann zugänglich sind, in mehreren Städten eingerichtet. Eltern und Kinder sollen die Möglichkeit haben, ihre Probleme zunächst anonym und fernmündlich, später aber auch persönlich besprechen zu können.

Unfähigkeit und/oder Unwissenheit der Eltern

Die meisten Fälle von Vernachlässigung, aber auch von Mißhandlung zeigen, daß ein wesentlicher Faktor für das Verhalten der Mütter und der Väter in Unfähigkeit und Unwissenheit liegt. So zeigen vor allem die Vernachlässigungsfälle mit oder ohne tödlichen Ausgang, daß die oft allzu jungen Mütter, die ohne partnerschaftliche Hilfe auf sich allein gestellt, zusätzlich oft noch zu einer Erwerbstätigkeit gezwungen, den Anforderungen, die Hausarbeit und Kinderpflege mit sich bringen, nicht gewachsen sind. In der heutigen Zeit, die uns so viele Erkenntnisse zur Bedeutung der frühkindlichen Entwicklung für die spätere Einstellung des Menschen zur Gesellschaft beschert hat, dürften Mütter mit ihren Problemen und Schwierigkeiten nicht allein gelassen werden. Aber nichts interessiert in unserer Wohlstandszeit weniger als die Sorgen und Nöte der Mütter aus Problemfamilien oder der alleinstehenden Mütter.

Wenn auch das Verhalten mancher Mutter, der jedes Interesse an ihrem eigenen Kinde zu fehlen scheint, erschreckend wirkt, so zeigen doch die meisten der beobachteten Fälle, daß mißliche äußere Umstände, die hätten geändert werden können, bei der Tat wesentlich mitgewirkt haben.

Schließlich sei noch darauf hingewiesen, daß es sich beim „mütterlichen Verhalten" keineswegs um eine reine Instinkthaltung und kaum um angeborenes Triebverhalten handelt, wie manche Kinderärzte meinen. Der Mensch kann und muß letztlich Mutterpflichten lernen. Das gleiche gilt selbstverständlich auch für die Pflichten der Väter. Elterliches Verhalten ist nicht vorprogrammiert, so daß es mit der Geburt des Kindes ohne bewußtes Dazutun abzulaufen beginnt. Das zeigt besonders das Verhalten jener Eltern, die ihr Kind nach der Geburt krankheitsbedingt noch in der Klinik lassen müssen, das gilt aber auch beispielsweise für die alleinstehende Frau, die gezwungen ist, ihr Kind anderen Personen zur Betreuung zu überlassen.

Von kinderärztlicher Seite wird neuerdings (*v. Schilling* 1975) auf die Schwierigkeiten für die Eltern-Kind-Beziehung aller sozialer Schichten hingewiesen, wenn die Eltern mit dem Neugeborenen längere Zeit nach der Geburt keinen unmittelbaren Kontakt haben. Eine tiefere emotionale Zuwendung der Eltern soll in diesen Fällen häufig schwierig sein oder überhaupt nicht mehr zustande kommen.

Erziehungskunde wäre wichtig

Wie kann eine noch nicht 20-jährige, die ihr 2. oder 3. Kind unter mißlichen Umständen erwartet, ihren Kindern Mutter sein, wenn ihr im eigenen Elternhaus jede positive Beeinflussung, jede Geborgenheit gefehlt hat. Es muß versucht werden, durch Erziehung und Aufklärung ihr noch einen Lernprozeß zu ermöglichen. In dem Zusammenhang könnte den Schulen eine wichtige Aufgabe zugewiesen werden.

In einigen bayerischen Hauptschulen gibt es inzwischen das Fach ,,Erziehungskunde''. Es genügt nicht allein die sexuelle Aufklärung. Was nach dem Zeugungsakt geschieht, steht dem an Bedeutung in nichts nach. Von besonderer Wichtigkeit ist es, die Schüler wie die Schülerinnen immer wieder auf die Verantwortung hinzuweisen, die aus einer sexuellen Verbindung dem jeweiligen Partner und insbesondere dem daraus entstehenden Kinde gegenüber erwächst. Dabei muß besonders herausgestellt werden, daß Schwangerschaft, Geburt und Aufzucht eines Kindes gleichgewichtige partnerschaftliche Aufgaben sind.

In diesem Zusammenhang sei auf ein Frühwarnsystem hingewiesen (*R. S. Kempe* u. *C. H. Kempe* 1980), das insbesondere den Fachärzten für Geburtshilfe, Schwestern oder Hebammen bekannt sein sollte. Die erste Begegnung von Mutter und Kind nach der Geburt, wie die Eltern das ,,Wesen'' empfangen, für das sie während Kindheit und Adoleszenz sorgen müssen, gibt Aufschluß über die weitere Entwicklung der Eltern-Kind-Beziehung. Als Gefahrensignal wird das Verhalten der Mutter während der Schwangerschaft gewertet, ob sie ihre Schwangerschaft leugnet, deprimiert ist oder sich im Zusammenhang mit der Niederkunft einsam und verlassen fühlt und sich nicht auf das Kind freut. Sicher wird es noch eine Zeitlang dauern, bis eine derartige Beobachtung des elterlichen Verhaltens während Schwangerschaft und Geburt Vorhersagen im Hinblick auf das weitere Leben des Neugeborenen gestatten. Man könnte zumindest damit beginnen, gefährdete Familien weiterhin zu betreuen.

Gerade in den ersten Tagen nach der Geburt ist die enge Beziehung zwischen Mutter und Neugeborenem für das spätere Mutter-Kind-Verhältnis wichtig. Deshalb wird in allen Entbindungskliniken in zunehmendem Maße das ,,Rooming-in'', das zudem keine zusätzlichen Unkosten, sondern lediglich menschliches Umdenken erforderlich macht, gefördert. Dazu gehört auch die in fast allen Kreißsälen selbstverständlich gewordene Möglichkeit für die Väter, bei der Geburt ihres Kindes anwesend zu sein, beides Faktoren, die nachweislich zur Reduktion der Gewalttaten dem Kinde gegenüber führen, natürlich nur unter der Voraussetzung — wie bei allen Hilfsangeboten —, daß auch Gebrauch von diesen Möglichkeiten gemacht wird.

Haushaltshelferinnen, die es auch in der Bundesrepublik Deutschland gibt, sollten viel häufiger als gewöhnlich überlastete Mütter eine Zeitlang entlasten, sie informieren und in der Haushaltsführung und Kinderbetreuung unterrichten.

Mißhandelnde oder vernachlässigende Eltern haben in der Regel selbst sehr viel Deprivation erfahren und benötigen deshalb psychotherapeutische Hilfe, am besten in Form einer Familientherapie, da Eltern häufig gemeinsam mißhandeln, wenngleich oft nur ein Elternteil, in der Regel die Mutter, zur Rechenschaft gezogen wird.

Nach *Beswick* et al. (1976) sind die meisten gefährdeten Familien dem Hausarzt bekannt — aus unserer Sicht nicht zu bestätigen —, schon weil sie ihn wegen akuter Gesundheitsprobleme aufsuchen und Krankheitssymptome dazu benutzt werden, Kontakt zu finden. Wenn der Praktiker jede Konsultation als einen Teil der Familiendynamik und nicht als ein isoliertes Einzelereignis betrachten würde, hätte er die Möglichkeit, Warnsignale rechtzeitig zu erkennen. Darin wird zu Recht ein wichtiger Teil zur Verhütung von Kindesmißhandlungen gesehen.

Vier Allgemeinärzte eines modernen Gesundheitszentrums in England, zu dem auch Schwestern, Fürsorger und Hebammen gehören, betreuen in einer Kleinstadt mit 16 000 Einwohnern 9200 Patienten, darunter 1841 Kinder unter 10 Jahren. In den Jahren 1973 bis 1976 hatten sie sich in 12 Fällen = 2 v. H. der Kinder im Alter von unter 10 Jahren mit akuten Mißhandlungs- oder Vernachlässigungssymptomen zu befassen, wozu auch versuchtes Ersticken, Erwürgen, Ertränken und Vergiften gehören. Alle Mitarbeiter des Zentrums sollen auf Risikofamilien, die auch in England aus allen sozialen Schichten stammen, achten. Beide Eltern sollten dann zur Behandlung in eine der Praxis angeschlossenen therapeutischen Gruppe einbezogen und das Kind entweder in regelmäßigen Abständen daheim besucht oder in der Praxis untersucht werden.

Kempe u. *Kempe* (1980) haben für Amerika ein System entwickelt, mißhandelnde Eltern ausfindig zu machen, ihnen zu helfen und sie zu behandeln. 10 v. H. seien, weil psychisch krank, zu einer Behandlung nicht geeignet und müßten in eine Psychiatrische Klinik. Es bleibe nur die Möglichkeit, das Kind bei Pflegeeltern, Verwandten oder in einem Heim unterzubringen. 90 v. H. der Eltern sei potentiell zu helfen, in 10 v. H. der Fälle scheitere das Bemühen.

Bei nichtbehandlungsfähigen Familien bleibe nur der frühzeitige Entzug der Elternrechte. Zu diesen Eltern gehören vor allen Dingen grausame Mißhandler, die ihre Kinder langsam und wiederholt foltern, Psychotiker oder Eltern, die für keine Behandlung zugänglich sind, insbesondere aggressive Soziopathen, bei denen die Gefahr besteht, daß sie im Zorn unberechenbar und mit tödlichem Ausgang zuschlagen.

Interessant ist, wieviele Kinder als Folge abnormer elterlicher Betreuungspraktiken mit Deprivationssymptomen, Verletzungsspuren und Vergiftungserscheinungen in Krankenhausbehandlung eingewiesen werden, ohne daß diese Fälle dem Central Child Abuse Registry gemeldet worden sind, was nach den gesetzlichen Bestimmungen eigentlich hätte geschehen müssen. Auch die Meldepflicht nutzt demnach oft weder den Eltern noch dem Kind. Und: Trotz der Meldepflicht sind sich auch in den USA Ärzte, die Mißhandlungsspuren erkannt und behandelt haben, im unklaren darüber, wie sie sich weiterhin zu verhalten haben.

V Wichtigste vorhandene Prophylaxe: die Privatinitiative — sie muß gefördert werden

Sozialarbeiter allein sind jedenfalls nicht in der Lage, den Problemen, die aus der Betreuung gefährdeter Familien und ihrer Kinder erwachsen, wirksam zu begegnen, und zwar schon deshalb, weil ein(e) Sozialarbeiter(in) in der Regel ein Heer von Familien zu betreuen hat. Es bleibt in aller Welt ebenso wie in der Bundesrepublik Deutschland, abgesehen von wenigen besonders engagierter Persönlichkeiten behördlicher Institutionen, eigentlich nur die Privatinitiative.

Neben caritativen Einrichtungen muß für die Bundesrepublik Deutschland der Kinderschutzbund Erwähnung finden, der in manchen Städten recht aktiv und wirkungsvoll eingreift, um belasteten Familien zu helfen und u. a. vor allem Kindergärten, Kindertagesstätten, Schularbeitshilfsdienst, Sorgentelefone geschaffen hat. Mitteilungen an den Kinderschutzbund haben zudem den Vorteil, daß sie nicht als behördliche Anzeige gelten und deshalb nicht an staatliche Ermittlungsbehörden weitergeleitet werden müssen, so daß nicht sogleich ein Strafverfahren gegen die Eltern in die Wege geleitet werden muß, wozu das Legalitätsprinzip Polizei und Staatsanwaltschaft zwingt. Ein Strafverfahren läge weder im Sinne des Arztes, noch würde den Eltern und den mißhandelten Kindern oder sogar der Allgemeinheit damit gedient. Dies vor allem dann, wenn es andere Möglichkeiten gibt, Gefahren von den Kindern abzuwenden.

Dazu gehört schließlich auch die Übernahme einer Vormundschaft, zu der der Deutsche Kinderschutzbund seine Mitglieder aufgerufen hat, weil ein einzelner Amtsvormund hundert und mehr Vormundschaften hat. Die bisher gemachten Erfahrungen zeigen, daß auch auf diesem Sektor mehr Unterstützung von seiten der Jugendämter und eine bessere Koordination der beteiligten Behörden und Institutionen vonnöten ist.

Wir sollten endlich von den Methoden früherer Zeiten abkommen, als es bei der Kindererziehung darum ging, den Willen des Kindes mit psychischer Gewalt nach dem Motto aus dem Alten Testament „Wer die Rute schont, verdirbt den Knaben" zu brechen. Der Ruf nach „härterer Zucht" und „strafferen Zügeln" — selbstredend nur für die Kinder — in dem Glauben, so alle jugendlichen Unarten unterbinden zu können, die angeblich auf zuviel Freiheit und zuwenig Strenge in der Erziehung beruhen, ist sicher fehl am Platz. Allerdings bedeutet freie und unautoritäre Erziehung ebensowenig, die Kinder sich selbst zu überlassen, sie tun und lassen dürfen, was sie wollen wie, sie ohne Normen aufwachsen zu lassen. Verhaltensnormen brauchen wir alle, Kinder und Erwachsene.

Es genügt nicht, die Notwendigkeit zu partnerschaftlichem Verhalten und gegenseitiger Achtung gesetzlich festzulegen, es muß auch danach gehandelt werden. Bei aller Gewalt, Grausamkeit und Unterdrückung auf Erden könnte, wie *Astrid Lindgreen* in ihrer Rede anläßlich der Verleihung des Friedenspreises des Deutschen Buchhandels am 22. Oktober 1978 in der Paulskirche zu Frankfurt am Main ausführt, das Beispiel der Eltern daheim mit der Zeit ein winziger Beitrag sein zum Frieden in der Welt.

Anhang

Protokolle der Gewalt gegen das Kind

Zeichenerklärung

♂	männlich	M.	Monate
♀	weiblich	Wo.	Wochen
e	ehelich	EZ	Ernährungszustand
n. e.	nicht ehelich	PZ	Pflegezustand
Zwill.	Zwilling	KM	Kindesmißhandlung
Kd	Kind	LK	Landeskrankenhaus
Ki	Kinder	BAK	Blutalkoholkonzentration
Km	Kindesmutter	UAK	Urinalkoholkonzentration
Kv	Kindesvater	m. Bew.	mit Bewährung
Stiefv.	Stiefvater	+	mäßig
Stiefm.	Stiefmutter	+ +	mittel
J.	Jahre	+ + +	stark

Tabelle I Mißhandlungen mit Todesfolge (Fall 1 – 8)

Nr.	Geschl.	Alter	Befunde	Besonderheiten	Täter	Urteil
1	♂ 1. K. e	3. J.	Einriß V. Cava Verbluten Hämatome + + +	Tritt in Bauch Kd. bis 8 Tage vor Tod bei Groß- eltern	Kv 25	6 Jahre
2	♀ 1. K. n.e.	4 J.	Subdurales Hämatom Hämatome + + + Striemen + + +	Kd. mit Kohlen- schaufel geschlagen	Stiefv.	5 Jahre
3	♂ 1. K. e	3 J.	Hirnblutung Hämatome + + + Brandblasen Fettembolie + +	3 Ki.; ausgerissene Haare Kd. vorher im Heim Wohng. unzulänglich	Kv 28 Km 25	lebensl. 6 Jahre
4	♂ 1. K. n.e.	2 J.	Hirnblutung Hämatome + + + **Bisse**	Schwängerer wollte Km nicht heiraten vorher im Heim	Km 30	10 Jahre
5	♂ 1. K. n.e.	14 M.	Schädelfraktur epidurales Hämatom Hämatome **Bisse**	Km gravide 2 Jahre im LK	Km 24	6 Jahre
6	♂ 4. K. Zwill.	3 J.	Hirnblutung Hämatome + + + **Bisse**, Würgemale verdreckt EZ sehr schlecht	schon 1 Kd. miß- handelt 4 Ki., Km Psychop. Kd. 1/2 J. im Brutkasten	Km 30 Kv 33	3 J. 6 Mon. Freispr.
7	♂ 3. K. e	6 Wo.	Hirnblutung Hämatome + + +	3 Ki. Km nervös	Km 24	6 Mon. m. B.
8	♂ 1. K. e	2 J.	Hirnblutung Schädelfraktur Abriß d. Kopf- schwarte u. Ohr- Hämatome + + + Striemen EZ schlecht	Km BAK 1,5‰ UAK 2,8‰	Km 33	Suizid Erschie- ßen mit Flobert

Tabelle I   Mißhandlungen mit Todesfolge (Fall 9 – 15)

Nr.	Geschl.	Alter	Befunde	Besonderheiten	Täter	Urteil
9	♂ 3. K. e	2 J.	Epidurales Häm. Subdurales Häm. Schädelbasisfr. Hämatome + Striemen + **Biss**, Anaemie 4 Mon. vorher Frakturen, **Hämatome + + +**	5 Ki. Km. Griechin Ki. waren wegen Mißhandlung vorher im Heim	Km 24	I. 4 Wo. II. Frei- spruch
10	♂ 1. K. n. e.	2 J.	Subdurales Häm. Hirnblutungsherde Schädelfraktur li. Hämatome + + + Striemen + + EZ reduziert	2 Ki. bis zur Verurteilg. noch 2 Ki Kd. bis vor 14 Tg. im Heim	Km 22	2 Jahre
11	♀ 1. K. n. e.	3 J.	Subdurales Häm. Hämatome + + + Hirnödem Fettembolie	Km debil gravide Kd. zuerst i. Heim	Km 23	5 Jahre
12	♀ 3. K. n. e.	3 J. 6 Mon.	Subdurales Häm. Schädelfraktur li. Hämatome + + +	♂ betrunken 1,86 ‰ Kd. geschlagen bis 4 Wo. vor Tod i. Heim	Km 27	2 Jahre, 6 Mon.
13	♂ 1. K. n. e.	9 Mon.	Subdurales Häm. Hämatome + + + **Bisse + + +**	Identifizierung durch Bißabdruck	Plege- mutter	4 Jahre
14	♂ 1. K. e	1 J.	Hämatome + + + **Bisse + + +** Hirnödem EZ reduziert	angebl. mit Kopf geg. Gitterbett	Kv 28	kein Verfah- ren
15	♂ 2. K. n. e.	1 Mon.	Epidurales Häm. Hämatome + + + EZ schlecht	1 n. e. Kd. verst. Kd. war Km gleich- gültig	Km 18	1 Jahr, 3 Mon.

163

Tabelle I   Mißhandlungen mit Todesfolge (Fall 16 – 23)

Nr.	Geschl.	Alter	Befunde	Besonderheiten	Täter	Urteil
16	♂ 8. K.	15 Mon. e	Epidurales Häm. Schädelbasisfrakt. Kleinhirnblutung u. Zertrümmerung Hämatome + + +	8 Ki. Notasyl Eltern einschl. vorbestraft	Km 32 Kv 39	eingest.
17	♂ 6. K. Zwill.	19 Mon. e	Hämatome + + + Hirnödem Commotio cerebri	6 Ki.	Km Kv	eingest.
18	♂ 3. K.	3 J. e	Hämatome + + + Hirnödem Commotio cerebri verdreckt EZ schlecht	4 Ki. Km schwachsinnig Wohng. schmutzig Kd. wimmerte	Stiefm. 29 Kv 30	Freispr.
19	♂ 3. K.	3 J. e	Hämatome + + + Leberriß Verbluten Anaemie	3 Ki.	Stiefm. 28	3 Jahre (§ 21) StGB
20	♂ 3. K.	1 J. 6 Mon. e	Hämatome + + Hirndruck erhöht Pachymeningitis **Häm.**	3 Ki. Kd. 6 × Klinik wegen Mißhandl. Km gravide	Km 28 Hausfrau	Freispr.
21	♀ 3. K.	13 Mon. e	Epidurales Häm. Schädelfraktur Hämatome + + + EZ schlecht	mehrfach in Klinik wegen Mißhandlung	Km 30	2 Mon. m. B.
22	♂ 1. K.	2 J. n. e.	Hirnblutung Hämatome + + + Clavicularfrakt.	♂ prügelte, weil Kd. Hose voll hatte	Freund d. Km	6 Jahre § 21 StGB
23	♀ 3. K.	4 J. e.	Subdurales Häm. Hirnerweichung Hämatome + + + Schädelbasisfrakt. Brillenhämatom	3 Ki.	Km 36 Kv 46	kein Verfahren

Tabelle I Mißhandlungen mit Todesfolge (Fall 24 – 30)

Nr.	Geschl.	Alter	Befunde	Besonderheiten	Täter	Urteil
24	♀ 3. K. e	7 Mon.	Subdurales Häm. Hirnödem Hämatome + + + Anaemie	3 Ki.	Km 26 Kv 26	kein Verf.
25	♀ 1. K. n.e.	7 Wo.	Hämatome + + Würgemale Ertrinken	mehrfach versucht, Kd. zu ertränken Km debil	Km 25	§ 20 StGB
26	♀ 5. K. e	18 Mon.	Verbluten Darmabriß Hämatome + + + alte Narben Anaemie EZ schlecht	5 Ki. Km erneut gravide Ehe nicht gut Kv Trinker	Km 26	1 Jahr 6 Mon. m. B.
27	♂ 4. K. e	4 J. 9 Mon.	Verbluten, Anaemie Zwerchfellrisse Peritonitis Darmabriß Hämatome + + +	2. Ehe, Eltern getrennt lebend 5 Ki.	Km 33	Freispr. Freund als Täter möglich
28	♀ 3. K. e	10 Mon.	Subdurales Häm. Querdarm gerissen Blutungen in Nieren bds. Hämatome + + **Bisse** + Genital. verletzt EZ schlecht	Wohnung verwahr- lost 3 Ki. Km soll sich nicht um Ki. gekümmert haben	Km 22	2 Jahre
29	♂ 1. K. n.e.	7 Mon.	Subdurales Häm. Schädelfraktur Hirnödem Hämatome + + + Anaemie	♂ war allein mit Kd., sollte aufpassen	Ver- lobter der Km	kein Verf.
30	♂ 1. K. n.e.	2 J.	Bauchblutungen Peritonitis Blutung im Nieren- lager Hämatome + + + Striemen + + + schmutzig	Pflegem. nervös Kd. mit Stock geschlagen	Pflege- mutter 30	2 Jahre

Tabelle I Mißhandlungen mit Todesfolge (Fall 31 – 36)

Nr.	Geschl.	Alter	Befunde	Besonderheiten	Täter	Urteil
31	♂ 8. K. e	1 J.	Hämatome + + Striemen + Zahnschleimhaut blutig EZ sehr schlecht Fettembolie	außerdem Otitis media 8 Ki. Km erneut gravide Wohnung verwahrlost	Km 35 Kv 36	kein Verf.
32	♀ 7. K. e	4 J.	Zwerchfellriß Pneumothorax Hämatome + + + Striemen + + + EZ sehr schlecht PZ	außerdem Otitis 8 Ki. Km hat ,,durchgedreht''	Km 28 Kv 29	kein Verf.
33	♀ 1. K. e	5 J.	Verbluten Leberriß Abriß d. Darmes Schädelfraktur Armfraktur li. Hämatome + + +	Kv 0,25‰ 2 Ki. Streit zwischen Eltern	Kv 32 Grieche	3 Jahre § 21 StGB
34	♂ 6. K. n.e.	1 J. 9 Mon.	Hämatome + + + Striemen + + + Re. > li. Unterlippenblut. Anaemie EZ sehr schlecht schmutzig	außerdem Bronchitis 6 Ki. Km gravide, Mens 5 Stadtwohnheim Ehe gesch.	Km 22	kein Verf.
35	♀ 2. K. e	6 Wo.	Scheitelbeinfraktur, Bluteinhüllung des Gehirns Hämatome + + +	2 Ki., Km debil Eltern getrennt mit Kopf auf Tisch	Km 25 Jugosl.	4 Jahre § 21 StGB
36	♀ 3. K. Zwill. e	5 J.	Hämatome + + + Striemen + + + Anaemie Narben EZ sehr schlecht	7 Ki. Sorgerecht bei 6 Ki. entzogen Kd. mit Riemen geschlagen	Km 34 Kv 40	je 15 Jahre

166

Tabelle I Mißhandlungen mit Todesfolge (Fall 37 – 42)

Nr.	Geschl.	Alter	Befunde	Besonderheiten	Täter	Urteil
37	♀ 3. K. e	7 Mon.	Subdurales Häm. Schädelfrakturen re. u. li. Hämatome + + + Anaemie, reduziert	Kd. mehrfach in Klinik 3 Ki.	Km 33 Kv 33 (Türken)	eingest.
38	♂ 2. K. n. e.	2 J.	Subdurales Häm. Hirnödem Hämatome + + + Striemen, Trommelfellriß, Anaemie, **Bisse** total verschmutzt	1. Kd. ebenfalls mißhandelt 2 Ki. ♂ schlug Kd. tägl. Gesäß verprügelt	Km 21 Freund (Ital.) 25	2 Jahre 3 Mon. m. B. 4 Jahre 6 Mon.
39	♂ 2. K. n. e.	1 Mon.	Schädelzertrümmerung, Hirnzertrümmerung Hämatome + + + Anaemie Würgemale EZ schlecht	1. Kd. in Pflege n. e., Kv wollte Kd. töten Km abhängig v. ♂ ♂ schlug Kd. mit Flasche	Km 21 Kv 26	15 Jahre lebensl.
40	♀ 1. K. e	5 J.	Subdurales Häm. Schädelbasisfrakt. Hirnrindenblutung Hämatome + + + Striemen + + Oberschenk.	4 Ki. Kd. war erst 3 Mon. bei E. 5 Pers. i. 1 Zimmer	Km 25 Kv 40 (Türken)	6 Jahre 7 Jahre
41	♀ 1. K. e	3 J.	Subdurales Häm. Hirnödem Hämatome + + + Striemen + +	lag in Badewanne bekleidet unter Wasser	Km 18 Kv 33 (Türken)	2 Jahre Jugendstrafe 8 Jahre
42	♀ 1. K. e	3 Mon.	Subdurales Häm. Hirnödem Rippenfrakt. li. alte Rippenfrakt. Leberblutung Gekröse gerissen Hämatome + + + Striemen, Anaemie **Bisse**, Gesäßblutungen	„Wunschkind"	Km 18 Kv 22	4 Jahre 4 Jahre

167

Tabelle I Mißhandlungen mit Todesfolge (Fall 43 – 49)

Nr.	Geschl.	Alter	Befunde	Besonderheiten	Täter	Urteil
43	♀ e	5. J.	Subdurales Häm. Schädelfraktur Hirnrindenblutungen Striemen + +	Eltern getrennt lebend Jugoslaven	Cousine 14 J.	Jugend- strafe m. B.
44	♀ 2. K. e	1 J. 6 Mon.	Subdurales Häm. Hirnhautblutung Hirnödem Fettembolie Hämatome + + + **Biß**, Afterblutung	Km geschieden arbeitete	Freund d. Km	?
45	♂ 1. K. e	10 Mon.	Herzbeuteltampo- nade, Herzriß Hämatome + Zähne locker, blutig **Biß**	Kd. vorehel. geboren Km 19 Jahre inzwischen gesch.	Kv 36 (Ital.)	18 Mon.
46	♂ 1. K. n. e.	6 Mon.	Subdurales Häm. Hirnödem Otitis media Anaemie	Freund betreute Kd. i. Abwesenheit der Km	Freund d. Km	kein Verf.
47	♀ 2. K. e	2 J. 6 Mon.	Peritonitis Darmperforation Gr. Netz gerissen Hämatome + + + EZ sehr schlecht, abgemagert, Anaem.	Km geschieden 2 Ki.	Km 25	kein Verf.
48	♂ 2. K. e	2 Mon.	Schädelfrakturen Hirnödem Anaemie Würgemale	Km Wochenbettpsy- chose 1. Kd. verst. Km wollte wieder arbeiten	Km 23	12 J. § 21 StGB
49	♂ 2. K. e	3 Mon.	Schädelzertrüm- merung + alte Frakt. Hirnödem Hämatome + + + EZ reduziert	1. Kd. (1. Ehe) in Pflege ♂ hat ♀ u. Kd. geprügelt 2. Ehe	Kv 33	13 Jahre

Tabelle I   Mißhandlungen mit Todesfolge (Fall 50 – 56)

Nr.	Geschl.	Alter	Befunde	Besonderheiten	Täter	Urteil
50	♂ Zwill.	4 Mon. n.e.	Rippenbrüche alte u. frische Herzbeuteltamponade Hämatome + Blutaspiration Anaemie	Zwill. hatte auch Rippenbr. versch. Alters Kv machten Ki. nervös	Km 30 (Jugos.) Kv 30	kein Verf.
51	♀ 1. K.	5 Mon. e	Hämatome + + + Platzwunden + + Zertrümmerungsfrakt. d. Schädels	Kv gab an, Kd. auf der Straße gefunden zu haben	Kv 34	lebensl.
52	♂ 3. K.	2 J. e	Verbrühungen I., II. u. III. Grades Hämatome + + Hirnödem Pneumonie EZ schlecht	1 Kd. sexuell mißbraucht 2. Kd. ebenfalls mißhandelt BAK 2‰	Km 27 Stiefv. 21	7 Jahre, 6 Mon. 9Jahre
53	♂ 1. K.	3 Mon. e	Subdurales Häm. Hämatome + + + Platzwunden Augenhintergrundblutung	Kv arbeitslos, Alkoholik. Km arbeitete	Kv 21	3 Jahre (§ 21 StGB)
54	♂ Zwill.	3 Mon. e	Hirnblutungen alte u. frische Schädelfraktur Hämatome + + + Striemen ü. Gesäß	Km gab Schläge zu danach schwache Atmung	Km 21	noch nicht erl.
55	♀ 2. K.	2 J. e	Subdurales Häm. Hirnrindenblutungen Würgemale? EZ schlecht schmutzig	3 Mon. vorher wegen Loch i. Duodenum in Klinik	Km 28 Kv ?	eingestellt
56	♀ 2. K.	6 Mon. n.e.	LWS-Fraktur Hämatome + + +	Kv faul Km arbeitete	Km 22 Kv 27 (Ital.)	Freispruch nicht angeklagt

169

Tabelle I   Mißhandlungen mit Todesfolge (Fall 57 – 58)

Nr.	Geschl.	Alter	Befunde	Besonderheiten	Täter	Urteil
57	♀ 2. K.	3 J. e	Schädelfraktur Subdurales Häm. Platzwunde a. Kopf Striemen + + + Genitalverl. **Bisse**, Hämatome	Bruder ebenfalls mißhandelt Pflegev. weg. sex. Mißbrauch von Kindern vorbelastet	Pfl. M. 25 Pfl. V. 39	je 1 Jahr m. B. DM 3000,— Bußg.
58	♂ 1. K.	6 Mon. n. e.	Schädelfraktur Schädelbasisbruch Hämatome + + + Narben + + + Blutaspiration	soll aus 60 cm Höhe gestürzt sein	Verlob- ter 32 Km 24	noch nicht erledigt

Tabelle II   Verdacht auf tödliche Mißhandlung

Fall Nr.	Geschl.	Kind Alter	Länge Gew.	Wieviel-tes Kind	Besonderheiten
1	♀ e	6 Mon.	66 cm	?	Zertrümmerung des Schädels mit Hirnzertrümmerung Mißbildungen
2	♂ e	16 Mon.	83 cm	2.	Monokelhämatom Km 25 Hirnblutung Kv 32 Griechen
3	♀ n.e.	2 Jahre	85 cm	4.	6 Kinder, 4 ehel. zahlreiche Hämatome ein Kind gest. Kv in Haft, 33, Km 30
4	♀ n.e.	2 Mon.	50 cm 2380 g	3.	2 ehel. Kinder Km zweimal gesch., 30, Kv tot alles verdreckt Kd. hochgradig abgemagert
5	♂ e	3 Mon.	61 cm 3435 g	2.	Hirnblutungen verschiedenen Alters Km 22 hochgradig abgemagert Kv 24
6	♂ e	10 Mon.	81 cm 5080 g	1.	Subdurales Hämatom Km 24 Hirnrindenblutungen Kv 36 Türken
7	♀ e	1 Jahr 6 Mon.	86 cm	2.	2 Aftereinrisse mit Blutungen Verdacht auf sexuellen Mißbrauch zahlreiche Hämatome Km 23, Kv 24
8	♂ e	14 Mon.	86 cm 1150 g	2.	Blutungen i. Bauchraum Km 27 Aneurysma cerebri li.

Tabelle III   Mißhandlung bei anderweitiger Todesursache

Nr.	Geschl.	Kind Alter	Länge Gew.	Wieviel- tes Kind	Besonderheiten
1	♀ e	6 Mon.	66 cm 7000 g	3.	Vater Italiener, 25 1. Kd. verst. im Alter von 4 Mon. Km erneut gravide, 25, Kd. Rachitis Aspiration von Erbrochenem 7 Blutergüsse in Kopfhaut
2	♀ e	11 Mon.	70 cm	2.	Km 19, Kv 21 Kd. schmutzig auch das 1. Kd. schmutzig Hämatome + + + Genitalien verletzt Blut aus Scheide Verdacht auf sexuell. Mißbrauch
3	♂ e	2 Jahre	80 cm	9.	Km 34, Kv in Haft Kd. Hämatome + + + Narben im Gesicht 8 × in Klinik

Tabelle IV   Nichttödliche Mißhandlungen (Fall 1–9)

Nr.	Geschl.	Alter	Befunde	Besonderheiten	Täter	Urteil
1	♀ 1. Kd.	5 J. n. e.	Hämatome + + 6 Bißspuren am Arm Anaemie EZ schlecht	Jetzt im Heim 3 e Kinder Bruder †	Km 27	3 Mon.
2	♂ 1. Kd. Zwill.	19 Tg. e	völlig abgemagert Greisengesicht verdreckt	jetzt im Heim Zwilling †	Km 26 Kv 23	7 J.* lebensl.*
3	♀	15 J.	sexuell mißbraucht Hämatome	seit Jahren vom Vater	Kv 47	?
4	♀ ♀ ♂ ♂	5 J. 4 J. 3 J. 1 J.	Hämatome und Striemen	mehrf. im Heim ein Kind † Griechen	Km 22 Griechin	I. 4 Wo.* II. Frei- spruch
5	♀ 1. Kd.	2 J. n. e.	abgemagert + + verschmutzt + + vernachlässigt	jetzt im Heim 2. Kd. † Kv: Italiener	Km 22	Freispr.
6	♀	6 J.	Brillenhämatom Lider geschwollen Hämatome + + Narben + + +	Kv in DDR Km arbeitet Eltern gesch.	Pflege- mutter	kein Verf.
7	♂ 1. Kd.	9 J. e	verschüchtert Hämatome + EZ mäßig	Stiefv. 1,05‰ Kd. Heim ♀ wurde v. ♂ geprügelt, Km gesch.	Stiefv. 34 einschl. vorbestr.	1 J.
8	♂ 1. Kd.	6 Mon. e	Subarachnoidalbl. Schädelfraktur Hirndruck Hämatome + + + Anaemie	jetzt blind Pflegefall Heim	Kv	
9	♂ 3. Kd.	4 Mon. n. e.	Klaffende Frakt. Hämatom re. Kopfs. schreit dauernd Pupille unscharf sehr schmutzig	2 Kinder jetzt im Heim Hirnschaden bleibend	Verlob- ter 29 2 ‰ BAK	5 Mon. m. Bew.

Tabelle IV Nichttödliche Mißhandlungen (Fall 10 – 17)

Nr.	Geschl.	Alter	Befunde	Besonderheiten	Täter	Urteil
10	♀ 4. Kd.	1 J. 6 Mon. e	abgemagert + + + Gew. wie Säugling schmutzig, faltig retardiert	5. Kd. † 5 Kinder bei Pflegeeltern „normal" entwickelt	Km 26 Kv 23	kein Verf.
11	♀ 1. Kd. Zwill.	4 Mon. e	Abmagerung + + + völlig schmutzig Urinekzem	Kd. jetzt in Heim Zwilling † ♂ faul	Km 21	2 J.*
12	♀ Zwill. 12. Kd.	4 Mon. e	hochgr. Abmagerung völlig verschmutzt Läuse	Zwilling † 12 Kinder	Km 32	kein Verf.
13	♂ 1. Kd. Zwill.	4 Mon. n.e.	alte u. frische Serien Rippenbrüche Hämatome	Zwilling †	Km 30 Kv 30 Jugos- lawen	kein Verf.
14	♀ 2. Kd.	10 J. e	verwahrlost re. Auge ausgelaufen li. Auge Narbe Hämatome + + + unterernährt	5 Kinder Kind stets im dunklen Zimmer die anderen Kd. o.B.	Kv 31 Km 36 Italiener	3 J., 3 Mon. 2 J., 6 Mon.
15	♂ 2. Kd.	2 J. n.e.	vernachlässigt elend, wund abgemagert vorher im Heim	3 Kinder 1 Kd. † wieder Heim	Km 27 Kv 31	kein Verf.
16	♂ ?	3. J. e.	ängstlich zu klein Platzwunden Hämatome + + Striemen + + +	lag auf K 17 jetzt in Heim	?	kein Verf.
17	♀ 4. Kd.	7 J. e	Hämatome + + + Striemen + + + re. > li. Narben	Eltern gesch. erneut verh. 1 Kd. Kd. wieder zu Vater	Km	kein Verf.

Tabelle IV   Nichttödliche Mißhandlungen (Fall 18 – 24)

Nr.	Geschl.	Alter	Befunde	Besonderheiten	Täter	Urteil
18	♀ 1. Kd.	10 J. e	Hämatome + + + Striemen + + Brillenhämatom Platzwunden	Kd. war Anlaß zur Eheschlies- sung	Km 36	eingest.
	♀ 2. Kd.	6 J. e	Verbrennungsspuren Hämatome	Km schlug „drauflos" sehr nervös schloß Kinder ein		
	♀ 3. Kd.	4 J. e	Hämatome + + + Brillenhämatom	alle 3 Kinder als Säugl. vernach- lässigt		
19	♀ 6. Kd.	11 Mon. e	Hämatome + + + Gesicht, Ohr Trommelfellriß	f. 4 Wochen im Heim Mutter Ca, Kur	Heiml.	600 DM
20	♀ 1. Kd.	1 J. 6 Mon. e	Verbrühungen III. u. IV. Grades Brust, Bauch, Gesicht, Extrem.	in heißes H_2O	Km 26 Kv 28	kein Verf.
21	♀ 1. Kd.	3 J. 6 Mon. n. e.	Hämatome + + + Striemen vernachlässigt	1. Kd. † mißhandelt Freund, Trinker	Km 21 Freund 25 Italiener	2 J.,* 3 Mon. 4 J.,* 6 Mon.
22	♀ 1. Kd.	1 J. 6 Mon. e	Verbrühungen II. u. III. Grades Rücken, Brust Hämatome **Biß**, Oberarmfraktur li.	beide Eltern 20 J.	Kv 20	14 Mon.
23	♀ 3. Kd.	2 J. 6 Mon. e	Hämatome + + + Striemen + + +	3 × wegen KM in Klinik Eltern gesch. 4. Kd. gest.	Km 21	Freispr.
24	♂ 1. Kd.	13 J. e	Hämatome + Kratzer Hals **Biß** re. Unterarm	schon mehrfach Mißhandlungs- spuren Beißen als Züchtigung	Kv (Ital.)	?

Tabelle IV Nichttödliche Mißhandlungen (Fall 25 – 31)

Nr.	Geschl.	Alter	Befunde	Besonderheiten	Täter	Urteil
25	♂ 1. Kd.	2 J. 6 Mon. e	Schambeinfraktur Hämatome versch. Alters **Bisse**	gebissen m. Pfanne geschlagen Eheschwierig- keiten	Km 22 Türkin	1 J. m. Bew.
26	♂ 2. Kd.	3 J. 6 Mon. e	Platzwunden Hämatome + + + Striemen + + + unterkühlt	3 Ki. Kd. geprügelt im Wald ausge- setzt gefesselt, jetzt Heim, Kv Fam. verlassen	Km 25 1958 – 65 Suicid- versuch	8 J. (§ 21 StGB)
27	♂ 1. Kd.	3 J. n. e.	Schädelfraktur Brillenhämatom Hirnschaden Striemen + + + unterernährt Hämatome + + + EZ schlecht	jetzt in Heim hirngeschädigt Eltern wollten Kd. adoptieren	Pflege- mutter 26 Pflege- vater 30	DM 900,— DM 3000,—
28	♀ ?	1 J. 2 Mon. e	Epiphysenfraktur Hämatome + + + Ellenbogengelenk deformiert **keine** Blutungs- neigung EZ reduziert	2 × wegen KM in Klinik	Kv	
29	♂	13 J.	Striemen + + + Injektionsspuren Stiche, gefesselt Brandwunden	Strichjunge? Sex. Tat	fremder Mann	
30	♂	3 J.	Striemen + + + Hämatome + + + Platzwunden Narben + +	Pflegekind v. Jugendamt	Pflege- mutter 27	10 Mon. m. Bew.
31	♀	6 J. n. e.	Platzwunden + + Narben Striemen + + + Hämatome + +	vor 2 Jahren adoptiert	Adop- tivm. Adop- tivv.	Freispr.

176

Tabelle IV Nichttödliche Mißhandlungen (Fall 32 – 38)

Nr.	Geschl.	Alter	Befunde	Besonderheiten	Täter	Urteil
32	♂ 3. Kd.	6 J. e	Hämatome + + + Striemen + + + verschüchtert ängstlich	kalte Brause Keller geprügelt	Stief- mutter 35	eingest.
33	♀ 3. Kd.	2 J. e	verschmutzt blau gefroren abgemagert	4 Ki. jetzt im Heim ♂ Alkoholiker arbeitete nicht	Km 27	DM 500,—
	♂ 4. Kd.	1 J. e	dito	Km mußte 14 Std. tägl. arbeiten	Kv 35	DM 1200,—
34	♀ 1. Kd.	5 J. e	Hämatome + + + Würgemale Petechien/Augen Gesicht Hals	Eltern gesch.	Freund der Km 28	DM 2000,—
35	♂ 2. Kd.	3 J. e	bewußtlos Petechien + + + Würgemale	Täterin v. Arbeitgeber sexuell miß- braucht	Baby- sitterin 14 J.	einge- stellt
36	♀ 1. Kd. ♂ 2. Kd.	4 J. e 3 J. e	vernachlässigt Hämatome + Verbrennungen Hämatome + + + Striemen Hornhauttrübung fast blind Narben EZ reduziert	4 Ki. mit „Abfluß- frei" verätzt Eltern schlagen sich Kv Alkoholiker	Km 25	DM 600,—
37	♀ 3. Kd.	3 J. e	abgemagert + + + verschmutzt + + + Narben + + + Hämatome + +	„krank egal, tot egal" jetzt Heim	Km 31 Kv 37 Türken	
38	♂ 4. Kd.	3 Mon. e	Hirnblutung Hämatome + + +	Km gravide Ohrfeigen, Kd. jetzt blind	Kv 31	1 J,. 6 Mon.

Tabelle IV Nichttödliche Mißhandlungen (Fall 39 – 47)

Nr.	Geschl.	Alter	Befunde	Besonderheiten	Täter	Urteil
39	♂ 2. Kd.	4 J. e	mit Stachel-Hunde-halsband gefesselt	Eltern gesch. Freund Alko-holiker	Freund arbeitsl. 52	noch nicht erledigt
40	♀ 1. Kd.	9 J. e	Hämatome + + + Strangulationsmale Tabl.-Vergiftung Suicidversuch	Kd. wollte sterben Eltern gesch.	Km 26	kein Verfahr.
41	♂ 2. Kd.	7 J. e	Hämatome + + + Narben Abschürfungen Absatzabdruck	2 Ki.	Km 27 Kv 37 (Türken)	einge-stellt
42	♂ 1. Kd.	2 J. e	Hirnerschütterung Hämatome + + + Kratzer Schürfwunden Aftereinriß	Sex. Mißbrauch mehrfach wegen KM in Klinik Eltern gesch.	Freund d. Km (Jugosl.) 27	I. 1 Jahr II. Frei-spruch
43	♀ 2. Kd.	2 J. 6 Mon. e	Würgemale Petechien + + + Ohnmacht	Täterin v. Arbeitgeber sexuell mißbraucht	Kinder-pfleg. 15 J.	einge-stellt
44	♂ Zwill.	4 Mon. n. e.	verwahrlost abgemagert + + +	Zwilling † 3 Ki	Km 21	einge-stellt
45	♂ 1. Kd.	2 J. e	Schädelfraktur Hämatome + + + Striemen + + + **Bisse** + + +	Eltern gesch.	Freund d. Km 25	einge-stellt
46	♂ 2. Kd.	5 J. e	Hämatome + + + Striemen + + + verschiedenen Alters Narben	3 Ki 1. Kd. wieder im Heim mehrere Ver-fahren einge-stellt	Km	noch nicht erled.
47	♂ 1. Kd.	5 J. e	Hämatome + + + Striemen + + + Narben Verhaltens-störungen	♂ häufig be-trunken Alkoholiker Eltern gesch.	Kv 37	DM 900,—

Tabelle IV Nichttödliche Mißhandlungen (Fall 48 – 55)

Nr.	Geschl.	Alter	Befunde	Besonderheiten	Täter	Urteil
48	♀ 1. Kd.	2 Mon. e	verdreckt + + + abgemagert + + + Ekzem wund	Eltern häufig betrunken Kd. nur 1 mal gebadet, Kd. i. Heim	Km 19 Kv 33	noch nicht erled.
49	♂ 2. Kd.	7 Mon.	Schädelfraktur Hirnschaden Hämatome + + EZ reduziert verschmutzt	2. Kd. nicht geplant Kd. in Heim	Km 28 (Türkin)	9 Mon. m. Bew.
50	♀ 1. Kd.	4 J. e	Schamlippen gerötet Schmerzen von „Fummeln"	Eltern in Scheidung sex. miß- braucht	Kv	noch nicht erled.
51	♀ 1. Kd.	16 J. e	Würgemale + + Petechien + + **Bisse** 1 × gravide	seit Jahren von Vater sex. mißbraucht	Kv (Spanier)	11 Jahre
52	♀ ♂ ♀	10 J. Zwill. 9 J.	von Stiefmutter angebl. mißhandelt Ki. bis Wiederheirat; verhaltensgestört	Vater mittler- weile gestorben Eltern d. Kinder gesch.	Stief- mutter 40	DM 5000,— Buße
53	♂ 1. Kd.	3 J. 6 Mon. e	Hämatome + + + Striemen + + + Narben EZ schlecht schmutzig ängstlich	Kd. jetzt im Heim	Kv 27 Km 27	einge- stellt
54	♀ 1. Kd.	7 J. e	EZ schlecht Anaemie verängstigt	von Stiefvater sex. mißbraucht jetzt Heim	Km 26	7 J.,* 6 Mon.
	♂ 2. Kd.	4 J. e	Bluterguß li. Bein Hämatome + + +	3. Kd. †	Stiefv. 21	9 J.*
55	♂ 1. Kd.	5 J. e	Hämatome + + Striemen + +	jetzt bei Oma 2. Kd. †	Pflege- eltern	je 1 Jahr* m. B. DM 3000,—

Tabelle IV   Nichttödliche Mißhandlungen (Fall 56 – 62)

Nr.	Geschl.	Alter	Befunde	Besonderheiten	Täter	Urteil
56	♂ 1. Kd.	9 Mon. e	Schädelfraktur re. Hämatome + + + EZ reduziert retardiert	bereits Verd. auf KM	Kv 25	noch nicht erl.
57	♂ 2. Kd.	6 J. e	Kopfplatzwunde Hämatome + + + Striemen + + +	Eltern gesch.	Freund d. Km	DM 900,—
58	♀ 1. Kd.	9 Mon. e	Genitalien kloakenförmig eingerissen **Bisse,** Hämatome + +	sex. Mißbrauch Kv verließ Familie Kd. lebt z.Z. mit Anus praeter	Freund der Km	9 Jahre
59	♂ 2. Kd.	2 J. 2 Mon. e	Multiple Frakturen versch. Alters Hämatome + + retardiert	Km 3. Ehe 1 Kd. jetzt in Pflege	Km Kv	noch nicht erl.
60	♂ 2. Kd.	4 Mon. n. e.	vernachlässigt + + Narben am Gesäß Urinekzem	Jetzt in Pflege hat schon 1 n. e. Kd. (gest.) Kv Marokkaner	Km 20	1 Jahr* m. B. Sorge- recht entzogen
61	♂ 1. Kd.	4 Mon. e	Hämatome + + + Schädelfraktur	Verd. auf KM in Klinik	Kv 25 Km 20	6 Mon. m. B. (nur Km)
62	♀ 3. Kd.	13 e	Brillenhämatom Hämatome am Körper Striemen Oberschenkel	Auch Ehefrau u. andere Tochter geprügelt	Kv 39 Grieche	6 Mon. + 6 Mon. = 9 Mon.

* einschl. für das verstorbene Kind (S. 250)
* einschl. der Tötung eines Kindes (S. 251)
* einschl. der Tötung eines Kindes (S. 255)

180

Tabelle V Tötung von Kindern (Fall 1 – 7)

Lfd. Nr.	Geschl.	Alter	Befunde	Besonderheiten	Täter	Urteil
1	♀ 4. Kd.	6 J. e	Erwürgen Ersticken unter Kissen	Kd. wurde später im Wald gefunden in Mantel gewickelt In Familie Suicid Schwachsinn	Km 38 Hausfrau gravide debil primitiv	lebenslang
2	♀ 1. Kd.	6 1/2 J. e	Erwürgen Ersticken Petechien + + +	Kv seit 2 Jahren von Fam. getrennt. Kd. nach Schule abgeholt u. erwürgt	Kv 43 Appreteur	lebenslang
3	♀ 1. Kd.	10 Tg. n. e.	Erdrosseln erst vergraben, dann versucht, im Ofen zu verbrennen	Km fand keinen Heimplatz, fühlte sich verzweifelt. Schwängerer ließ sich nach USA versetzen	Km 38 Büroangest. Kontoristin	
4	♀ 1. Kd.	3 Wo. e	Schädelfrakturen, Kopfschwartenhämatome	Km behauptete zunächst Sturz von Wickelkommode, gab dann mehrere Faustschläge zu	Km 25	
5	♂ 4. Kd. ♂ 5. Kd.	Zwill. 3 Mon. e	verschmutzt EZ schlecht angeblich erstickt Bronchitis Darmkatarrh	Km/Kv: Ki. seien plötzl. gestorben vorher Abtreibungsversuche	Km 29 Hausfrau Kv 23 Hilfsarb.	lebenslang lebenslang
6	♀ 3. Kd.	Neugeb. e	Ersticken (Geständn.)	Bd. Eltern ständig versucht abzutreiben, wollten Tod d. Kindes 2 Ki. in DDR	Km 24 Näherin Kv Zimmermann	5 Jahre 5 Jahre
7	♀ 3. Kd.	Neugeb. e	Ersticken Von Kv mit feuchtem Tuch vor Abnabeln	Zu Hause entbunden Kd. lag noch zwischen d. Beinen d. Km.	Km 24 Hausfrau Packerin Kv 21 Bergmann Schweißer	lebenslang lebenslang

Tabelle V Tötung von Kindern (Fall 8 – 13)

Lfd. Nr.	Geschl.	Alter	Befunde	Besonderheiten	Täter	Urteil
8	♀ 1. Kd.	1 J. n. e.	Schädelfrakturen, Kopfschwartenblutungen	aus Rhein geborgen, Kv soll Kd. mit Schürhaken erschlagen haben	Km 16 Kv 49 Herumtreib. vielemale vorbestraft	Freispruch kein Verfahren
9	♀ 1. Kd.	5 Mon. e	Erwürgen Ersticken	Ehestreitigkeiten dann Kind erwürgt	Kv 24 Hilfsarb.	8 Jahre
10	♀ 3. Kd.	Neugeb. e	Ersticken Blutaspiration	Km blieb auf Eimer sitzen, obwohl Kd. strampelte, Abtreibungsversuche	Km 28 Hausfrau Kv 30 Arbeiter	6 Mon.
11	♂ 2. Kd. ♂ 3. Kd.	5 J. e 2 J. e	Verbluten aus zahlreichen Einstichspuren Herz-Aorta	Kd. im Schlaf erstochen, nachdem er zuerst die Km durch Schnitte u. Stiche getötet hatte Km mußte arbeiten, weil Ehemann trank u. fremd ging	Kv 51 Kolonnenführer BAK 1,37‰	lebenslang § 21 StGB verneint
12	♀ 5. Kd.	Neugeb. e	Ertrinken Ersticken Geburtsgeschwulst	Angebl. Sturzgeburt, dann Geständnis. Ehem. arbeitete nicht.	Km 26 Hausfrau	1 Jahr
13	♂ 2. Kd.	1 1/2 J. e	Ersticken Ertrinken?	Soll in Eimer mit H_2O gefallen sein. Km (25) mußte arb., Sortieren Kinder den ganzen Tag allein	Kv 29 Melker Alkohol. vorbestraft wegen KM faul	eingestellt

Tabelle V   Tötung von Kindern (Fall 14 – 19)

Lfd. Nr.	Geschl.	Alter	Befunde	Besonderheiten	Täter	Urteil
14	♂ 6. Kd.	6 Wo. e	angebl. Ersticken unter Decke	Ehemann zur Kur. 5 Ki. bei Pflegeeltern. Soll Kd. erstickt haben, weil es schrie.	Km 24 Hausfrau fühlt sich unschuldig	lebenslang
15	♂ 1. Kd.	10 J. e	E 605-Verg.	Erkrankte mit Mutter nach Genuß von Spinat. Auch Eltern des Kv sollen kurz hintereinander „komisch" gestorben sein.	Kv 36 Polierer vorbestr. + + +	eingestellt
16	♂ 1. Kd.	16 J. n. e.	Erwürgen Schädelfrakturen Hirnblutungen Leiche zerstückelt	Stiefsohn arbeitete nicht, streunte umher, Unzucht mit Kindern Ehe gut, bevor Stiefsohn aus DDR kam	Stiefvater 28 Presser	lebenslang
17	♂ 1. Kd.	Neugeb. Vor Ehe gezeugt	skelettiert in Plastikbeutel	Eltern geschieden Kv schlug Km, als mit 2. Kd. schwanger Anzeige Geständnis	Km 20 Kontoristin Kv 25 Werkzeugmacher	3 1/2 J. 6 Jahre
18	♂ 3. Kd.	11 J. e	Erwürgen	Vom Kv im Bett erwürgt Km sollte Kind nicht haben. Ehel. Zerwürfnisse	Kv 34 Arbeiter BAK 0‰	Suicid Erschießen
19	♂ 5. Kd.	13 J. e	Schädelfrakturen + + + Blutaspiration	Vom Bruder mit Beil erschlagen, weil dieser an Schwester wollte, die er auch tötete	Bruder 20 Lagerarb. BAK 1,5‰ vorbestraft	10 Jahre § 21 StGB

183

Tabelle V   Tötung von Kindern (Fall 20 – 25)

Lfd. Nr.	Geschl.	Alter	Befunde	Besonderheiten	Täter	Urteil
20	♂ 2. Kd.	11 J. n.e.	Schädel-Hirn-zertrümme-rungen Verbluten Abwehrspuren	Wurde zus. mit Mutter tot aufge-funden Beide mit Beil erschlagen	Kv 54 Maurer arbeitslos BAK 0‰	lebenslang
21	♂ 5. Kd.	Neugeb. e	Ersticken Geburtsge-schwulst	Lag in Eimer, der mit H_2O ge-füllt war. Gravidität ver-schwiegen	Km 29 Hausfrau	2 Jahre
22	♂	4 J. e	Verbluten Leberzerreis-sung Stichspuren am Hals	Als Zeuge eines Sexualverbrechens an Kd. auch ge-tötet.	Fremder Mann 36	Suicid in JVA
23	♀ 4. Kd. ♂ 5. Kd.	Neugeb. Zwill. e	Ersticken reif faul	Beide Kinder im Keller entbunden, in Mülleimer ge-worfen. Ehem. Trinker, schlug Frau ständig	Km 34 Hausfrau jetzt gesch.	1 Jahr, 8 Mon.
24	♂ 3. Kd.	3 J. e	Schädelzer-trümmerung. Subdurales Hämatom. COHb 33% Verbrennen im Ofen	Weil sie entlassen werden sollte, Kd. gedrosselt, er-schlagen. Wurde von „Verlob-ten angespornt"	Haus-angest. 49 Seit 13 J. entmündigt	lebenslang
25	♂ 3. Kd.	6 Mon. e	Erwürgen Ersticken	Kd. mehrfach mißhandelt. Konnte es nicht lei-den, weil an Vater-schaft zweifelte. Würgte solange, bis es sich nicht mehr rührte	Kv 27 Bergmann	4 Jahre

184

Tabelle V   Tötung von Kindern (Fall 26 – 31)

Lfd. Nr.	Geschl.	Alter	Befunde	Besonderheiten	Täter	Urteil
26	♀ 10. Kd.	Neugeb. e	Ersticken reif	Zu Hause entbun. Kd. unter Decke liegen lassen, bis es sich nicht mehr rührte. Kv wegen Blutschande u. KM vielfach vorbestraft.	Km 34 Hausfrau Analphabet	
27	♂ 2. Kd.	Neugeb. e	Stiche in Fontanelle reif feine Bluteinhüllung d. Gehirns	Zu Hause entbunden. Neugeb. liegen lassen. erst Kind versorgt, dann angebl. in Fontanelle gestochen.	Km 21 Hausfrau getrennt lebend	3 Jahre
28	♂ 2. Kd.	Neugeb. e	reif hat gelebt Geburtsgeschwulst	Angebl. Sturzgeburt (Kopfumfang 41 cm, 36 cm)	Km 25 Hausfrau	eingest.
29	♀	15 J.	Ertrinken Mens IV Kopfschwartenblutungen	Im Bach (90 cm) entkleidet in Bauchlage tot aufgefunden. Chemie neg.	Täter unbek.	nicht aufgeklärt
30	♂	13 J. e	Schädelfrakturen eitrige Bronchitis	Täter schlug mehrfach auf Kopf des Kindes	Fremder Mann 26 aus LK	§ 20 StGB
31	♂ 1. Kd.	13 J. e	Herzstich Herzbeuteltamponade	zus. mit Km erstochen „Vater macht die Mutter tot"	Kv 39 Kraftfahrer gesch.	lebenslang

185

Tabelle V   Tötung von Kindern (Fall 32 – 36)

Lfd. Nr.	Geschl.	Alter	Befunde	Besonderheiten	Täter	Urteil
32	♀ 1. Kd.	11 J. e	Erdrosseln Pete- chien + + + Samenzellen neg. BAK 0‰	Mit eigener Strumpfhose vom Vater während d. Schlafens erdrosselt. Kd. lebte bei seiner Mutter	Kv 31 Schweißer ohne Arbeit gesch.	
33	♂ 1. Kd.	1 Mon. e	Ersticken Pete- chien + + +	Seit 4 Wo. in Heim. Nach Besuch des Vaters gestorben. Soll gedroht haben, Kd. zu töten.	Kv 33 Kraft- fahrer gesch.	
34	♂	9 J. e	Ertrinken Ersticken Gesichts- trauma	Tot in Badewanne. Wasser reichte bis zum Mund.	Bruder 12 (Türken)	eingestellt
35	♀ 1. Kd.	6 Wo. e	Ersticken Keine Nahrung Magen u. Darm leer.	Schrie immer. Machte Km ner- vös. War ganz allein. Kv auf Dienstreise. Stillte Kd. ang. 24 Std. nichts er- halten.	Km 28 Hausfrau Japanerin	noch nicht erledigt
36	♂ 1. Kd. ♂ 2. Kd.	2 J. e 6 Wo. e	Verbluten Blutaspiration aus Hals- stichen und Schnitten Würgemale	Mit Eltern von Fremdem ersto- chen. Ganze Familie ausgerottet.	Fremder 30 Mann vorbestr.	noch nicht erledigt

186

Tabelle VI Erweiterter Suizid (Fall 1 -- 7)

Fall Nr.	Geschl.	Alter	Kind Befund	Täter Person Beruf	Alter	Besonderheiten
1	♂ e ♂ e	9 Jahre 7 Jahre	CO-Vergiftung	Km Hausfrau	30	Ehe zerrüttet Km überlebte 10 Tage
2	♀ e 1. Kind	1 Mon.	Schädelfrakt. Ertränken	Km Verkäuferin Hausfrau	23	Ehe zerrüttet Km überlebte **Freispr. § 20 StGB**
3	♀ e	10 Jahre	COHb 75%	Km Hausfrau	35	wurde mit Km tot aufgefunden
4	♂ e	3 Jahre	COHb 52%	Km Hausfrau Mens III – IV	24	Familienstreitig- keiten Suicid angesagt Km tot
5	♂ e ♂ e ♂ e	3 Jahre 2 Jahre 1 Jahre	COHb 59% COHb 57% COHb 40%	Kv Facharbeiter	40	3 Mon. vor Tod des Kv Unfall Kopfschmerzen, fast taub Km mußte arbei- ten
6	♀ e ♂ e	9 Jahre 2 Jahre	COHb 38% COHb 45%	Km Kfm. Angest. Hausfrau 3 Kinder	39	Ehem. Ingenieur **Trinker** Eheschwierigk. Km tot
7	♀ e ♀ e	7 Jahre 3 Jahre	COHb 67% COHb 70%	Km Hausfrau	32	mit Mutter tot aufgef. Kv Kfm. Angest. **Trinker**, hatte Verhältnis Ehezerrüttung tätl. Auseinander- setzung

Tabelle VI   Erweiterter Suizid (Fall 8 -- 14)

Fall Nr.	Geschl.	Alter	Kind Befund	Täter Person Beruf	Alter	Besonderheiten
8	♂ e ♀ e	7 Jahre 3 Jahre	Erdrosselt vorher Schlafmittel	Km Mens. IV Putzhilfe Kv Frisör	30 40	Suicid d. Eltern durch Schlaftabl. mißlungen Verschuldung **Kv 8 Jahre** **Km 4 Jahre**
9	♀ e 2. Kind	9 Jahre	COHb 65%	Kv Arbeiter Km Mens. IV Kontoristin	52 48	gemeinsamer Suicid Schlafmittel u. CO Verschuldung Km tot, **Kv 5 Jahre**
10	♀ e	6 Jahre	Verbluten Halsschnitt	Großmutter Hausfrau	52	Depression Enkelkind sollte ihr abgenommen werden
11	♂ e ♂ e	11 Jahre 7 Jahre	CO-Verg. CO-Verg.	Km Hausfrau 3 Kinder	36	Km medikamenten- u. alkoholabhängig Tobsuchtsanfälle 3jähr. Tochter Km **gerettet,** **15 Mon. FE**
12	♂ e	8 Jahre	Ertrinken	Km Hausfrau u. Postarbeiterin, half noch im Geschäft	41	Km sprang mit Kind in Rhein überfordert Eheschwierigk. Kv Glasermeist.
13	♀ e Zwill.	2 Mon. Bein verkrüppelt	Schädelfrakturen	Km Hausfrau	34	Km sprang mit Kind im Arm aus Fenster, 5. Etage drei Suizidvers. Kv Priv. Doz. Dr.
14	♀ e ♀ e	8 Jahre 4 Jahre	E 605-Verg. E 605-Verg.	Km Hausfrau in Scheidung 4 Kinder		Km depressiv, mehrf. Suicidabsichten geäußert, zwei Söhne sollten bei dem Vater bleiben

Tabelle VI   Erweiterter Suizid (Fall 15 -- 18)

Fall Nr.	Geschl.	Alter	Kind Befund	Täter Person Beruf	Alter	Besonderheiten
15	♀ e 1. Kind	7 Wo.	Ertrinken	Km Hausfrau	23	Mit Kd. tot in Badewanne. Seit Entbindung depressiv. Jugoslawin Behandelt mit LUDIOMIL Wochenbett- psychose Ehe gut.
16	♀ e ♀ e ♀ e	7 Jahre 3 Jahre 1 Jahr	E 605-Verg.	Km Hausfrau	33	Km depressiv, Suicidversuch, fühlte sich allein Suicidankündig. Absch.-Brief am Abend **vorher** Ehem. ges. ,,Hast doch keinen Mut'', schlug Km.
17	♀ e 4. Kind	2 Jahre	Ertrinken Schädelfraktur	Km Hausfrau Türkin	24	warf zunächst 2 Kd. ins Wasser, sprang nach. 1 Säugl. u. selbst gerettet. Wurde v. Ehem. u. Schwager geschla- gen **2 Jahre m. B.**
18	♂ e	6 Jahre	E 605-Verg.	Kv arbeitslos	42	Eheschwierig- keiten. Km hatte Fam. verlassen, weil Kv älteste Tochter sex. miß- brauchte. Kd. lief auf Straße ,,Papa tot'', brach dann zusammen

189

Tabelle VI   Erweiterter Suizid (Fall 19 -- 23)

Fall Nr.	Geschl.	Kind Alter	Kind Befund	Täter Person Beruf	Täter Alter	Besonderheiten
19	♂ e	10 Jahre	COHb 71%	Km	26	Km wurde mit 4
	♂ e	8 Jahre	COHb 70%	Hausfrau		Kindern tot im
	♀ e	6 Jahre	COHb 70%	COHb 70%		PKW aufgefund.
	♂ e	4 Jahre	COHb 72%	arbeitete		Überfordert.
				nachts bei		Ein Suizidversuch
				Post		Suizid angekünd.
						Schulden, Ehekr.
						Kv 32, Betriebs-
						schlosser
20	♂ e	10 Mon.	Megaphen	Km	25	Km wurde von
	1. Kind		Valium	Kranken-		Ehem. betrogen
			Ersticken	schwester		u. geschlagen.
			(Km hielt Kd Nase			Ehem. mehrfach
			zu)			vorbestraft. Km
						wurde gerettet
						2 Jahre m. B.
21	♂ n.e.	4 Mon.	Ertrinken	Km	40	Km seit Jahren
	1. Kind		Nase voll	Sonderschul-		depressiv. Ging
			Schlamm	lehrerin		mit Ki. ins Was-
			(Tabl.-Verg.?)			ser, vorher Tabl.
						Km ebenfalls tot.
						Kv aus USA.
22	♂ e	6 Jahre	Dolestan-	Km	34	Mit Km erst nach
			Vergiftung	Hausfrau		Tagen auf Boden
				BAK 0,18‰		liegend aufgef.
						Rotwein, Dolestan
23	♂ e	13 Jahre	Dekapitation	Km	41	Ehem. 30, wegen
			Verbluten	Kranken-		Betrügereien ern.
			Abwehrspuren	schwester		verhaftet, Schulden,
	♂ e	4 Jahre	Verbluten aus	Hausfrau		Km tötete Sohn
			Halshiebverl.			aus 1. u. 2. Ehe
			Blutaspiration			Betadorm u. Beil-
						hiebe, dann sich
						selbst d. Pulsadern-
						aufschnitt und
						Leistenbeugen.
						Abschiedsbriefe

Tabelle VII   Tötung durch psychotische Eltern (Fall 1 – 6)

Lfd. Nr.	Kind Geschl. wiev. Kd.	Alter	Befund	Besonderheiten	Täter
1	♀ 2.	3 Tg. n.e.	Würgemale	Km schizophren. Kd. beim Stillen in Klinik mehrfach gewürgt	Km 21 gesch. Bürohilfe Verf. eingestellt
2	♂ 1.	10 J. e	Drosselmarke Erdrosseln	Km schizophren. Zwillingsschwester Suicid. Selbst 3 Suicidversuche	Km 38 Hausfrau § 20 StGB
3	♀ 1.	8 J. e	Verbluten Stichspuren Würgemale	Schizophrenie angebl. Schwierigkeiten mit Nachbarn. Wollte sich selbst töten. Pulsaderschnitt.	Km 25 Hausfrau § 20 StGB
4	♀ 1.	5 J. e	Ersticken unter weicher Bedeckung Erdrosseln	Km 4× in Anstalt wegen Schizophrenie, fühlte sich verfolgt, wollte Kind davor retten	Km 27 Kfm. Angest. Hausfrau § 20 StGB
5	♂ 1. ♀ 2. ♂ 3. ♀ 4. ♀ 5.	8 J. e 7 J. e 5 J. e 4 J. e 1 1/2 J. e	Drosselmarke mit Strangwerkzeug (Schal) um Hals beim Auffinden	Km schizophren. Ehem. nahm sie nie mit, könne sich nicht mit ihr sehen lassen, weil sie bei jedem Kind dicker würde. Vereinsamt. fühlte sich verfolgt, hörte Stimmen	Km 35 Krankenschwester Hausfrau § 20 StGB
6	♂ 2.	2 J. e	Verbluten aus Halsschnitten. Erst gewürgt.	Ehefrau arbeitete als Arbeiterin	Kv 34 Landarbeiter Spanier § 20 StGB

191

Tabelle VII Tötung durch psychotische Eltern (Fall 7 – 10)

Lfd. Nr.	Kind Geschl. wiev. Kd.	Alter	Befund	Besonderheiten	Täter
7	♀ 2. e	2 J.	Drosselmarke	Kd. soll Keller-treppe herunterge-fallen sein, an-schließend von Km erdrosselt	Km 36 Hausfrau eingestellt
8	♂ 1. e	8 J.	Halsschnitt Verbluten	Km wollte Kd. mit Beil Kopf abtrennen. Gesch. Mann hatte sich seit Scheidg. weder um Kd. noch Frau gekümmert.	Km 28 Hausfrau gesch. Einweisung in LK
9	♀ 2. e	4 J.	Strangfurche Drosselmarke Hämatome + + schmutzig	Km mit 3 Ki. stets allein. Verstand kein Deutsch. Kam nie aus dem Haus. Vereinsamt.	Km 27 Hausfrau Jordanierin
10	♂ 1.	3 J.	Drosselfurche Herzstich Verbluten Schädel-frakturen	Ehemann stets auf Reisen. Depressionen. Vereinsamt. Wollte sich selbst töten. Eigenes Haus angezündet.	Km 28 Hausfrau

Tabelle VIII Vernachlässigung von Kindern mit Todesfolge (Fall 1–7)

Fall	Kind Geschl.	Alter	Länge Gewicht	Wie-vieltes Kind	Eltern Alter (Jahre)	Besonderheiten	Urteil
1	♂ n.e.	2 Mon.	60 cm 3200 g	1.	Km 21, Zigeun.	Kaum bedeckt i. Bretterkiste bei Frost, unterkühlt	kein Verf.
2	♂ e.	5 Mon.	60 cm 3000 g	7.	Km 23 Kv 27, arbeits- scheu, beschim- pfen sich als Mörder	3 Kinder gest. Mehrfach Klagen weg. Vernachlässi- gung, 1 Raum	kein Verf.
3	♂ e.	11 Mon.	67 cm 3800 g	5.	Km 23 Kv 28, arbeitet nicht	Bekam nur Hafer- schleim Zustände katastr. Sehr schmutzig	Km Freispr. Kv 6 Mon.
4	♀ e.	16 Tage	47 cm 1800 g	4.	Km 23	Km hatte Tötungsabsicht zu- gegeben Ehemann gestorb.	Km Freispr. § 21 StGB Schwachsinn
5	♂ e.	14 Mon.	71 cm 4400 g	2.	Km 28 Kv 37	Kd. wurde mit ver- dünnter Büchsen- milch ernährt. Km Kinderpflegerin	Km 1 Jahr
6	♂ e.	13 Mon.	62 cm 4350 g	6.	Km 27 Kv 27 Trinker	Kv Bauhilfsarbeiter kümmerte sich nicht um Familie Km erneut gravide	Km I 2 Mon. II Freispr.
7	♀ e.	3 Mon.	53 cm 2700 g	4.	Km 22 Kv 23	Eltern waren nicht erfreut über Gravid. Geburtsgewicht 3000 g Schmutzig	kein Verf.

Tabelle VIII   Vernachlässigung von Kindern mit Todesfolge (Fall 8 – 14)

Fall	Geschl.	Kind Alter	Länge Gewicht	Wie- viel- tes Kind	Eltern Alter (Jahre)	Besonderheiten	Urteil
8	♂ e.	19 Tage Zwill.	51 cm 2095 g	3.	Km 26 vorbest. Kv 23, Hilfsarb. vorbe- straft	Kv übernahm Pflege d. Kindes, gab Tötungsabsicht zu, arbeitete nicht	Km 6 Jahre Kv lebens- lang
9	♀ e.	7 Mon.	62 cm 4850 g	3.	Km 39 vorbest. Kv 47 vorbest.	Km süchtig, erschöpft 6 Pers. in 1 Raum Stadtwohnheim	Verfahren eingestellt (fahrl. Töt.)
10	♀ e.	2 Mon.	56 cm	5.	Km 24 Kv 23	„Wir machen uns nichts aus Kindern!" Naß, unterkühlt. 2 Kinder bei Verwandten	Km 14 Mon. Kv 10 Mon.
11	♀ n. e.	3 Mon.	59 cm 4860 g	1.	Km 23, vorbestr. Kv 26, vorbestr. Verlobte	Völlig verschmutzt in Kot, mit nassen Lappen bedeckt, unterkühlt	Km 2 Jahre 4 Mon. Kv 2 Jahre 4 Mon.
12	♀ e.	6 Mon.	61 cm 5000 g	2.	Km 20 Kv 23, vorbestr.	Völlig naß, unter- kühlt, verschmutzt, 1 Raum	Km 6 Mon. Kv 3 Jahre
13	♂ e.	7 Mon.	64 cm 5580 g	2.	Km 20 Kv 23, faul	Uringetränkt, unter- kühlt, verschmutzt, nur Flasche erhalten Rachitis	Km 6 Mon. m. Bew. Kv 6 Mon. m. Bew.
14	♀ n. e.	3 Mon.	51 cm 2575 g	1.	Km 22	10 Tage nur Aribon u. Wasser erhalten	Km 3 Mon.

194

Tabelle VIII Vernachlässigung von Kindern mit Todesfolge (Fall 15 – 21)

Fall	Kind Geschl.	Alter	Länge Gewicht	Wievieltes Kind	Eltern Alter (Jahre)	Besonderheiten	Urteil
15	♀ e.	9 Mon.	65 cm 4850 g	5.	Km 26 Kv 34	Hochgradige Rachitis 1 n. e. Kind	Km 3 Mon. m Bew. Kv 3 Mon. m. Bew.
16	♀ e.	5 Wo.	50 cm 2550 g	3.	Km 22 Kv 22	Hände u. Füße blau geschwollen 1 Gartenhausraum Kind in 19 °C kaltem Wasser gebadet	Kein Verf. (kein Fremd- verschulden)
17	♀ n. e.	4 Mon.	52 cm 2850 g	2.	Km 23	Unterkühlt, naß Blutungen i. Kopf- schwarte. Schmutzig	Freispruch u. § 21 StGB
18	♂ e.	11 Mon.	69 cm 5100 g	3.	Km 25 Kv 25	Km erneut gravide, ständig Kinder ver- nachlässigt. Schmutzig	Verfahren eingestellt
19	♂ e.	9 Mon.	62 cm 3680 g	2.	Km 27 Kv 32	Km erneut gravide, Säuglingspflegerin. Rachitis, schmutzig	Km 1 Jahr Kv 6 Mon. m. Bew.
20	♂ n. e.	1 Mon.	53 cm 3080 g	2.	Km 21	Rachitis Nabelbinde eng um den Bauch 1 Raum	Verfahren eingestellt
21	♂ e.	1 Mon.	52 cm 2800 g	4.	Km 28 Kv 28, i. Haft	Beim Stillen auf Bauch d. Kd. gestützt 1 Kd. bereits vorher gestorben. Schmutzig.	Verfahren eingestellt

195

Tabelle VIII Vernachlässigung von Kindern mit Todesfolge (Fall 22 – 29)

Fall	Geschl.	Kind Alter	Länge Gewicht	Wie-vieltes Kind	Eltern Alter (Jahre)	Besonderheiten	Urteil
22	♀ n.e	4 Mon	58 cm 2965 g	6.	Km 29	5 Kinder aus Ehe; getr. lebend, Notunterkunft. Schmutzig	Km 9 Mon. m. Bew.
23	♂ e.	5 Mon.	54 cm 2975 g	9.	Km 31 Kv 35, Trinker,	Völlig verschmutzt durchnäßt, Wohnung katastrophal	Km 6 Jahre (§ 21 StGB)
24	♂ e.	10 Mon.	79 cm 5560 g	6.	Km 32 Kv 37	Km erneut gravide Rachitis Schmutzig	Km 6 Mon. m Bew. Kv 4 Mon. m. Bew.
25	♀ e.	25 Mon.	84 cm 6950 g	1.	Km 20 Kv 47	Rachitis Inzwischen ein weiteres Kind. E. gesch.	Km 1 J., 10 Mon. Kv 1 J., 6 Mon.
26	♀ n.e.	2 Mon.	54 cm 2350 g	2.	Km 23	Rachitis Mit Oma 1 Zimmer. Unbeschreibliche Verhältnisse	Km 6 Mon.
27	♀ e.	4 Mon. Zwill.	58 cm 3435 g	12.	Km 43 Kv 63 arbeitsscheu	Verschmutzt, Läuse Rachitis. 2 Kinder an Unterernährung gestorben	kein Verf.
28	♀ e.	4 Mon. Zwill.	54 cm 2450 g	3.	Km 21 Kv 22, Trinker	Verschmutzt, Tag u. Nacht geschrien. Km Bardame. Kv brachte kein Geld.	Km 2 Jahre (nur Km!)
29	♂ e.	6 Wo.	53 cm 2780 g	5.	Km 26 Kv 23, arbeitsscheu	Rachitis, verschmutzt. Bereits 1 Kd. von 18 Mon. völl. unterernährt. Kv arbeitet nicht. 1. Ehe 3 Kd.	?

Tabelle VIII   Vernachlässigung von Kindern mit Todesfolge (Fall 30 – 36)

Fall	Geschl.	Kind Alter	Länge Gewicht	Wie- viel- tes Kind	Eltern Alter (Jahre)	Besonderheiten	Urteil
30	♀ e.	3 Mon.	60 cm 4380 g	8.	Km 24 Kv 29	Rachitis Vater „Halodri"	kein Verf.
31	♀ e.	5 Wo.	55 cm 2200 g	2.	Km 37 Kv 34	Eltern getrennt lebend. 2. Ehe	Km 1 Jahr Kv 9 Mon.
32	♂ e.	3 Mon.	61 cm 4710 g	2.	Km 17 Kv 20, faul	Rachitis, schmutzig Kv kümmert sich nicht um Familie	kein Verf.
33	♀ e.	5 Mon.	59 cm 4400 g	3.	Km 28 Kv 32, faul	Rachitis 2. Kind wurde sehr elend i. Kinderkl. eingewiesen. Kv arbeitet nicht.	kein Verf.
34	♂	2 Mon.	53 cm 2090 g	4.	Km 21 Kv 28 Trinker	Kd. Skelettiert Stadtwohnheim, 2 Räume, schmutzig. „Zuviel für mich, Kinder, Haushalt, ewige Streiterei"	Km 3 Jahre
35	♂ e.	4 Mon.	62 cm 5100 g	3.	Km 21 Kv 18	Rachitis, schmutzig Eltern kamen nachts zurück, ohne sich um die Kinder zu kümmern, ohne nach ihnen zu sehen	kein Verf.
36	♀ e.	3 Mon.	55 cm 3950 g	3.	Km 23 Kv 27, leicht- sinnig	Rachitis, ver- schmutzt. Km er- neut gravide (Ehe gut)	kein Verf.

197

Tabelle VIII   Vernachlässigung von Kindern mit Todesfolge (Fall 37 – 45)

Fall	Geschl.	Kind Alter	Länge Gewicht	Wie-vieltes Kind	Eltern Alter (Jahre)	Besonderheiten	Urteil
37	♂ e.	3 Mon.	64 cm 4980 g	2.	Km 19 Kv 29	COHb 3%	kein Verf.
38	♀ e.	6 Mon.	66 cm 5300 g	1.	Km 25 Kv 31	Rachitis Verhältn. sonst ordentlich. Vernachlässigung tödlich	kein Verf.
39	♀ e.	1 Mon.	51 cm 2600 g	.	Km 23 Kv 29	Es tauchte der Verdacht auf, Km habe Kind erdrosselt.	(§ 20 StGB) eingestellt
40	♂ e.	9 Mon.	65 cm 4950 g	2.	Km 23 Kv 28	Km in erster Ehe geschieden Gastwirte.	Km 1000 DM Kv 1000 DM i. 20 Raten
41	♂ e.	5 Mon.	68 cm	4.	Km 24 Kv 28	Rachitis, Pneumonie, Schmutzig.	Kein Verfahren
42	♀ e.	5 Mon. Frühgeb.	53 cm 2320 g	2.	Km 21 Kv 27, Trinker	Schmutzig. Km beschloß, Kd. hungern zu lassen	Km 3 Jahre
43	♂ n.e.	3 Mon.	61 cm 3830 g	2.	Km 20 Kv 25	Eltern mittl. verh. Km 1. Ehe gesch. Kind zusätzlich Frostbeulen	Km I. Freispr. II. 1 Jahr m. Bew.
44	♂ e.	4 Mon. Zwill.	64 cm 4550 g	2.	Km 17 Kv 26	Rachitis Waschhaut an Händen u. Füßen. Unterkühlung.	Verf. eingestellt
45	♂ n.e.	3 Wo.	52 cm 2140 g	1.	Km 23 Kv 32	Wurde von Eltern aus Wohnung gewiesen als gravide	Km 8 Jahre

Tabelle VIII   Vernachlässigung von Kindern mit Todesfolge (Fall 46--54)

Fall	Geschl.	Kind Alter	Länge Gewicht	Wie-viel-tes Kind	Eltern Alter (Jahre)	Besonderheiten	Urteil
46	♂ e.	3 Mon.	57 cm 3940 g	1.	Km. 20 Kv. 25	Alles verdreckt. Km. gravide trotz Pille	?
47	♂ e.	4 Mon.	60 cm 4210 g	3.	Km. 22 Kv. 29		kein Verfahren
48	♂ e.	3 Mon.	59 cm 3200 g	5.	Km. 31 Kv. 49	Kv. hat noch 5 Ki., 3. Ehe. Km. wird von Ehem. mißhandelt	Km. 7 Jahre Kv 2 1/2 J.
49	♂ n.e.	18 Mon.	64 cm 6000 g	3.	Km. 36 Kv. 44	Km. Alkoholikerin gesch.	Km 2000 DM Buße
50	♂ e.	3 1/2 Mon.	57 cm 4600 g	4.	Km. 24 Kv. 23	Km. 8 Suizid-versuche. Alles verkommen. 1 n.e. Kind.	kein Verfahren
51	♂ e.	2 Mon.	52 cm 2480 g	1.	Km. 22 Kv. 45	Für Kv. 4. Ehe. 4 × vorbestraft	Verf. eingestellt
52	♂ n.e.	6 Wo.	59 cm 3950 g	5.	Km. 27 Kv. 27	Eltern getrennt lebend 2 u.e. Kinder.	noch nicht erledigt
53	♂ n.e.	13 Mon.	70 cm 6150 g	1.	Km. 19 Kv. ?	Kv. Türke, arbeitet nicht. Km gravide	1 Jahr m. Bew.
54	♀ n.e.	4 Mon. Zwill.	61 cm 3950 g	3.	Km. 20 Kv. ?	Zwillingsbruder ebenf. verwahrlost Kd. 2 Mon. in Klinik	Verfahren eingestellt

Tabelle VIII   Vernachlässigung von Kindern mit Todesfolge (Fall 55 – 57)

Fall		Kind			Eltern	Besonderheiten	Urteil
	Geschl.	Alter	Länge Gewicht	Wie- viel- tes Kind	Alter (Jahre)		
55	♂ n.e.	5 Jahre	99 cm	3.	Km 22 Jugosl.	Kd. bei Pflege- eltern, die 10 Kinder hatten. Km 4 Kinder, debil	kein Verfahren
56	♂ n.e.	12 Tg.	53 cm 3060 g	5.	Km 29 Kv 34	Eltern gesch.	kein Verfahren
57	♂ e.	3 Mon.	62 cm 5400 g	2.	Km 25 Kv 29	Eltern getrennt lebend n. Angabe der Großm. Kd. **sehr vernachl.**	noch nicht erledigt

Tabelle IX Weitere Vernachlässigungen mit Todesfolge

Nr.	Opfer Geschl.	Alter	Befund	Täterin	Urteil
1	♀ n.e.	7 Wo. 3. Kd.	vernachlässigt verdreckt erstickt	Km 21 J. Zeitungsbotin 2 ehel. Kinder Ehem. in Haft	12 Jahre
2	♀ ehel.	6 Mon. 3. Kd.	ein Kind verhungert mißhandelt verschmutzt	Km 29 J. Arbeiterin. Vom Vater als Kd. mißbraucht. 2 ehel. Kinder. Ehem. arbeitete nicht	4 Jahre
3	♂ ehel.	2 Jahre 9. Kd.	ein Kind verhungert verschmutzt vernachlässigt	Km 36 J. debil, Hausfrau 7 e., 2 n.e. Kd. Erneut gravide. Trank mit Ehemann zusammen Ehem. arbeitslos.	9 Jahre
4	♂ ehel.	6 Mon. 6. Kd.	ein Kd. abgemagert unterernährt verschmutzt ein weiteres Kind (1 1/2) hochgradig abgemagert	Km 26 J. Hausfrau. 2 × verheiratet. 5 e., 1 n.e. Kd. Ehem. arbeitslos	1 Jahr
5	♂ ehel.	6 Wo.	vernachlässigt verkommen verhungert	Km 22 J. Mußte Prostition nachgehen schon 4 Wo. n. Entbind. 1 n.e., 2 e. Kd. Kv vorbestraft; arbeitete nicht.	2 Jahre 4 Jahre (Zuhälterei)

Tabelle X   Fragliche Vernachlässigungen (Fall 1 – 12)

Fall Nr.	Geschl.	Kind Alter	Länge gew.	wie-vieltes-Kind	Eltern Alter	Besonderheiten
1	♀ e	5 Mon	56 cm 2600 g	2.	Km 19 Kv 21	1 + 1a Zwillinge hochgradig abgemagert
1 a	♀ e		54 cm 2500 g	3.		unter Wolldecke
2	♂ e	8 Mon	66 cm 5000 g		Km 21 Kv 27	Notunterkunft Rachitis
3	♀ e	5 Mon	63 cm 4460 g	2.	Km 19 Kv 27	
4	♂ e	4 Mon.	60 cm 4200 g	3.	Km 21 Kv 29	Rachitis, schmutzig
5	♂ e	2 J.	86 cm 12 kg	5.	Km 27 Kv 27	21. 4. aus Krhs. in gutem EZ entlassen, Km arbeitete noch
6	♀ e	3 Mon.	57 cm 3970 g	2.	Km 22 Kv 24	Rachitis Kd. sehr wund, mager
7	♂ e	2 Mon	54 cm 2780 g	2.	Km Kv	Magen-Darm leer abgemagert + + +
8	♂ n.e.	2 Mon	56 cm 3850 g	5.	Km 30 Kv 34	Km gesch., wieder verh., Kv 4 ehel. Kinder
9	♂ e	7 Mon	62 cm 4720 g	3.	Km 22 Kv 26	Notunterkunft schmutzig
10	♂	6 Wo	59 cm	1.	Km Kv	schmutzig, wund Magen-Darm leer, Rachitis
11	♂ e	3 Mon	60 cm 4640 g	1.	Km 19 Kv 20	schmutzig, wund, Rachitis Wohnung unordentlich bakt. Klebsiellen Kv arbeitslos
12	♀ e	4 Mon.	59 cm 3950 g	3.	Km 28 Kv 33	Wohnung verwahrlost schmutzig, abgemagert

202

Tabelle X   Fragliche Vernachlässigungen (Fall 13 – 19)

Fall Nr.	Kind Geschl.	Kind Alter	Kind Länge gew.	wie-vieltes-Kind	Eltern Alter	Besonderheiten
13	♀ e	2 Mon	58 cm 3590 g	4.	Km 25 Kv 28	Greisengesicht Wohnung schmutzig Kv arbeitslos
14	♀ e	6 Mon.	64 cm 5580 g	5.	Km 29 Kv	Rachitis + + + EZ sehr schlecht einmal zum Arzt
15	♂ n.e.	10 Mon	67 cm	4.	Km 24	schmutzig, wund alle vier Kinder n.e. sozial ungünstig Rachitis + + +
16	♀ e	2 Mon	56 cm 3000 g		Km Kv	EZ sehr schlecht sehr wund Eltern Türken
17	♂ n.e.	1 Mon	58 cm 3700 g	1.	Km 18 Kv 22	schmutzig Magen u. Darm völlig leer Blutungen Kopfschwarte Eltern Verlobte
18	♀ n.e.	3 Mon	59 cm 3800 g	2.	Km 20	zwei n.e. Kinder Magen u. Darm leer Rippenfrakturen
19	♂ e	2 J. 6 Mon	90 cm	2.	Km 27 Kv 27	sehr wund EZ sehr schlecht Türken

Tabelle XI Sexuell motivierte Tötungen (Fall 1 – 6)

Lfd. Nr.	Opfer Geschl.	Alter	Befund	Täter Besonderheiten		Urteil
1	♀ 158 cm zierl.	14	Schädelzer- trümmerung Fettem- bolie Sperm. neg.	Kam vom Milch- holen nicht zurück.	Mitschüler 14 Jahre mißbrauchte d. tote Mädchen.	10 Jahre Jugend- strafe
2	♀ 152 cm schlank	14	Erdrosseln Erwürgen Genitale Verletzungen	Am Feldrain tot aufgefunden,	Fremder Alter? Mehrere Sexualmorde	?
3	♂ 135 cm	9	Kiefer-Nasen- beinfraktur faul Fettwachs	Wurde 70 cm tief verfault aufgefunden. **Sex. mißbraucht,** dann getötet.	Fremder 64jähriger Rentner Sattler Geständnis	lebenslang (begnadigt)
4	♀ 130 cm sehr mager	8	Ersticken Erwürgen **Bisse** **frische Deflo-** **ration** Sperma neg.	Zuerst alkoholi- siert (BAK 1,59‰), dann mißbraucht, gewürgt, aufgehängt	Halbbruder 21 J. Hilfsarbeiter vorbestraft	lebenslang (begnadigt)
5	♀ 165 cm kindlich dünn	15	Erwürgen Erdrosseln **Genitalien** **blutig.** Sperma + +	Mit entblößtem Unterleib auf baufälliger Kegelbahn	Fremder 25 Jahre Arbeiter gesch. einschl. vorbestr.	lebenslang
6	♀ 130 cm schlank	8	Schädelfrak- turen **frische Verlet-** **zung** d. Vagina	Wurde unweit d. Wohnung von ,,O. Karl" aufge- funden. 6 Tg. nach Ver- mißtenmeldung	Verdacht auf ,,Onkel Karl" 62 J. Landarbeiter Analphabet Gab Betasten zu. Wahrer Täter habe sich erhängt.	kein Verfahren

Tabelle XI Sexuell motivierte Tötungen (Fall 7 – 14)

Lfd. Nr.	Opfer Geschl.	Alter	Befund	Täter Besonderheiten		Urteil
7	♀ 111 cm schlank	6	Würgen Ertrinken faul	Auf Rollschuhen vom Täter entführt, sex. mißbr. gewürgt, in Fluß geworfen	Fremder Hilfsarbeiter 4jähr. Mädchen ebenso getötet	Geständnis widerrufen. Angebl. nur unsittl. berührt.
8	♂ 176 cm Schüler	16	Schußverl. E Stirn A re Hinterhaupt	In Wohnung eines bekannten Studienrats bei Nachhilfeunterricht **homosexuelle** Handlungen, dann erschossen	Lehrer led. Schon seit 4 Jahren homosex. Handlungen	4 Jahre Nach 3 J. gestorben
9	♀ 166 cm schlank	14	Ersticken Ertrinken BAK 0,73‰	Aus Rhein geborgen, unbekleidet	Vater soll Tochter **mißbraucht** haben	kein Verfahren
10	♀ 169 cm schlank	14	Schädelzertrümmerung Würgen Strangulation **Frische Defloration** Fettembolie Aspiration	100 m von elterl. Wohnung. Unterleib entblößt. Täter zwang Mädchen zum GV, würgte es dann.	Fremder 27 Jahre ledig Gelegenheitsarb. einschl. u. a. vorbestraft	lebenslang
11	♂	8	Schädelzertrümmerung **sex. mißbraucht** Genit. abgeschn.	Lockte Knaben in den Luftschutzstollen, würgte, fesselte sie, onanierte bis zur Ejakulation	Fremder 15 J.	10 Jahre Jugendstr. Einweisung in Heilanstalt.
12	♂	13	Skelettiert Erwürgt? Genit. abschn.	Kleidete die Leichen aus	18 J.	Inzwischen verstorben
13	♂	11	Schädel-Hirntraumen, geknebelt gefesselt Genit. verfault	Mißbrauchte sie.	18 J.	
14	♂	11	Rippenfraktur Erwürgt? Genit. verfault		19 J. vorbestraft	

205

Tabelle XI Sexuell motivierte Tötungen (Fall 15 – 19)

Lfd. Nr.	Opfer Geschl.	Alter	Befund	Täter Besonderheiten		Urteil
15	♀ 163 cm schlank Schülerin	13	Erwürgen Strangulation **Frische Deflo- ration**	Entkleidet im Wald aufgefun- den. Mißbraucht.	Fremder 36 J. verh. Bauarb. vorbestr.	lebenslang
16	♀ 165 cm schlank Näherin	16	Schädel-Hirn- trauma Würgemale **Sper- mien + + +** Unterleib entblößt	Wollte mit Schwester GV. Tötete auch 14j. Bruder bd. im Bett, **mißbrauchte** dann die sterbende Schwester	Bruder 20 Jahre Beifahrer vorbestraft	10 Jahre Jugendstr.
17	♀ 113 cm zierlich	5	Ertrinken nach Notzucht- verbrechen. Hymen u. Scheide zer- fetzt. Schlüpfer zer- fetzt, blutig BAK 1,66‰	Im Wasser tot aufgefunden	Fremder 10 Morde gestanden nicht ein- deutig geklärt	
18	♀ 113 cm	4	Erwürgen Strangulation 3fach gekne- belt, Schädel- frakturen nackt **Genitalverl.** Hymen einge- rissen	Wurde im Wald erdrosselt auf- funden. Täter stürzte sich auf das Kind, riß die Kleider vom Leib, miß- brauchte, tötete es. 4j. Spielkamerad als Zeuge	Fremder 36 J. verh. Hilfsarb. arbeitslos	Suicid in JVA
19	♀ 163 cm schlank Sonder- schülerin	15	Würgen Erdrosseln Ertränken Sperma neg.	Wurde nackt in Fluß treibend geborgen. Unterleib ent- blößt. Sex. mißbr.	Fremder 19 J. led. Hilfsarb. **Geständn.** vorbestr.	7 Jahre Jugendstrf.

Tabelle XI   Sexuell motivierte Tötungen (Fall 20 – 25)

Lfd. Nr.	Opfer Geschl.	Alter	Befund	Täter Besonderheiten		Urteil
20	♀ 168 cm schlank Schülerin	13	Erwürgen Erdrosseln geknebelt Abwehrver- letzungen **Genitalblu- tungen**	Nackt im Keller eines Rohbaues aufgefunden	Bekannter 17 J. Tankwart led. Geständn. 1,1‰	8 Jahre Jugendstr.
21	♀ 165 cm schlank Ober- schülerin	13	Erdrosseln mit BH Abwehrver- letzungen Frische De- floration, Blu- tungen + + +	Kam aus Schule nicht zurück. Unbekleidet im Wald.	Fremder verdächtigt, 22 J. led. Hilfsarb.	Freispruch mangels Beweises
22	♀ 127 cm zierl.	7	Würgen Schädelfraktur **Hymen frisch** verletzt Blutun- gen + + +	Im Keller des Hauses ver- scharrt aufgef.	Hausbe- wohner, 25 J. led. Scherenschl.	lebenslang
23	♀ 156 cm kräftig Lehrl.	16	Erwürgen Strangulation Zunge abgebis- sen, Schnitte	Im Wald aufgef. Tierbißspuren. Kleidung unge- ordnet.	nicht aufgeklärt	
24	♀ 148 cm	12	erwürgt, er- drosselt, frisch defloriert Blutun- gen + + +	Unterleib ent- kleidet, in Wald gef. Kd. sollte Hund ausführen	Gelegenheits- arbeiter, 24 J. Nachb., einschlägig vorbestraft Geständnis	lebenslang
25	♀ 123 cm	6	Schädelzer- trümmerung faul, 3 Wo. vermißt	Im Wald aufge- funden unter Stein. Sex. mißbraucht	Fremder 54 J. 2 × gesch. einschlägig vorbestraft	LK Lebenslang § 20 StGB

Tabelle XI   Sexuell motivierte Tötungen (Fall 26 – 30)

Lfd. Nr.	Opfer Geschl.	Alter	Befund	Täter Besonderheiten		Urteil
26	♀ 162 cm Sonder- schülerin	15	mumifiziert Blutungen an Oberschenkel innen Kniegelenke	entkleidet auf Feld Mit 2 Männern gesehen worden, dann vermißt.	nicht aufge- klärt	
27	♀ 159 cm zierlich kindlich Schülerin	17	Erwürgen Virgo intacta. Sperma auf Bauch und Oberschenkel. Blutungen + +	entkleidet 400 m von Woh- nung in Korn- feld aufgefunden Täter **ejakulierte über totem** Mädchen	Fremder 26 J. gesch. Fernmelde- techniker. Einschlägig vorbestraft	lebenslang
28	♀ 159 cm zierlich	16	nach Miß- brauch er- stochen — 14 Stiche Halsschnitt BAK 1‰	nach 6 Tagen aus Erft geborgen Täter haben erst mit ihr Alhokol ge- trunken.	3 Täter: I. 19 J. Metzger II. 19 J. Autoschl. III. 18 J. Arbeiter	Jugendstrf. 10 Jahre 10 Jahre 9 Jahre, 6 Mon.
29	♀ 167 cm	17	Kopfschuß (4)	Vom Vater mit Kleinkaliber- gewehr er- schossen	Vater, 42 J. gesch., **mißbrauchte Tochter seit Jahren**	Suicid (erschos- sen)
30	♀ 162 cm schlank Haupt- schülerin	12	erdrosselt **Hymen frisch verletzt**	auf Schulweg vermißt, Unterleib ent- blößt, ver- scharrt. Am Stadtrand aufgefunden.	Hilfsarbeiter Fremder, 16 J. 183 cm groß, 127 kg schwer. Kratzer im Gesicht. Geständnis. 3 × wegen Sittlichkeits- delikten auf- gefallen.	8 Jahre Jugend- strafe

Literatur

Ackley, D. C.: A brief overview of child abuse. Soc. Casework, 58/1 (21 – 24), (1977).

Adelson, L.: The battering child. Criminologist, 8/27 (26 – 33), (1973).

Amacher, A. L.: Child-battering and the social order. Indian J. Pediat. 44, 212 – 214 (1977).

Ambrosius, K.: Über die Unterernährung des Kindes. Die Medizinische Nr. 49, 1738 (1956).

Anderson, W. R. u. R. P. Hudson: Self-inflicted bite marks in battered child syndrome. Forensic Science 7, 71-74 (1976).

Andrews, J. S.: Inzest, ein selbständiges Delikt? Aust. J. forens. Sci. 10, 30 – 42 (1977).

Angeklagte und Klägerin, dpa 18. 9. 1974.

Apley, J.: Kindesmißhandlung. Hexagon Roche 6, Nr. 5 (1978).

Ariès, Ph.: Geschichte der Kindheit, übers. v. C. Neubaur u. K. Kersten, München/ Wien 1975.

Asperger, A.: Deutscher Kinderärztekongreß 1956 Berlin. Mschr. Kinderheilk. 115, 194 (1967).

Aywer, C. O. J.: The delinquent and neglected juveniles. Kenya Police Rev. 1976, March/April 5 (4 – 6).

Bagley, C.: The varieties of incest. New Society 14/360, 280 – 282 (1969).

Balla, W.: Verlauf der Verwahrlosung in psychopathologischer und sozialer Hinsicht. Prax. Kinderpsychol. 22, 143 – 150 (1973).

Barraclough, B., D. Shepherd and *C. Jennings:* Do newspaper reports of coroners' inquests incite people to commit suicide? Brit. J. Psychiat. 131, 528 – 532 (1977).

Bartel, D.: Kinderschutz aktuell S. 9 (1979).

Bataille, A.: Causes criminelle set mondaines de 1895, Paris 1896.

Bauer, G.: Die Kindesmißhandlung. Ein Beitrag zur Kriminologie u. Kriminalistik sowie zur Anwendung des § 223 b StGB. Schmidt-Römhild, Lübeck (1969), Ref, NJW 42, 1878 (1971).

Bayne-Powel, R.: The English Child in the eightenth Century. London 1939.

Becker, W.: Sittlichkeitsverbrechen an Kindern. Med. Klin. 59 (1964), 1597; 66, 209 (1971).

Beer, U.: Das Kind ist kein geschlechtsloses Wesen, Kinderschutz aktuell S. 4 (1981).

Behling, D. W.: Alcohol abuse as encountered in 51 instances of reported child abuse. Clin. Prdiat. 18, 87 – 91 (1979).

Bernet, F.: Unzucht mit tödlichem Ausgang. Kriminalistik 32, 33 – 37 (1978).

Beswick, K. et al.: Child Abuse and General Practice. Brit. med. J., 6039, 800 – 802 (1976/2).

Biermann, G.: Kindeszüchtigung und Kindesmißhandlung. Ernst Reinhardt Verlag, München/Basel 1969.

Birkle, A.: Wer ist der Kommodore? Ein Beitrag zur Kasuistik schwerer Kindesmißhandlungen. Kriminalistik 29, 264 – 267 (1975).

Bloch, D.: Feelings That Kill: The Effect of the Wish for Infanticide in Neurotic Depression. The Psychoanalytic Review 52, 1965.

Böhmer, K.: Aussagen Jugendlicher in Sittlichkeitsprozessen. D. Z. ger. Med., Bd. 18, (1931).

Bömers, M.: Eltern stehen vor Gericht. Sonntagsblatt Nr. 44, 1965.

Bogopolsky, Y., Cormier, B. M.: Economie relationelle de chacun des membres dans une famille incestueuse. Canad. J. Psychiat. 24, 65 – 70 (1979).

Bonn, R.: Gerichtsmedizinische Beobachtungen bei Kindesmißhandlungen. Med. Diss., Münster 1963.

Bossard, J. H. S.: The Sociology of Child. Development New York 598, 1948.

Bottom, W. D.: Familiy violence: the sickness of a system. Alamba J. med. Sci. 16, 124 – 130 (1979).

Brant, R. S. T. and Tisza, V. B.: The sexually misused child. Amer. J. Orthopsychiat. 1977, 47/1 (80 – 90).

Brinkmann, B., Püschel, K., Mätzsch, T.: Forensisch-dermatologische Aspekte des „Battered-child"-Syndrom. Akt. Dermatol. 5, 217 – 234 (1979).

Brock, J.: Incestfälle. D. Z. Ger.-Med. 4, 548 (1924).

Brongersma, E.: Die Rechtsposition des Pädophilen. Mschr. Krim. Strafrechtsreform 63, 97 – 108 (1980).

Brunold, H.: Beobachtungen und katamnestische Feststellungen nach im Kindesalter erlittenen Sexualtraumen. Praxis 51, 965 (1962).

Buchan: zit. *De Mause* 1977.

Bührdel, P.: Das Vernachlässigungssyndrom beim Kind. Dtsch. Gesundh.-Wes. 25, 1352 – 1354 (1970).

Burton, C.: Vulnerable Children. London 1968.

Caffey, J.: Some traumatic lesions in growing bones other then fractures and dislocations: clinical and radiological features. Brit. J. Radiol. 30, 225 (1957).

Caffey, J.: Significance of the History in the Diagnosis of traumatic Injury to Children, J. Pediat. 67, 1008 – 1014 (1963).

Cairns, E., Hunter, D., Herring, L.: Young children's awareness of violence in Northern Ireland: the influence of Northern Irish television in Scotland and Northern Ireland. Brit. J. soc. clin. Psychol. 19, 3 – 6 (1980).

Cameron, J. M., H. R. M. Johnson and F. E. Camps: The battered child syndrome. Med. Sci. Law 6, 2 – 21 (1966).

Carruthers, M.; Taggart, P.: Vagotonicity of Violence. Brit. Med. Journ. 3, 384 (1973).

Chapman, A. J.: Recognizing the Child abuse syndrome. FBI Law Enforcem. Bull., 46/7, 22 – 26 (1977).

Chimbos, P. D.: Marital violence. A study of interspouse homicide. San Francisco, Cal.: (R & E Research Ass.) 1978.

Chodkiewicz, J. P., Cioloca, C., Redondo, A., Dembo, C.: Sequelles et conséquences médico-légales des traumatismes cranio-encéphaliques de l'enfant. Médecine légale, 67 – 77 (1979).

Chroscielewski, E.: Verletzungen im Kindesalter als gerichtsmedizinisches soziales Problem. Arch. med. sadowej 26, 23 – 30 (1976).

Cohen, M. I., D. L. Raphling, P. E., Green: Psychologische Ursachen der Kindesmiß-handlung (Psychological aspects of the maltreatment syndrome of childhood). J. Pediat. 69, 279 (1966).

Corstjens, J. M. H.: Opvoeding en pedofilie. Doctoraalsciptie Nijmegen 1979.

Danko, J. und *J. Baksa:* Kinderverletzungen. Orv. Hetil. 123, 2097 – 2102 (1972).

Daum, R.: Das stumpfe Bauchtrauma im Kindesalter. Chir. Prax. 21, 259 – 265 (1976).

David, C. A.: The use of the confrontation technique in the battered child syndrome. Amer. J. Psychother., 28/4, 543 – 552 (1974).

Diederichsen, U.: Die Neuregelung des Rechts der elterlichen Sorge, NJW 1/2, 1 – 11 (1980).

Doek, J. E.: Mishandeling van kinderen. (Maltreatment of Children). Ned. Juristenbl., 21 598 – 610, and 22, 639 – 646 (1970).

Ebbin, A. J. et al.: Battered Child Syndrome at the Los Angeles Country General Hospital. Amer. J. Dis. Child. 118, 660 – 667 (1969).

Egidi, K. u. R. Voss: Kinderschutz aktuell S. 12 (1981).

Ehebald, U.: Zur Psychodynamik und strafrechtlichen Problematik eines Falles von Unzucht mit einem Kinde (§§ 175, 176 StGB) — ein Gutachten —. Mschr. Krim 60, 347 – 365 (1977).

Eibl-Eibesfeld, I.: Die Ko-Buschmanngesellschaft, Gruppenbindung und Aggressionskontrolle. Piper-Verlag, München 1972.

Eisenmenger, W., J. Janzen u. M. Tschomakov: Kindesmißhandlungen in München in den Jahren 1961 bis 1971. Beiträge zur gerichtl. Medizin XXXI, 92 – 96 (1973).

Elsässer, P.: Zur Frage des „Familien- und Selbstmordes". Allg. Z. Psychiat. 110, 207 (1939).

„Elterninitiative" gegen prügelnde Lehrer schon 1719, WZ 24. Juli 1979.

Emery, J. L.: The Deprived and Starved Child. Med. Sci. Law, Vol. 18, No. 2, 138 – 142 (1978).

Endris, R., W. Hilgert: Bißmarken bei Sexualdelikten. Spurensicherung, Abformung und Beweisführung. Kriminalistik, 29, 406 – 409 (1975).

Endris, R.: Bißspuren als Zeichen einer Kindesmißhandlung. Kriminalistik 34,246 – 249 (1980).

Everett, R. B., Jimerson, G. K.: Therape victim. Das Notzuchtopfer. Übersicht über 117 fortlaufend registrierter Fälle. Obstet. and Gynec. 50, 88 – 90 (1977).

Fäh, W.: Tötungsdelikt, begangen durch ein Kind an einem Kind, Kriminalistik 10, 465 – 468 (1977).

Falk, W. u. W. Maresch: Klinisch-pädiatrische und forensische Aspekte der Kindesmißhandlung. Mschr. Kinderheilk. 115, 196 – 197 (1967).

Feix, G.: Die sexuell motivierten Tötungsverbrechen in der DDR. Staat und Recht 16, 12, 2018 (1967).

Ferracuti, F., M. Fontanesi, A. Legramante e E. Zilli: La sindrome del bambino maltratatto. Quad. Crim. clin. 8, 55 – 80 (1966).

Fikentscher, E., H. Hinderer, K. Liebner, H. Rennert: Sexualstraftaten an Kindern u. Jugendlichen unter Berücksichtigung latenter Kriminalität. Kriminalistik u. forensische Wissenschaften S. 67 – 82 (1978).

Finger, E.: Kindesmißhandlung mit Todesfolge. Kriminalistik 17, 444 (1963).

Fink, B.: Das Delikt der körperlichen Kindesmißhandlung. Kriminalistik Verl. Hamburg 34. Bd. 1968.

Fisch, M.: Unzucht mit Kindern. Gemini-Press, Frankfurt: Bärmeier u. Nickel (in Komm.) 1971.

Förster, Ch.: Hunger und Intelligenzentwicklung. Fortschr. Med. 97. (1979).

Fomufod et al.: ref. Medical Tribune 10, 49, (1975).

Fontana, V. J.: Recognition of Maltreatment and Prevention of the Battered Child Syndrome. Pediatrics 28, 1078 (1966).

Fontana, V. J.: Child abuse in megalopolis. New York State J. Med., 76/11 (1799 – 1802) (1976).

Fraser, B. G.: A pragmatic alternative to current legislative approaches to child abuse. Amer. crim. Law Rev. 1974, 12/1 (103 – 124).

Friedemann, A.: Maladie de la télévision chez l'enfant, Acta paedopsychiat. 31, 79 (1964).

Friedmann, A.: Seelische Spätfolgen von Sittlichkeitsattentaten auf Kinder und Jugendliche. Kriminalistik, 62, 298 (1962).

Furness, J.: Teeth marks and their significance in cases of homicide. J. forens. Sci. 9, 169 – 175 (1969).

Geisler, E.: Das sexuell mißbrauchte Kind. Beitrag zur sexuellen Entwicklung, ihrer Gefährdung und zu forensischen Fragen, ISBN 3-525-45202-0 (1959).

Gerchow, J.: Zur kriminogenen Bedeutung der Vereinsamung und Isolierung. Dtsch. Zschr. für gerichtl. Medizin, 51, 595 – 600 (1961).

Giaretto, H.: Humanistic Treatment of Father-Daughter Incest. Child abuse and Neglect. New York — Pergamon Press, 411 – 426 (1977).

Giedion, A.: Das wiederholte Trauma beim Säugling und Kleinkind im Röntgenbild. Praxis 57, 191 – 196 (1968).

Giesen, D.: Kindesmißhandlung? Ferdinand Schöningh, Paderborn-München-Wien-Zürich (1979).

Gil, D. G.: Physical Abuse of Children — Finding and Implications of a Nationwide Survey. Brandeis Universitiy Waltham, Mass., 1969.

Gil, D. G.: Violence against Children. Physical Child Abuse in the United States. Harvard University Press, Cambridge, Massechusetts, 1970.

Godwin, G.: The Trial of Peter Griffiths, Edinburg 1950.

Goldney, R. D.: Family murder followed by suicide. Forens. Sci. 9, 219 – 228 (1977).

Goodbody, R. A., C. H. Turner, J. L. Turner: The Differentiation of Toothed Marks: Report of a Case of Special Forensic Interest. Med. Sci. Law 16, 44 – 48 (1976).

Gosnold, J. K., Sivaloganathan, S.: Nicht-unfallbedingte Rückenmarksverletzung bei einem Kind. Med. Sci. Law 20, 54 – 57 (1980).

Gostomzyk, J.-G.: Kindesmißhandlung. Zeitschr. f. Allgemeinmedizin 20, 1048 – 1055 (1976).

Gostomzyk, J. G. u. M. Rochel: Befunde bei Kindesmißhandlung und Vernachlässigung. Beitr. zur gerichtl. Medizin, Bd. XXXI, 102 – 109 (1974).

Green, A. H.: Self-destructive behavior in battered Children. (Selbstzerstörerisches Verhalten bei mißhandelten Kindern.) Amerik. J. Psychiat. 135, 579 – 582 (1978).

Greenblatt, M.: Psychiatry: the battered child of medicine. New Engl. J. Med. 292, 246 – 250 (1975).

Greger, J., Hoffmeyer, O.: Tötung eigener Kinder durch schizophrene Mütter, Psychiat. clin. 2, 14 (1969).

Groth, A. N. and Burgess, A. W.: Motivational intent in the sexual assault of children. Crim. Justice Behav., 4/3, 253 – 264 (1977).

Guillimeau, J.: Nursing. Zit. nach *de Mause* 1974.

Guyer, M. J.: Das bewußt abgelehnte Kind: legale und soziale Folgen. Psychiatry 42, 338 – 350 (1979).

Hallermann, W. u. Gerchow, J.: Der Film als Schablone für Kapitalverbrechen. D. Z. f. gerichtl. Med. 48, 576 – 587 (1959).

Harnack, G. A. v.: Hemmt Hunger während der Säuglingszeit das Gehirnwachstum und damit die Intelligenzentwicklung? Dtsch. med. Wschr. 89, 1957 – 1958 (1964).

Hartl, H.: Verletzungen im Neugeborenen-, Säuglings- und Kleinkindesalter, Wiener Med. Wschr. 120, 702 – 704 (1970).

Hartung, K.: Kindesmißhandlung — ein vernachlässigtes ärztliches Problem. diagnostik 10, 390 – 393 (1977).

Harvey, W.: Bite marks, the clinical picture, physical features of skin and tongue standard and scanning electron microscopy of sections. J. leg. Med. 8, Nr. 3, Card 9, C 9 – E 8 (1973).

Hauptmann, W.: Gewaltlose Unzucht mit Kindern, kriminalpolitische und sozialpolitische Aspekte, München 1975.

Hecke, W. van: Comments on a bite on a breast in a murder case. (Biß in die Brust bei einem Mordfall). Med. Sci. Law 6, 47 (1966).

Hecker, W. Ch.: Intraabdominelle Organverletzungen bei stumpfen Bauchtraumen im Kindesalter. Münch. med. Wschr. 113, 15, 562 – 567 (1971).

Hefele- Leclercq: Histoire des consiles. Bd. II, Teil 1, 459 – 460 Paris 1908.

Heinz, W.: Bestimmungsgründe der differentiellen Wahrscheinlichkeit strafrechtlicher Sanktionierung bei Unzucht mit Kindern. MschrKrim 55, 116 (1972).

Helfer, R., Kempe, H. C.: The Battered Child. Chigago (Univ. of Chicago Press) 1974.

Helfer, R. and C. Pollock: The battered child syndrome. Advances in Pediatrics XV. 9. Year Book Med. Publ. 1968.

Hennes: Kriminalistik 4, 211 – 212 (1950).

Hentig, H. v.: Beißen, ein Atavismus des Angriffs und der Abwehr. Mschr. Krim. 41/7, 225 (1958).

Hentig, H. v.: Der Biß. Archiv f. Kriminologie 131, 121 (1963).

Hentig, H. v.: Die unbekannte Straftat. Springer Verlag, Berlin-Göttingen-Heidelberg 1964.

Hentig, H. v.: Bißwunden. Kriminalistik 5, 240 (1969).

Hentig-Viernstein v.: Untersuchungen über den Inzest. Heidelberg 1925.

Herbich, J., W. Holczabek, D. Lachmann u. E. Zweymüller: Zur Differentialdiagnose der Kindesmißhandlung. Beiträge zur gerichtlichen Medizin XXXI, 97 – 101 (1973).

Herbold, H.: Einige delikttypische Veränderungen bei sexuellem Mißbrauch von Kindern (§ 176 StGB) in den letzten Jahren. Mschr. Krim. Strafrechtsref. 60, 99 – 106 (1977).

Hetzer, H.: Mißglückte Eingliederung und Rückgliederung von Kindern in ihre Familien, Zschr. Kinderforsch. 47. Bd. 3 Heft (1938).
Psychologische Begutachtung mißhandelter Kinder. Zschr. f. angewandte Psycholgie 50, S. 209 (1936).

Hetzer, H.: Seelische Mißhandlungsspuren. Mitt. Verein z. Schutz Kind. v. Ausn. u. Mißh. 17, 18 – 29 (1936).

Heyden, P.: Tödliche Sexualverbrechen an Minderjährigen. Diss., Düsseldorf 1976.

Hiersche, H. D., Hiller, C.: Das mißhandelte Kind (Ärztliche und rechtliche Fragen in der gynäk. Praxis). Geburtsh. u. Frauenheilk. 40, 678 – 681 (1980).

Hildebrand, E.: Genitale, transgenitale und paragenitale Verletzungen bei Frauen, ihre Ursachen und ihre Verursacher, Beitr. gerichtl. Med. 34, 243. 258 (1976).

Höpler, R. v.: Über Kindesmißhandlungen, Arch. Kriminol. 69, 68 – 73 (1915).

Holczabek, W., D. Lachmann u. *E. Zweymüller:* Sturz im Säuglingsalter, Dtsch. med. Wschr. 97, 1640 – 1646 (1972).

Hoppe u. *Ballhause:* Zur Kasuistik d. Bißspurenidentifizierung bei Mordfällen. Arch. Krim. 118, 163 (1956).

Houtrouw, Th.: Über die gerichtlich-medizinische Würdigung von Bißverletzungen durch Mensch und Tier. Dtsch. Z. f. d. ges. gerichtl. Med. Bd. 16, 89 (1931).

Hüllemann, K.-D., G. Wiese und *M. List.:* Kreislaufüberwachung und testpsychologische Untersuchung bei Fernsehzuschauern. Münch. med. Mschr. 115, 1716 – 1722 (1973).

Huntincton III R. W. and *Weisberg, H. F.:* Unusual form of child abuse. J. forens. Sci. 1977, 22/1 (5 – 6).

Irizawa, Y., Miura, N., Furuno, J.: Drei Todesfälle von Kindesmißhandlungen. Acta Crim. Med. leg. jap. 45, 14 – 19 (1979).

Jacobi, E.: Zur Psychopathologie des Familienmordes. Arch. Psychiat. Nervenkr. 83, 501 (1928).

Jaffé, A. C., Dynneson, L. and ten *Bensel, R. W.:* Sexual abuse of children: an epidemiologie study. Amer. J. Dis. Child,129/6, 689 – 692 (1975).

Janssen, W.: Kindsmißhandlung, aus der Sicht des Gerichtsmediziners, Saarl. Ärzteblatt Nr. 7 (1967).

Jarosch, K.: Die Tötung des Kindes. Dtsch. Z. ges. gerichtl. Med. 57, 144 (1966).

Jung, H.: Strafrechtsdogmatische, kriminologische und kriminal-politische Aspekte der Kindesmißhandlung. Mschr. Krim. Stafrechtsref. 60, 89 – 99 (1977).

Justice, B. and *D. F. Duncan:* Lebenskrisen als Prodromalerscheinungen zur Kindesmißhandlung. Publ. Hlth Rep. (Wash.) 91, 110 – 115 (1976).

Kaboth, U.: Das mißhandelte Kind in der Reihe gut behandelter Geschwister. Z. Kinderheilk. 49, 174 (1942/43).

Kagan, G., Klein, R. E.: Cross cultural Perspectives on early development. Am. Psychologist 28, 947 (1973).

Kainz, A.: Kinder als Opfer strafbarer Handlungen, Kriminalistik 21, 605 (1967).

Keferstein, W.: Kindermißhandlungen, Z. Med. Beamte 24, 829 – 832 (1911).

Kempe, P., Gross, J.: Deprivationsforschung und Psychiatrie. Psychiat. Gegenw. Bd. 1, Teil 2, 707 – 752 (1980).

Kempe, H. C., F. N. Silverman, B. F. Steele, W. Droegenmueller, H. K. Silver: Das Syndrom der Kindesmißhandlung. J. Amer. med. Ass. 181, 17 (1962).

Kempe, R. S. u. *Kempe C. H.:* Kindesmißhandlung. Klett-Cotta, Stuttgart 1980.

Kerscher, K.-H. I.: Emanzipatorische Sexualpädagogik und Strafrecht. Hermann Luchterhand Verlag, Neuwied/Berlin 1973.

Kienitz, M. u. *Meier, S.:* Chron. Unterernährung als Kindesmißhandlung bes. Art, Prädiat. Praxis 21, 3 – 6 (1979).

Kinderverfolgung, Kirchenzeitung f.d. Erzbistum Köln Nr. 43, 26. Okt. 1979.

Klose, I.: Lebensalter von Tätern und Geschädigten bei Sittlichkeitsdelikten. Deutsche Zeitschr. f. d. ges. gerichtl. Medizin 59, 129–134 (1967).

Knight, B. H.: **The Battered Child. The Criminologist 9, 29 (1968).**

Kögler: Über einen Fall von Sohnesmord. Monatsschrift f. Krim Biol. u. Strafrechtsref. 31, 162 (1940).

Köttgen, U.: Kindesmißhandlung. Mschr. Kinderheilk. 115, 186–192 (1967).

Köttgen, U.: Kindesmißhandlung (,,battered child syndrome''). Med. Klin. 61 (1966), 2025.

Köttgen, U.: Handbuch der Kinderheilkunde: Kindesmißhandlung und Vernachlässigung. Springer, Berlin-Heidelberg-New York 1969.

Kos, W., Menardi, G.: Das stumpfe Bauchtrauma im Kindesalter. Z. Allg. Med. 56, 1527–1530 (1980).

Kotlarek, F., Kurth, W., Franzen, M.: Die Bedeutung typ. Kalottenfrakturen im Säuglingsalter. Klin. Pädiat. 190, 323–325 (1978).

Kovác, M., Urbanský, G., Bauer, J., Kosice: Ursachen tödlicher Verletzungen im Kindesalter. H. Unfallheilk. 130, 278–280 (1978).

Kretschmar, E.: Medizinische Psychologie. Stuttgart 1963.

Krüger-Thiemer: Kindesmißhandlung. Kriminalistik 18., 57–61 (1944).

Kruse, H.: Zum Problem der Kindesmißhandlung. Mschr. Kriminalpsychol. 31, 30–38 (1940).

Kühn, E.: Kindesmißbrauch: Gerichtsverfahren schädigen mehr als Tat. Kinderschutz aktuell, S. 23–24 (1980).

Kühne, H.: Kindesmißhandlungen. Langenbeck Arch. klin. Chir. 287, 683–685 (1957).

Kuipers, F., S. van Creveld: Mißhandlung von Kindern. Ned. T. Geneesk. 108, 2399 (1964).

Landis, J. T.: Experience of 500 Children with adult sexual deviation. Psychiatric Quarterly, Suppl. 30, 1956.

Landriau, M.: Studies in child abuse. Soc. Serv. Quart., 50/1, 175–178 (1976).

Lange, E.: Dem mißglückten erweiterten Suicid ähnliche Deliktsituationen u. d. kriminal-psychologische u. forensisch-psychiatrische Beurteilung. Zbl. Neurol. 173, (1963).

Lange, H.: Hirntraumen der mißhandelten Kleinkinder. III. Jahrestagung der Gesellschaft für Neuropädiatrie, München, 21. bis 23. Oktober 1977.

Lange, E. u. Schumann, U.: Spezielle psychiatrisch-psychologische Aspekte bei der Begutachtung von Frauen mit Tötungsverbrechen an Kindern. Medizinisch-juristische Grenzfragen, 13–22 (1971).

Langer, W. L.: Vorwort zu: The History of Childhood. The Psychohistory Press, New York 1974. Deutsche Übersetzung Suhrkamp Verlag, Frankfurt 1977.

Langer, W. L.: Infanticide: A Historical Survey. The Journal of Psychhistory, 353–67 (1973).

Langmeier, L., Matéjcek, Z.: Psychische Deprivation im Kindesalter. Kinder ohne Liebe. Urban u. Schwarzenberg, München-Wien-Baltimore 1977.

Lechleiter, G.: Das Kind als Gegenstand und Opfer krimineller Mißhandlung. Verl. Herbert Lang u. Cie. A 9 Bern u. Frankfurt (1971).

Lemburg, P.: Vernachlässigte und mißhandelte Kinder. Mkurse ärztl. Fortbild. 21, 133 – 136 (1971).

Lempp, R.: Seelische Schädigung von Kindern als Opfer von gewaltlosen Sittlichkeitsdelikten. Neue Jur. Wschr. 21, 49 (1968).

Lenard, H. G.: EEG-Veränderungen bei frischen Schädeltraumen im Kindesalter. Münch. med. Wschr. 107, 38, 1820 – 1827 (1965).

Leonard, K.: Kaspar Hauser und die moderne Kenntnis des Hospitalismus. Confin. Psychiatr. 13, 213 (1970).

Leppmann, F.: Kindermißhandlungen. Ihre Ursachen und ihre Folgen. Zschr. f. Kinderforschung 44. Bd., 311 (1935).

Levin, S. M. et al.: The development of sexual discrimination in children. J. Child Psychol. Psychiatry 13, 47 (1972).

Levine, L. J.: The solution of a battered-child Homicide by dental evidence; report of case. Amer. dent. Assoc. 87, 1234 – 1236 (1973).

Liebhardt, E., Tröger, H. D., Wild, C.: Die tödliche Kindesmißhandlung im Sektionsgut des Münchner Instituts. Beitr. gerichtl. Med. 36, 161 – 166 (1978).

Luntz, L. L. and P. Luntz: A case in forensic odontology: a bite-mark in a multiple homicide. Oral Surg. 36, 72 – 78 (1973).

Lynch, M. A.: Ill-Health and Child Abuse. Lancet 16, 317 (1975).

Lystad, M. H.: Violence at Home: A Review of the Literature. Amer. J. Orthopsychiat. 45, 328 – 345 (1975).

MacDonald, D. G. and W. R. E. Laird: Bißmarken bei einem Mordfall (Bite marks in a murder case). Int. J. forens. Dent. 3, 26 – 30 (1976).

MacDonald, A. E., Reece, R. M.: Child abuse: problems of reporting Pedicat. Clin. N. Amer. 26, 785 – 791 (1979).

MacFarlane, I. J. A.: Hipproblems in a battered child. Hüftveränderungen nach Kindesmißhandlung: Mitteilung eines Falles. Aust. N. Z. J. Surg. 49, 107 – 108 (1979).

Männel, H.: Untersuchungen zum Inzest. Psychiat. Neurol. med. Psychol. (Lpz.) 32, 92 – 98 (1980).

Mätzsch, T., Brinkmann, B., Püschel, K.: Zur Epidemiologie und Kriminologie der Kindesmißhandlung in Hamburg 1968 – 1978. MedWelt 31, 1342 – 1347 (1980).

Malson, L., Itard, J., Mannon, O.: Die wilden Kinder. Frankfurt/M.: Suhrkamp 1972.

Manz, R.: Tod nach körperlicher Mißhandlung. Der Öfffentl. Gesundheitsdienst VII/3, 65 – 106 (1941).

Manzke, H. u. Rohwedder, H.-J.: Traumatische Knochenveränderungen beim Säugling, insbesondere nach Mißhandlungen. Mschr. Kinderheilk. 115, 197 – 199 (1967).

Mattern, J.: Kindermißhandlungen. Mschr. Kriminalpsychol. 19, 269 – 273 (1928).

Matthes, I.: Minderjährige ,,Geschädigte'' als Zeugen in Sittlichkeitsprozessen. Eine kriminalistische Untersuchung an Hand von 715 Gerichtsakten. Wiesbaden 1961.

Matthes, I.: Abused Children — Die mißhandelten Kinder. Concepte 3/6, 14 (1967).

De Mause, K.: The History of Childhood. New York 1974. Hört Ihr die Kinder weinen. Eine psychogenetische Geschichte der Kindheit. Suhrkamp Frankfurt 1977.

Mende, U., Kirsch, H.: Beobachtungen zum Problem der Kindesmißhandlung. München: Deutsches Jugendinstitut 1968. Forschungsbericht 01 – 1968.

Mende, W.: Rechtliche Konsequenzen bei erweitertem Suizid. Therapiewoche 22, 2252 – 2253 (1972).

Mergen, A.: Krankheit und Verbrechen, Goldmann Verlag, München 1972, S. 46.

Metzger, J.: Psychol. Praxis H. 33 (1964).

Middendorff, W.: Tötungen im Affekt. Archiv für Kriminologie 162, 65 – 85 (1978).

Mikirtumov, B. E.: Acute neurotic reactions in children resulting from paedophylic violence. Sudebnomed. eksp. (Mosk.) 22, Nr. 3, 47 – 49 (1979).

Miller, D. R. und Swanson, G. E.: The Changing American Parent: A Study in the Detroit Area. New York 1958, S. 10.

Mingers, A. M.: Die ausweglose Situation des mißhandelten Kindes. Mschr. Kinderheilk. 125, 601 – 620 (1977).

Morris, D.: Der nackte Affe. Droemer Knaur, München-Zürich 1968.

Morse, C. W., Sahler, O. J. Z. and Friedman, S. B.: A three-year follow-up study of abused and neglected children. Amer. J. Dis. Child. 120, 439 – 446 (1970).

Mühlenberg: Städt. Kinderklinik Krefeld. Mündliche Mitteilung 1981.

Müller, G.: Zur Problematik der Kindesmißhandlung aus pädiatrischer Sicht. Vortrag Fortbildungsveranstaltung f. Kinderärzte des Bezirkes Gera im März 1974, Kipra 44, 124 – 130 (1976).

Mulert, M.: Kindesmißhandlung. Freie Wohlfahrtspflege, 4. Jg. Berlin 1930, H. 10.

Nass, G.: Unzucht mit Kindern — das Sexualdelikt unserer Zeit. Mschr. Kriminalspychol. 37, 69 – 82 (1954).

Nau, E.: Das Delikt der Kindesmißhandlung in forensisch-psychiatrischer Sicht. Münch. Med. Wschr. 106. 972 – 974 (1964).

Nau, E.: Kindesmißhandlung. Mschr. f. Kinderheilkunde, Bd. 115, 192 – 194 (1967).

Nau, E. u. Cabanis, D.: Kaspar-Hauser-Syndrom. Münch. Med. Wschr. 108, 929 (1966).

Nau, E.: Prophylaxe bei Kindesmißhandlung? Beiträge z. gerichtl. Medizin, Bd. XXX, 324 – 332 (1973).

Niedermeyer, K.: Studien über Kindesmißhandlungen. Pädiatrie und Grenzgebiete 3, 1 (1964).

Niedermeyer, K.: Kriminelle Kindesmißhandlung durch die Mutter. Medizinisch-juristische Grenzfragen, Heft 11, 37 – 49 (1971).

Niemann, H.: Unzucht mit Kindern. Verlag Otto Schwartz & Co. Göttingen 1974.

Nix, W.: Die Mißhandlung Abhängiger. Diss. Bonn 1958.

Nixon, J. and Pearn, J.: Non-accidental immersion in bath-water: another aspect of child abuse. Brit. med. J., 1/6056, 271 – 272 (1977).

Oberniedermayr, A.: Die stumpfen Bauchverletzungen im Kindesalter. Langenbecks Arch. klin. Chir. 304, 583 – 595 (1963).

Okell, C. u. Butcher, C. H. H.: The battered child syndrome. Law Society Gaz. 66/9, 687 – 698 (1969).

Orel, H.: Untersuchungen über den Inzest. Beitr. gerichtl. Med. 12. Wien: Deuticke 1932.

Parker, G. E.: The battered child syndrome. Criminologist 4/12, 67 – 74 (1969).

Patscheider, H.: Zwei ungewöhnliche Fälle von tödlicher Kindesmißhandlung. Archiv. f. Kriminologie 155, 19 – 27 (1975).

Paul, D. M.: The medical examination in sexual offences against children. Med. Sci. Law 17, 251 – 258 (1977).

Paul, J.: Die Mißhandlung von hirngeschädigten Kindern. Mschr. Kinderheilk. 115. Bd., 202 (1967).

Petri, H.: Abschaffung des elterlichen Züchtigungsrechtes. ZRP, 64 – 65 (1976).

Petri, H.: Mehr Kindesmißhandlungen — auch ein ärztliches Problem. Deutsches Ärzteblatt, 509 – 513 (1978).

Piedelièvre, C., Gardeur, G., Allal, R., Messimy, R., Metzger, J.: Schichtaufnahme des Gehirns (Sondiergerät) und Kindesmißhandlung. Bull. Méd. lég. 22, 403 – 411 (1979).

Piers, M. W.: Kindermord. Ein historischer Rückblick. Psyche (Stuttg.) 30, 418 – 435 (1976).

Pollack, C. B.: Early Case Finding as a Means of Prevention of Child Abuse. Chicago, London, 149 – 152 (1968).

Pollak, S.: Erscheinungsformen des erweiterten Selbstmordes, Forensia (Wien) 2, 67 – 78 (1979).

Popella, E.: Über den erweiterten Suizid. Arch. Psychiat. Nervenkr. 205, 615 – 624 (1964).

Potrykus, D. u. Wöbcke, M.: Sexualität zwischen Kindern und Erwachsenen. Goldmann Verlag. Das Wissenschaftliche Taschenbuch PP 7 (1974).

Powell, G. E., Stewart, R. A.: The relationship of age, sex and personality to social attitudes in children aged 8 – 15 years. Brit. J. soc. clin. Psychol. 17, 307 – 317 (1978).

Prahm, H.: Psychosoziale Aspekte von Sexualdelikten an Kindern. Mschr. f. Kriminol. u. Strafrechtsreform, 57, S. 193 – 198 (1974).

Puxon, M.: Notzucht — Mythen und Fakten. Med. leg. J. 47, 55 – 68 (1979).

Radbill, S. X.: Mißhandlung und Kindestötung in der Geschichte. In Helfer u. Kempe: Das geschlagene Kind. Suhrkamp Frankfurt/M. 1978.

Ramms, M.: Trommelfellblutung bei Kindesmißhandlung mit tödlichem Ausgang. pädiat. prax. 14, 455 – 457 (1974).

Ramu, M.: Needles in a Child's Body (A Case Report). Med. Sci. Law Vol. 17, 259 – 260 (1977).

Raphling, D. L. and Grenn, P. E.: Psychologic Aspects of the Maltreatment Syndrome of Childhood. J. Pediat. 69/2, 279 (1966).

Rasch, W.: Situation des erweiterten Selbstmordes. Dtsch. Zschr. gerichtl. Med. 57, 124 (1966).

Rasch, W.: Erscheinungsbild, Dynamik und Beurteilung des erweiterten Selbstmordes. Zeitschr. f. d. gesamte Vers.-Wissenschaft 3 (1979) 417 – 426.

Rasmussen, A.: Die Bedeutung sexueller Attentate auf Kinder unter 14 Jahren für die Entwicklung von Geisteskrankheiten und Charakteranomalien. Acta Psychiatrica Kopenhagen 9 (1934).

Rees, A. u. Mitarb.: Ventrikelseptumdefekt durch Trauma. Brit. med. J. 5948, 20 (1975).

Reh, H. u. Schübel, F.: Zur Identifizierung der Bartsch-Opfer. Kriminalistik 26, 463 (1972).

Rennert, H.: Zur Problematik des Incest. Dtsch. Z. gerichtl. Med. 48, S. 50 – 57 (1958).

218

Rennert, H.: Untersuchung zur Gefährdung der Jugend u. zur Dunkelziffer bei sexuellen Straftaten. Psychiatr. Neurol. med. Psychol. 10, S. 361 – 367 (1965).

Rheingold, I. C.: The Mother, Anxiety and Death. Boston 1967.

Rochel, M., Gostomzyk, J.-G.: Effektivität der Maßnahmen bei Kindesmißhandlungen. Beitr. z. gerichtl. Med. XXXI, 110 – 114 (1973).

Rösler, H. R.: Die Bedeutung von Film, Rundfunk und Fernsehen für die Leistungsfähigkeit des Kindes u. Jugendlichen. Ärztl. Jugendk. 54, 104 – 113 (1963).

Rosenfeld, A. A.: Incidence of a history of incest among 18 female psychiatric patients. Amer. J. Psychiat. 136, 791 – 795 (1979).

Rupprecht, E. u. Berger, G.: Die klinische und röntgenologische Symptomatik der Kindesvernachlässigung und Kindesmißhandlung. Kinderärztliche Praxis 44, 113 – 123 (1976).

Ryan, M. G., Davies, A. D. and Oates, R. K.: One hundred and eighty-seven cases of child abuse and neglect. Med. J. Aust. 64, II, 623 – 628 (1977).

Sauer, H., Kurz, R., Funk, M.: Über Thoracoabdominale- und Knochenverletzungen bei Kindesmißhandlungen. Mschr. Unfallheilk. 78, 533 – 543 (1975).

v. Schilling, K.: 8. Internat. Kongreß f. Pädiatrische Fortbildung in Brixen. Euromed. Nr. 13 (1975).

Schipkowensky, N.: Schizophrenie und Mord. Berlin 1938.

Schipkowensky, N.: Cyclophrenie und Mord. Zbl. Neurol. 161 (1959).

Schipkowensky, N.: Mitgehen und Mitnehmen in den Tod. Psychiat. Neurol. med. Psychol. (Lpz.) 15, 227 (1963).

Schlachetzki, J.: Pankreaspseudozyste bei Kind nach stumpfen Bauchtrauma. Med. Klin. 68, 484 – 487 (1973).

Schleicher, H.: Einzelfragen zur Neuregelung der elterlichen Sorge. Sozialhilfe 19, 136 – 139 (1980).

Schleyer, F.: Studien über das Delikt der gewalttätigen Kindesmißhandlung. Mschr. f. Kriminologie u. Strafrechtsreform, 41 (1958).

Schneider, V., Woweries, J., Grumme, T.: Das „Schüttel-Trauma" des Säuglings. Münch. med. Wschr. 121, 171 – 176 (1979).

Schneider, V.: „Hand an sich legen . . .". Kriminalistik 8, (1979).

Schönfelder, T.: Die Rolle des Mädchens bei Sexualdelikten. Ferdinand Enke Verlag, Stuttgart 1968.

Scholz, R.: Forensisch-psychologische Aspekte bei der Anwendung des § 225 StPO im gerichtlichen Strafverfahren wegen sexuellen Mißbrauchs von Kindern. Kriminal. forens. Wiss., 97 – 115 (1975).

Schrappe, O.: Bemerkungen zum unvollendet gebliebenen erweiterten Suicid im Verlaufe von Verstimmungspsychosen. Mschr. Krim. 53, 193 – 218 (1970).

Schwarz, F.: Problem des Selbstmordes. Bern, Med. Verlag Huber (1946).

Schweflinghaus, G.: Tödliche Sexualverbrechen der Jahre 1967 bis 1978. Diss. Düsseldorf 1980.

Schydlo, R., Gleiss, J.: Schädelbrüche im ersten und zweiten Lebensjahr. pädiat. prax. 10, 249 (1971).

Seelemann, K.: Beobachtungen über Kindesmißhandlungen. Mschr. Kinderheilk. 119, 60 – 65 (1971).

Severy, J. S.: Un cas de cruauté parentale (Ein Fall elterlicher Grausamkeit) Revue internat. de Criminol. et de Police technique Genf — Juli/Sept. 1967.

Sills, J. A., Thomas L. J. and *Rosenbloom, L.:* Nicht unfallbedingte Verletzungen: die Erfahrungen von zwei Jahren im Zentrum von Liverpool. Develop. Med. Child Neurol. 19, 26 – 33 (1977).

Silvermann, F.: The roentgen manifestations of unrecognized skeletal trauma in infants. Amer. J. Roentgenol. 69, 413 (1953).

Sims, B. G., Grant, J. H. and *Cameron, J. M.:* Bite-marks in the ,,Battered Baby Syndrome''. Medicine Sci. Law 13, 207 – 210 (1973).

Smith, S. M., Hanson, R. and Noble, S.: Social aspects of the battered baby syndrome. Brit. J. Psychiat. 125, 568 – 582 (1974).

Smith, Q. T., Brogdon, S.C.: Die Sorge um das kindliche Notzuchtopfer. Das Betreuungsmodell einer amerikanischen Klinik. Sexualmedizin 8, 137 – 142 (1979).

Smyth, B. T.: Chest trauma in children. J. pediat. Surg. 14, 41 – 47 (1979).

Solli, R.: Child abuse. Nord. kriminaltekn. T. 42, 41 – 44 (1973).

Spitz, R. A.: Vom Säugling zum Kleinkind. Stuttgart (Klett) 1967.

Staak, M., Wagner, Th. und *Wille, R.:* Zur Diagnostik und Sozialtherapie des vernachlässigten Kindes. Mschr. Kinderheil. 115, 199 – 201 (1967).

Staak, M.: Die Kindesmißhandlung als diagnostisches Problem. Med. Sachverständige 70, 50 – 55 (1974).

Steele, B. F., Pollack, C. B.: A Psychiatric Study of Parents, who. Who Abuse Infants and Small Children. Chicago-London, 103 – 147 (1968).

Steinkopf, E.: Die aktive Rolle des Mädchens bei Sexualdelikten. Medizinischjuristische Grenzfragen, 101 – 108 (1971).

Stengel, E. and *Cook, N. G.:* Attempted Suicide. Mandsley Monograph 4, London: Chapman and Hall, 1958.

Stengel, E.: Selbstmord und Selbstmordversuch. Frankfurt 1969.

Stoerger, R.: Die Kindesmißhandlung in forensisch-psychiatrischer Sicht. Die Medizinische Welt 20 NF, 2083 – 2088 (1969).

Stolowsky, H.-J.: Stumpfes Bauchtrauma und Darmruptur im Kindesalter. Chirurg 36, 4 (1965).

Stumpfe, K. D.: Der Fall Kaspar Hauser. Prax. Kinderpsychol. Kinderpsychiatrie 18, 292 (1969).

Stutte, H.: Probleme der körperlichen und seelischen Kindsmißhandlung. Jahrbuch f. Jugendpsychiatrie Band VIII, 122 – 133. Verlag Hans Huber, Bern-Stuttgart-Wien 1971.

Sztaba, R.: Childhood trauma as a clinical Problem. Arch. med. Sadoweij 26, 31 – 36 (1976).

v. Sury, K.: Mord durch Stichverletzungen per vaginam. Vjschr. gerichtl. Med. 57, 322 – 330 (1919).

Tardieu, A.: Etude médico-legale sur les sévices et mauvais traitments exercès sur des enfants. Ann. Hyg. Publ. Med. Leg. 13, 361 (1860).

Tardieu, A.: Etude médico-légale sur l'infanticide. Paris 1868.

Teufert, E.: Zur Kriminalistik der Sexualfreiheitsdelikte. Archiv. f. Kriminol. 166, 175 – 184 (1971).

Theede, P.: Unzucht mit Abhängigen — § 174 StGB. Kriminalwissenschaftliche Abhandlungen. Schmidt-Römhild, Lübeck 1967.

Thiele, H. J.: Stumpfe Bauchverletzungen bei Kindern. Chir. Univ. Klin. Düsseldorf — Diss.

Trexler, R.: Infanticide in Florence. History of Childhood Quarterly. The Journal of Psychohistory I 1973.

Trube-Becker, E.: Die Kindesmißhandlung in gerichtsmed. Sicht. Dtsch. Zschr. f. d. ges. gerichtl. Med. 55, 173 – 183 (1964), Vortrag 42. Tg. Ges. Gerichtl. Med. (1963).

Trube-Becker, E.: Zur Kindesmißhandlung. Med. Klin. 59, 1649 – 1653 (1964).

Trube-Becker, E.: Kindesmißhandlung mit tödlichem Ausgang. Deutsches Ärzteblatt — Ärztl. Mitteilungen, 1663 – 1670 (1966).

Trube-Becker, E.: Ärztliche Schweigepflicht und Kindesmißhandlung. Med. Klin. 62, 1398 – 1400 (1967).

Trube-Becker, E.: Zur Tötung von Kleinkindern durch Nahrungsentzug. Dtsch. Z. f. gerichtl. Med. 64, 93 – 101 (1968).

Trube-Becker, E.: Tötungsdelikte durch die Mutter. Beitr. z. gerichtl. Med., Bd. XXVII, 166 (1970).

Trube-Becker, E.: Schweigepflicht und Zeugnisverweigerungsrecht des Arztes bei Delikten gegen das Kind. Münch. med. Wschr. 114, 9, 389 – 392 (1972).

Trube-Becker, E.: Die Kindesmißhandlung und ihre Folgen. pädiat. prax. 12, 389 – 399 (1973).

Trube-Becker, E.: Bißspuren bei Kindesmißhandlungen. Beitr. z. gerichtl. Med. 31, 115 – 123 (1973).

Trube-Becker, E.: Körperliche Vernachlässigung des Kleinkindes mit Todesfolge. Med. Klin. 70, 417 – 426 (1975).

Trube-Becker, E.: Bite-marks on Battered Children. Z. Rechtsmedizin 79, 73 – 78 (1977).

Trube-Becker, E.: Vernachlässigung von Säuglingen und Kleinkindern. Dtsch. Ärzteblatt 75, 1023 – 1029 (1978).

Trube-Becker, E.: Haben Massenmedien Einfluß auf den Suicid von Kindern? Ärztin S. 4 (1979).

Trube-Becker, E.: Gewalt gegen das Kind. Aufgaben der Rechtsmedizin. Beitr. z. gerichtl. Med. XXXVIII, 125 – 134 (1980).

Truckenbrodt, H.: Die Kindesmißhandlung und ihre Folgen. Öff. Gesundheitswes. 41, 835 – 838 (1979).

Tseng, St. S. u. Keys, M. P.: Battered Child Syndrome — Simulating Congenital Glaucoma. Arch. Ophthalmol 94, 839 – 840 (1976).

Tulzer, W.: Das Syndron des mißhandelten Kindes. Wien med. Wschr. 129, 318 – 320 (1979).

Uldall, B.: Fernsehschäden bei Kindern. Dtsch. med. Wschr. 94, 1453 (1969).

Ullrich, W.: Die Kindesmißhandlung in strafrechtlicher, kriminologischer und gerichtsmedizinischer Sicht. Schriftenreihe Strafrecht, Strafverfahren, Kriminologie Bd. 8 (1964).

Vesin, C., Girodet, D. et Straus, P.: Kindesmißhandlungen (Klinische Studie an 110 Fällen). Méd. lég. Dommage corg. 4, 95 – 107 (1971).

Vock, R., Schellmann, B. u. Schaidt, G.: Isolierte Gastrointestinalverletzungen durch körperliche Mißhandlung. Z. Rechtsmed. 84, 155 – 159 (1980).

Volk, P., Hilgarth, M.: Ärztliche Untersuchung nach fraglichen Sexualverbrechen. Forensische, gynäkologische und psychische Aspekte. Fortschr. Med. 97, 501 – 503 (1979).

Waldeck, K.: Die gerichtsärztliche Betreuung der Kindermißhandlung. Diss. Heidelberg 1938.

Wallace, N.: Rape, pack rape and other violent sexual offences especially committed by juveniles. Aust. J. forens. Sci. 8, 2 – 6 (1975).

Walmsley, R.: Sentenced for rape. New Society, 42/785, 127 (1977).

Walter, E.: Über den Lustmord, insbesondere an Kindern, vom gerichtsärztlichen Standpunkt. Mschr. Krim. psychol. u. Strafrechtsref. 6, 691 (1909/10).

Weber, A.: Kindesmißhandlung. Praxis (Bern) 57, 188 – 190 (1968).

von Weber, H.: Selbstmord als Mordmotiv. Mschr. Krim. 28, 162 (1937).

Webster, T. B. L.: Every day life in classical Athens. London 1969.

Weiss, G.: Die Kinderschändung. Hamburg 1963.

Weiss, G.: Persönliche Mitteilung. Zum Incest. 1979.

Wetzel, A.: Über Massenmörder. Berlin: Springer 1926.

Wild, R. N.: Adder bites in children. Arch. Dis. Childh. 54, 392 – 395 (1979).

Wille, R., Staak, M. und Wagner, Th.: Kindesmißhandlungen. Psychosoziale Konstellationen und Katamnesen. Münch. med. Wschr. 109, 989 – 997 (1967).

Wille, R., Staak, M. und Wagner, Th.: Kindesmißhandlungen. Psychosoziale Kostellationen und Katamnsen. Münch. med. Wschr. 109, 989 – 997 (1967).

Witter, H., Luthe, R.: Die strafrechtliche Verantwortlichkeit beim erweiterten Suicid. Mschr. Kriminol. u. Strafrechtsreform, Mai 1966.

Würtenberger, Th.: Die geistige Situation der Deutschen Strafrechtswissenschaft. Karlsruhe 1957.

Wyss, R.: Unzucht mit Kindern. Springer-Verlag, Berlin-Heidelberg-New York 1967.

Zenz, G.: Kindesmißhandlung und Kindesrechte. Suhrkamp Verlag, Frankfurt/M. 1979.

Zerndt, B.: Zur forensischen Beurteilung von Bißverletzungen Archiv f. Kriminol. 133, 1 (1964).

Ziemke, E.: Tod durch Chok nach körperlicher Mißhandlung. Vierteljahresschr. f. ger. Med. u. öff. Sanitätswes. 45, I. Suppl.-Heft, 1913.

Ziemke, E.: Über Kindesmißhandlungen u. ihre rechtl. u. soziale Bedeutung. Dtsch z. Ges. Gerichtl. Med. 13, 159 (1929).

Ziering, W.: The Battered Baby Syndrome. Journal Ped. 65, 321 – 322 (1964).

Ziese, P.: Broken home, Suicid, erweiterter Suicid bei endogener Depression. Soc. Psychiat. (Berl.) 3/2, 70 (1968).

Zingg, R.M.: Feral man and extreme cases of isolation. Am. J. Psychol. 53, 487 (1940).

Zumpe, L.: Tötung und Tötungsversuche eigener Kinder durch psychotische Mütter. Arch. Psychiat. Nervenkr. 208, 198 – 208 (1966).

Sachregister

Kriminalistik Diskussion

1 Nahrungsphosphat als Ursache für Verhaltensstörungen und Jugendkriminalität

Ein Erfahrungsbericht von Hertha Hafer. Mit einer Einführung von Dr. Bernd Wehner und Wiltrud Wehner-Davin. 2., überarbeitete Auflage mit neuen ausführlichen Diäthinweisen. 1979. 98 Seiten. Kartoniert. DM 14,80. ISBN 3-7832-0779-7

2 Vergewaltigung in der Ehe

Plädoyer für einen strafrechtlichen Schutz der Ehefrau. Von Dr. Dierk Helmken. 1979. 83 Seiten. Kartoniert. DM 14,80. ISBN 3-7832-0379-1

3 Der Eisenbahnattentäter Monsieur X

Von der Spur zum Beweis. Von Dr. Reiner Haehling von Lanzenauer, Ltd. Oberstaatsanwalt. 1980. IX, 72 Seiten. Kartoniert. DM 14,80. ISBN 3-7832-0680-4

4 Schwangerschaftsabbruch in der Bundesrepublik Deutschland

Von Peter Wilkitzki, Regierungsdirektor, und Prof. Dr. med. Christian Lauritzen. 1980. 141 Seiten. Kartoniert. DM 16,80. ISBN 3-7832-0880-7

5 Missionare der Gewalt

Lebensläufe deutscher Terroristen im Kaiserreich. Von Dr. Joachim Wagner. 1980. IX, 147 Seiten. Kartoniert. DM 16,80. ISBN 3-7832-1080-1

Kriminalistik Verlag

Im Weiher 10 · Postfach 102 640 · 6900 Heidelberg 1

Kriminalistik
Wissenschaft & Praxis

1 Frauen- und Mädchenkriminalität
Betrachtungen aus devianzsoziologischer, kriminologischer und wissenschaftstheoretischer Sicht. Von Dr. Hans-Claus Leder. 1978. 168 S. Kt. DM 44,-.
ISBN 3-7832-2377-6

2 Strafverfahrensrecht als Kommunikationsproblem
Prolegomena einer strafverfahrensrechtlichen Kommunikationstheorie. Von Prof. Dr. Hans Heiner Kühne. 1978. 248 S. Kt. DM 64,-.
ISBN 7832-0378-3

3 Sexualität und soziale Kontrolle
Beiträge zur Sexualkriminologie. Herausgegeben von Privatdozent Dr. Henner Hess. Ass. Hans Udo Störzer und Dr. Franz Streng. 1978. VIII, 182 S. Kt. DM 56,-. ISBN 3-7832-0678-2

4 Praktische Forensische Odonto-Stomatologie
Das Gebiß als Indiz und Tatwerkzeug. Von Prof. Dr. med. Dr. med. dent. Rolf Endris. 1979. VIII, 323 S. Mit Abb. u. Tab. Gb. DM 88,-.
ISBN 3-7832-0878-5

5 Problem Ladendiebstahl
Moderner Selbstbedienungsverkauf und Kriminalität. Herausgegeben von Dr. Armin Schoreit. 1979. 148 S. Kt. DM 48,-. ISBN 3-7832-0978-1

6 Brandstifter und ihre Motive
Eine Untersuchung anhand von Fällen. Von Dr. Manfred Spöhr. 1980. VIII, 151 S. Kt. DM 48,-.
ISBN 3-7832-1079-8

7 Planung der Verbrechensbekämpfung
Herausgegeben von Dr. Edwin Kube und Dipl.-Kfm. Rainer Aprill. 1980. X, 193 S. Mit Zeichnungen u. Tab. Gb. DM 68,-. ISBN 3-7832-1179-4

8 Fehlerquellen im Ermittlungsverfahren
Eine Auswertung von 1110 Wiederaufnahmeverfahren. Von Dr. Regina Lange. Mit einem Vorwort von Prof. Dr. Karl Peters. 1980. X, 204 S. Kt. DM 68,-. ISBN 3-7832-0480-1

9 Banken zwischen Legalität und Kriminalität
Zur Wirtschaftskriminalität im Bankwesen. Von Dr. Niklaus Schmid. 1980. XV, 267 S. Gb. DM 88,-. ISBN 3-7832-0580-8

10 Polizeiliche Fachfotografie
Grundwissen und Aufnahmetechnik. Von Karl Grasmeier, Leiter der Fachgruppe Fototechnik an der Hessischen Polizeischule. 1980. XIV, 378 S. Mit Abb. u. Tab. Gb. DM 88,-.
ISBN 3-7832-1279-0

11 Handbuch der naturwissenschaftlichen Kriminalistik
Unter besonderer Berücksichtigung der forensischen Chemie. Von Priv.-Doz. Dr. Ing. Klaus Dieter Pohl. 1981. XIV, 532 S. Mit 297 Abb. u. 31 Tab. Gb. DM 188,-. ISBN 3-7832-0180-2

12 Forensische Katastrophenmedizin
Teil 1: Leichenidentifizierung: Methodik, Planung und Organisation. Von Prof. Dr. Rolf Endris. 1982. Ca. 256 S. Ca. DM 118,-. ISBN 3-7832-1181-6. In Vorbereitung.

13 Fehlerquellen forensisch-psychiatrischer Gutachten.
Von Priv.-Doz. Dr. Gunter Heinz. Ca. 200 S. ISBN 3-7832-1481-8. In Vorbereitung.

14 Gewalt gegen das Kind
Vernachlässigung, Mißhandlung, sexueller Mißbrauch und Tötung von Kindern, Schweigepflicht und Zeugnisverweigerungsrecht des Arztes, Möglichkeiten der Prophylaxe. Von Prof. Dr. Elisabeth Trube-Becker. 1982. Ca. 240 S. Mit zahlreichen Abb. Gb. DM 88,-. ISBN 3-7832-1681-8

15 Städtebau, Wohnhausarchitektur und Kriminalität
Prävention statt Reaktion. Von Dr. Edwin Kube. 1981. VIII, 135 S. DM 58,-. ISBN 3-7832-0282-5

Kriminalistik Verlag
Im Weiher 10 · Postfach 102 640 · 6900 Heidelberg 1